Self Cast!
セルフキャスト!

ビジネスを加速させる動画配信

千種伸彰 Chigusa Nobuaki
メディアプロデューサー

CYZO

はじめに

個人や企業が放送局を持つ時代がすぐそこまで来ている。読者の中には「ああ、インターネット放送局のことね」、と思う人が多いかもしれない。「放送局」と言うとちょっと大げさで、実際はスタジオや放送機材を持っていなくてもいい。もっと、気軽に簡単に、動画を世界に向けて配信できるようになっている。

実はこれまで、そうしたことを表す言葉がなかった。**誰でも動画を制作し配信するということ**を表す言葉——。そのことを本書では「**セルフキャスト**」と呼ぶようにした。

東京都板橋区にあるハッピーロード大山商店街は、セルフキャストを始めて

5年目になる。セルフキャストを始める前と後では状況が大きく変わった。

何が変わったのか？

それまでは、年に数回しか来なかった取材が、多い時には週に数回までになった。

セルフキャストを始める以前はマスコミの取材はほとんどなかった。今では、テレビカメラを従えてハンドマイクを持ったリポーターやディレクターが、商店街を行き来するようになった。もともと、東京でも有数の商店街として知られていたが、マスコミへの露出が多くなったことで、商店街が主催しているイベントの内容や頻度が高まり、さらに認知度が高まった。「セルフキャスト効果」が、街や商店街を元気にしている良い事例だ。

従来、映像[1]を制作し配信することは、テレビの世界にだけ許されていた。そのことをブロードキャスト（放送）と呼んできた。大手企業が広告代理店と組んで、民放テレビ局でCMや番組を流してきた。映像を作り、流すということは、一部の特権を持った組織にしかできないことだった。しかし、状況は変わった。**一個人に一つの放送局。一企業が一つの放送局を持つような（複数持ってもかまわないが）、そんな時代が到来した。**

人類は、幾度かの画期的な発明によって、思考や行動様式を変化させながら今日を迎えている。表現や伝達に関わる画期的な出来事の一つに、活版印刷の発明があった。多くの人々に文字情報を効率的に伝えることができるようになった。やがて印刷技術は発展し、紙からデジタルデータへと領域を広げた。その他に、電話やテレビの発明によって人類のコミュニケーションや情報の流れが大きく変わった。

さらにインターネットの登場は、活版印刷の発明同様に革命的な出来事だった。**インターネットが普及することで、放送や通信の在り方が変わってきている。テレビ関係者のみが手にしていた映像の流通を、多くの個人や組織が手にすることとなった。**

セルフキャストが可能になったことで、今までなら考えられなかったことが起

1 本書では、「映像」と「動画」という言葉を次のように使い分けている。「動画」とはセルフキャストで使われる動く画像のこと。「映像」とは動画も含めた映画やテレビで流通する広い意味で動く画像すべてを指している。

き始めている。

映像を手にすると一体どんなことが起きるのか？

例えば、映像のプロ以外の表現者が多数生まれ、映画やテレビのフォーマットに縛られない娯楽や情報が流通し始める。マス（大衆）を前提としない（別の言い方をすれば視聴率を意識しない）多様なコンテンツがあふれてくる。特定の組織内では、技術やノウハウを動画として共有して、イノベーションが進む。

様々な種類の動画が作られ、それが人類の知識創造に多大な影響を与えるだろう。セルフキャストによって様々なマーケティング手法が考案されるだろう。

なかには、すでにビジネスのルール自体が変わっている分野もある。政治活動や権力を監視するマスコミの在り方も変化し始めている。


筆者は、テレビ朝日系列の『ニュースステーション』のディレクターを皮切りに民放各局の報道番組に携わってきた。初めて動画配信を経験したのはインターネットが普及し始めた１９９０年代半ば。これからは自由に映像を配信できる時代が来る、とワクワクした。当時はまだカクカクの動画でノイズが激しく、見られたものではなかったが、新時代の到来を予感した。

インターネットが普及し、SNSが誕生すると、様々な人が気軽に自分の想いを発信できるようになった。さらにYouTubeやニコニコ動画などの動画共有サイトができると、一般の人たちに門戸が開かれた。

ただ、動画共有サイトを利用する人が増え、動画を見て楽しむことは身近になってきたが、自分で撮影し配信もしているという人は、受信するだけの人に比べればまだまだ少ないのではないだろうか。

また、企業の広報担当者でTwitterやFacebookを活用して情報発信している人は多いだろうが、動画配信までは手をつけていない人も多いのではないだろうか。

そこで、自分では動画配信まではしていないという、主にビジネス・パーソン向けに、「気軽に動画配信をしよう」と呼びかけるのがこの本である。

第1章ではセルフキャストによって「運命が変わった」人たちを紹介する。そして、第2章ではセルフキャストとは何かを探り、セルフキャストを活用すれば何が変わるのか、を考察したい。

第3章ではセルフキャストの大きな特徴として「蓄積配信」に注目する。第4章ではセルフキャストをビジネスに取り入れて成功している事例を紹介する。

第5章では実際にセルフキャストを始められるよう、具体的な手順を紹介する。第6章ではセルフキャストの未来像を描いてみたい。


あなたもぜひ本書を読んで動画配信の効果と魅力を知り、実際にセルフキャストのチカラを体験してほしい。

ここで、「セルフキャスト」という言葉を定義し、セルフキャストをめぐる現状をまとめておこう。現状については本文で詳しく解説したいと思う。

セルフキャストとは

**セルフキャストとは、
個人や組織が自ら動画を制作し、
インターネットを介して配信すること。**

インターネットの発展や動画の圧縮技術の進展、YouTubeなどの動画配信サービスが普及したことで、世界的に動画配信が可能になっている。撮影機器や編集ソフトが安く高性能になったことで、映像制作が簡単にできるようになったことも、手軽に簡単に動画配信ができるようになった理由として挙げられる。

テレビ放送は国内や一定の地域への放送に限定されるが、インターネット上で配信されるセルフキャストの場合は、国境を越えて視聴が可能であり、逆に限定的なグループや組織の中だけで配信することもできるという特長が挙げられる。またインターネット上に蓄積されながらオンデマンド（自身の望むタイミングで視聴が可能となる）で配信されるため、ブロードキャスト（放送）とは異なる様々な利用方法がある。

	地上波テレビ	衛星テレビ	ケーブルテレビ	**セルフキャスト**
インフラ	テレビ塔／電波	衛星／電波	ケーブル	インターネット
許認可	あり	あり	あり	なし
個人配信	✕	✕	✕	○

テレビは許認可を必要とするため個人が扱うことはできないが、セルフキャストによって個人も動画配信ができる。

セルフキャスト！　ビジネスを加速させる動画配信

第1章　セルフキャストで運命が変わった人たち

CONTENTS

第4章　セルフキャストでビジネスを加速させた人たち

CONTENTS

CONTENTS

第1章

セルフキャストで
運命が変わった人たち

視聴者の心をつかむオモシロ動画で、海外からの注文を増やした竹製品会社

まず、実際にセルフキャストを行ったことで運命が変わった人たちを紹介したい。

あなたはYouTubeなどの動画共有サイトにアップロードされた映像を見て、「おっ、これはすごい！」と思ったことはないだろうか？

わくわくして、思わずSNSでシェアしたり、家族や友人との間で話題にしてしまった。そんな経験はないだろうか。

筆者は、テレビ番組やインターネットで流す動画を制作している。職業柄、たくさんの動画を見る。「おっ、これはすごい！」と思った動画は、シェアもするし、話のネタにもする。場合によっては、その人に会いに行って取材をさせてもらう。動画を見ることで、制作者や登場人物に様々な興味が湧くからだ。

どうしてもその動画に登場する人に会いたいと思った例を一つ紹介しよう。

それが、別掲（16ページ）の動画だ。そこには変な格好をした人物が登場する。最後に、ヨロイカブトを身にまとった戦国武将風のおじさんが、何人ものバックダンサーを従えて、満面の笑みで踊る。

見終わった後、そのヨロイカブトの人が気になってしょうがなくなった。


これは会社紹介の動画だった。ホームページなどを調べてみると、この「武将」（笑）は、高知県のある地域で、竹細工を製造・販売している会社「竹虎（たけとら）」の経営者だった。ちなみに、バックダンサーを務めていたのは従業員であるというから、この会社の明るさ、団結感が伝わってくる。

映像制作に関わっているプロの目から見ても、よくできた動画である。一言で言えば演出が優れているということだが、具体的に言うと、演技力・編集・リズム、そのすべてにおいてプロレベルだと思った。

ただ、思ったことがある。今時、竹製品は売れるのだろうか？

筆者のこれまでの人生の中で、竹製品が身近にあった記憶がない。筆者が子どもの頃、竹製の枕（まくら）ならまだあったかもしれない。しかし、それは竹のように見え

● 竹虎チャンネル紹介動画 https://youtube.com/watch?v=fd-VdXpihsM

❶♪軽快な三味線の音

❷ 竹カゴを背負った異様な男

❸（「エア太鼓」と言えばいいのか、口で太鼓の音を真似て）♪ドンドコドンドコドンドコ

❹（竹林でブルース・リー風の格好をして）はっ！

❺（戦国武将か？）バックは青い空と青い海

❻（振り向きざまに）ええぜよ

❼「虎竹の里から気持ちのよい風をお届けします」

❽（何人ものバックダンサーを従えて大笑い）はっはっはっは〜

て実はプラスチック製品だったような気もする。

はたして、竹細工を製造・販売するビジネスは成り立っているのだろうか？

このインパクトの強い動画と売れ行きに関連はあるのだろうか？

そんな疑問を抱きつつ、一方で、この動画は、一体どうやって制作されているのか？　そんな興味も湧いてくる。

この経営者に会ってみたい。そう思った筆者は、早速、取材依頼文をこの「満面の笑みの主」に送ることにした。

「タダのものを利用せん方がおかしい」

東京・羽田空港から飛行機で高知龍馬（りょうま）空港に降り立った。どんよりとした東京の日差しとは違って、南国土佐のそれはまぶしい。空港から車で1時間走ると、青い空と潮の香りが待っていてくれた。

高知県須崎市。竹虎の山岸義浩氏は、今や日常生活ではほとんど見る機会がなくなってしまった竹細工の製造販売業を営んでいる。

取材の日程調整をメールと電話で数回行ったが、会うのは初めて。**しかし、初めて会う気はしない。この笑顔や土佐弁なまりの話し方は、YouTubeを通して何度も見ている。**

初対面の人同士が出会う時、誰もが多少は緊張するものだ。そんな緊張をほぐすための手法をアイスブレイクなどと言うが、すでに動画を見て親近感を抱いているので、その必要もない。

このように動画には、人と人の距離を縮める効果がある。いつの間にか、山岸社長や竹製品を私にとって身近なものに変えてしまっている。

竹は、成長が速く、材質は軽くて硬い。火を当てると様々な形にすることができる。そんな竹の性質を活かした製品は、箸（はし）、籠（かご）、笊（ざる）など多様な使われ方をしてきた。

たけかんむりのつく漢字は一説には１０００字ほどあると言われているが、それだけ日本人の生活の中に溶け込んでいたということだ。ところが戦後、プラスチック製品の急速な普及で、竹製品が私たちの生活空間からどんどん消えていった。

「どういても伝えたいことがあるき、動画をつこうたがです」

山岸社長に話を聞くと、「どうしても伝えたいことがあるので、動画を使っている」という。その強い思いのもと、社長自身が出演する動画をいくつも制作していた。

その動画を一度見ただけで、社長の個性の強さや面白さに、心を奪われてしまう。竹虎の動画を見たのは、日本人だけではなかった。竹細工に興味のある外国人も注目していて、イギリスの公共放送ＢＢＣが取材に来たほどだ。

しかし実は、そんな元気な山岸社長が廃業を考えたほど、竹虎は一時期売上が落ち込んだそうだ。そんな時に経営者の勉強会に出て、インターネット販売を始めたという。しかし、**１９９７年から２０００年までの３年間で、たった３００円しか売れなかった。**それでも苦しい状況をくぐり抜けて、今の元気なサイトを手がけるようになった。やるからにはインパクトが必要だと思い、**酒の席で話題にしたくなるようなオモシロ動画を手がけるようになった。ある時期からネット販売で月商１００万円を超えるようになる。**その頃から、商売が軌道に乗り始めたそうだ。

「YouTubeにアップするのも、Facebookで宣伝するのも、すべてタダ。これを利用せん方がおかしい」と山岸社長は言う。

２０１０年にはYouTubeに「竹虎チャンネル」を開設。商売を加速させた。竹虎チャンネルには、現在１２０本以上の動画がアップロードされており、トータルで30万回以上視聴されている。

動画は、すべて自社で制作していた。この章の冒頭で紹介したダンス動画は、映像制作会社に依頼して作ったものなのかと思ったが、それも自分たちで作っていた。

動画の制作方法を聞くと、山岸社長がネタを考え、奥さんや社員に撮影や編集を指示していた。もちろん山岸社長も奥さんも動画制作が本職なわけではない。仕事のかたわら、試行錯誤を繰り返しながら制作をしている状況だという。

オモシロ動画は全体の2～3割で、それ以外にも、伝統的な竹の特徴や竹細工の製造法を紹介する動画もアップしており、製品の魅力も十分にアピールしている。

山岸社長は、動画をアップロードしたら終わりではなく、動画が実際にどのくらい見られているのかをよく研究していた。動画は長くなりすぎないように気をつけ、インパクトを大切にしながら制作しているという。

また、商品紹介用の動画は、1度作って「それが成功だったか、失敗だったか」を判断するのではなく、視聴者のコメントなども参考にして、改良するようにしているという。

動画制作には時間はかかるが、費用がそれほどかかるわけではないから、継続的な取り組みが可能になっている。竹虎の動画のクオリティが高いのは、制作の回数を重ねることで、撮影や編集の技術が向上しているためだと筆者は感じた。

セルフキャストでマーケットを都市や世界に広げた

竹製品が身近だった時代、すなわち高度成長期を迎える頃までは、一定のエリアごとに竹の修理を請け負う「竹屋」があった。ところがプラスチック製品の普及により竹製品が日用製品として使われなくなると、各地域にあった「竹屋」は急速に消えていった。

しかし竹虎は粘り強く「竹屋」を続け、セルフキャストを使って、マーケットを高知県の須崎市という地方から日本全国に広げた。すると、大阪や京都、東京といった大都市に消費者はいた。

竹製品の風合いが好きな消費者もいれば、料亭などの装飾品としてのニーズも存在していた。さらにインターネットによって、マーケットは海外にまで広がった。欧米には、竹製品を好む人が多いこともわかった。

特に欧米の富裕層は、日本風の調度品を好む人が多い。竹をあしらった屏風(びょうぶ)を置いたり、庭に竹をしつらえたりしている。

海外では、まさに「クールジャパン」（自分の国のことをかっこいいという変な言葉だが）を表す工芸品・美術品として喜ばれている。

日本の地方で製造販売を行っているだけでは、なかなか世界の潜在顧客とつながることはできないが、セルフキャストを使えば、その魅力を世界に発信することができる。

日用品としては、竹製品はほとんど買われなくなったが、趣味や調度品としての竹細工は、逆にその価値を高めた。プラスチックにはない風合いが楽しめるし、竹職人が減り、なかなか手に入らないという希少価値もある。今や竹製品は貴重なものとして、新たな価値を生み出しているのだ。

竹虎の事例からもわかるように、地方や小さな会社であってもセルフキャストを通して、国内はもとより世界のマーケットとつながることができる。いや、むしろセルフキャストの効果は、魅力にあふれる地方や、小回りがきく小さな会社の方が得やすいのかもしれない。

危機的状況の中、セルフキャストで世界に声が広がった

次に紹介したいのは、危機的状況にあった市長が、セルフキャストという手段を使って世界中の人々に情報発信し、共感と称賛を得たエピソードである。

２０１１年３月11日、東日本大震災が発生し、関連死を含めると２万人を超える人々が亡くなったか、いまだ行方不明のままだ。また東京電力福島第一原発が津波により全電源喪失し、メルトダウンを起こしてしまった。

福島県南相馬市は津波の被害に加えて、福島第一原発の半径20〜30キロ圏内に位置していたので、放射能漏れによる屋内退避指示が出された。「屋内退避」であるから、その地を離れて避難をするのではなく、その地にとどまることを意味していた。

その指示通り、南相馬市では市民も行政関係者も市内にとどまっていた。桜

井勝延（かつのぶ）市長（当時）も、市庁舎内で指揮を執り続けていた。南相馬市は、市民が屋内にとどまる一方で、原発から30キロ以上離れた場所にいる人たちにとっては、容易に近づいてはならない場所になった。

結果、人々の往来が途絶えた。政府や東京電力からの情報がほとんどない中、桜井市長は市民に食料や燃料が供給されないという苦境に追い込まれていく。災害から逃れて助かっても、今度は生活物資がなくなり、次なる危機にさらされていた。

にもかかわらず、放射能漏れによる影響を懸念し、大手マスコミは皆退避してしまっていた。そのため、南相馬市が直面している危機的状況は外に伝わらなくなっていた……。

いよいよ追い詰められた桜井市長はどうしたか。この時に選んだ手段が、セルフキャストだった。疲れきった表情で市長自らメッセージを配信した。

「コンビニ、そしてスーパー等の生活物資を買う店がすべて閉まっております。自宅退避措置の中にある市民は今、兵糧攻め的な状況に置かれています」

SOS from Mayor of Minami Soma City, next to the crippled Fukushima nuclear power plant, Japan

この時のセルフキャストがきっかけになり、桜井市長は震災が発生した2011年、アメリカの『タイム』誌から「世界で最も影響力のある100人」に選ばれた。

このメッセージを受け止めたのは日本人だけではなく、むしろ外国人の方が多かった。動画には、英語の字幕がつけられていたからだ。

すると世界中の人々がその動画を見て、シェアをするというささやかな行動を始めた。その結果、この動画は瞬く間に拡散し、日本の関係者の目にも触れることとなった。

南相馬市が危機的な状況にあることが正しく発信できただけでなく、海外で注目されたことで、情報も物流も遮断された被災地・南相馬市を何とかしなければという空気が広がっていった。

本来なら、日本のマスコミが被害状況を取材し、被災者が何を必要としているのかをいち早く調べて報道すべきであったろう。しかし、大手報道機関は記者の身の安全のため、原発の半径30キロ圏内には立ち入らないようにと申し合わせていた。

大手報道機関の中には南相馬市の窮状を伝えるどころか、市の対応が遅れているという批判めいた記事を書くところもあった。現場にも来ず、現状も把握せずに安易に批判する記事に、桜井市長は怒りを隠さなかった。

フリーランス・ジャーナリストとして南相馬市を取材していた筆者は、桜井市長に、二次災害や放射能で、市長自身の命の危険があったのではないかと質問した。「率直に言って、逃げ出したくなかったのですか」と問うと、「歴史的な大惨事に直面し、政治家として身震いを覚えた」と答えが返ってきた。

桜井市長は自身が避難するどころか、多くの市民の死に直面し、かえって腹がすわっていた。相手が政府であろうと大手マスコミであろうと関係なく、堂々と批判する姿は海外から喝采を浴びた。

この時のセルフキャストがきっかけになり、桜井市長は震災が発生した2011年、アメリカの『タイム』誌から「世界で最も影響力のある100人」に選ばれた。

セルフキャストが教育の格差をなくす

教育にセルフキャストを採用して、世界中の人々の「運命を変えよう」としている人がいる。オンライン教育事業を行う非営利団体「カーン・アカデミー」の事例を紹介しよう。

カーン・アカデミーはヘッジファンド[2]でアナリストをしていたサルマン・カーン氏が主催している。2006年、いとこに数学を教えるためにYouTubeにアップした動画が反響を呼んだことで世界中に知れ渡るようになり、その後カーン・アカデミーを設立した。2015年の段階で約240万人がチャンネル登録をし、7億回以上視聴されている。

そのカーン氏自身だが、はじめからセルフキャストを活用していたわけではない。ある友人から、レッスンを記録してYouTubeに投稿したらいいじゃないかとアドバイスを受けた時も「冗談じゃない！ YouTubeだって？」と、その効果を認めようとはしなかった。

その後、アドバイス通りにYouTubeを活用しだすと、どうすれば効率的に情報を伝達できるのか、様々な表現方法を試行錯誤した。例えば、生徒の集中力が続くのは10分から15分がピークとわかると、そうであるなら、1時間の授業は意味がなくて、集中できる10分の動画を子どもたちに見せればいいじゃないか、と発想するようになった。

実際、覚えの早い生徒もいれば、遅い生徒もいる。自由に繰り返し見ることのできる動画教材は、生徒それぞれの状況にあわせて活用することができる。今で

2 機関投資家や富裕層などから私的に集めた資金を、様々な手法で運用するファンド。

は、カーン・アカデミーに世界中から感謝のメッセージが届くようになった。

インターネットを通して「質の高い教育を、無料で、世界中のすべての人に」というカーン氏の理念は多くの賛同者を集めた。当初カーン氏は、私財を投じてアカデミーを運営していた。今では寄付金だけでまかなわれ、現在、ビル＆メリンダ・ゲイツ財団やGoogleが財政支援をしている。

アカデミーのYouTubeチャンネルには、すでに3000本以上の教育ビデオが登録されており、初等教育から大学レベルの講義まで、数学、物理、生化学から経済学や美術史まで、内容は多岐にわたる。

一般的に言って、教育の質や内容は、国の政策や保護者の収入によって左右される。しかし、カーン・アカデミーの試みによって、視聴環境さえ整えば、**誰もが自由に、平等に、質の高い教育を受けることができるようになった。**これこそ、セルフキャストが組織や社会の制約を超え、人々の運命を変えている典型的な事例ではないだろうか。

この章ではいくつかの代表例を紹介したが、セルフキャストの活用は始まったばかりだ。これから、私たちが想像もしていなかったような使い方がきっと登場するだろう。その意味では「セルフキャストで運命が変わる」人たちはこれからますます現れるだろうし、現在はその「前夜」を迎えている状況なのかもしれない。

なぜ、彼らはセルフキャストによって運命が変わったのか

ここまでに紹介した事例から、セルフキャストが持つ三つの大きな特徴が見えてくる。

一つ目は、**セルフキャストによって人間関係の距離が縮まるということだ。**

例えば事前にセルフキャストを見てもらっておけば、初対面の相手でも何回も会っているかのように親近感を持ってもらえるし（筆者はこれを「接近マーケティング」と呼んでいる）、商談をこなすために会う場合などは、互いに警戒心を抱か

ずにスムーズに良好な関係が築けて、本題に入れるだろう。

最初に紹介した竹虎がそうだ。

あのオモシロ動画をあらかじめ見ていれば、山岸社長が明るく、ユニークな人柄であり、また会社全体もその雰囲気を共有し一致団結していることが伝わってくる。

あわせて製品紹介の動画を見れば、その製品がどんな人によって、どんな理念のもとに、どのような技術をもってして作られているのかがわかる。結果、まだ一度も会っていないにも関わらず、竹虎製品への信頼感が増す。

二つ目は、**セルフキャストは物理的な距離を越えることができるということだ。**

インターネットの視聴環境さえ整っていれば、例えば国内の離れた場所に住んでいる人たちにもすぐに動画で情報を伝えることができるし、海外に情報を発信することもできる。その際は英語などの字幕をつければ、外国人もすぐにあなたが訴えていることを理解してくれるだろう。その象徴的な事例が、南相馬市の桜井市長によるセルフキャストだ。

そして三つ目が、**組織や社会の制約を超えることができるということだ。**

例えば、何らかの理由で公的な報道機関による情報公開がされなくなったとしても、ネット環境さえあれば、あなたの手で情報を公開することができる。カーン・アカデミーが自由で平等な教育を普及させているように、セルフキャストはあなたが何の権力も持たない一個人であったとしても、組織や社会の制約を乗り超えさせることができる。

私たちの社会はこれまで、自分の考えや意見を述べることができるのは政治家やマスメディアなど一部の人たちだけだった。それがインターネットの登場で、ありとあらゆる立場の人が情報発信ができるようになった。ブログやTwitterなどのSNSは文字中心だが、セルフキャストを活用すれば動画で発信できる。

動画が使えれば、文字だけで訴えるより、表情や演技、声や音楽など表現の幅が一気に広がる。

このように、テレビのような特徴も兼ね備えるセルフキャスト。今まで、一部の特別な立場にいた関係者のみに許されていた映像配信が一般の人たちの手に渡ったということ、これはまさに革命的だ。そして、その革命により社会に大小様々な変化が引き起こされる。現代社会は、「セルフキャスト」という革命のただ中にあるのだ。

では、具体的にどこが革命的だと言えるのか？　続く第2章で詳しく解説していきたい。

第1章のまとめ

- **セルフキャストによって、人間関係の距離が縮まる**
- **セルフキャストによって、物理的な距離を越えることができる**
- **セルフキャストによって、組織や社会の制約を超えることができる**
- **セルフキャストは、社会や個人に革命を起こしている**

第2章

セルフキャストのどこが革命的なのか

映像の威力を改めてまとめてみる

「セルフキャストのどこが革命的なのか」を探るにあたり、まずは、映像の持つ威力について考えてみたい。

「百聞は一見にしかず」という故事成語がある。その言葉が示す通り、「百回聞くよりも、たった一回でも自分の目で見た方が確実」という意味だ。

例えば、大災害の惨状は文字だけでなく、刻々と動く映像と現場で録音した音で視聴すれば、現実味を帯びてリアルに感じ取れるだろう。このように、映像は現場にいない人にも、その場にいるのと同じような情報を伝えることができる。**直接そこへ行って見ることができない人に、映像という手段で、目と耳に訴える情報を伝えることができるのだ。**

これは、言語や文化の異なる人同士でも、情報を共有しやすいことを意味する。

例えば子どもは、何かを知りたいと思った時、ホームページやニュース記事といった文字情報ではなく「動画」を検索して見ている場合が多い。**動画であれば文字が読めなくても、直感的に理解できるからだ。**新聞やラジオとは異なり、動画は言語の壁を越える力も持っていると言っていい。

映像の持つ威力の事例として、時としてプロパガンダのツールと考えられていることも指摘しておこう。

どこかの国で革命やクーデターが発生すると、反乱軍によってテレビ局が占拠されることが多い。権力を握るだけでは、革命は成功しない。自らの正当性を国民に知らせ、長期的に世論の支持を得なければ権力は維持できない。だから、革命やクーデターを起こした側はテレビ局を占拠したがるのだ。

革命発生時のような非常時に限らず、**普段から権力がテレビに介入したがるのは、それだけテレビの影響力が大きいことを示している。**

映像の制作が一般人に「解放」された

そんな、大きな影響力を持つ映像。それが一般人の手に「解放」されたということ……、これこそが革命であると第1章の最後で述べた。ここからは、セルフキャストに関連して起きている一連の動きを「セルフキャスト革命」と名づけ、より具体的に状況を解説していこう。

まず、「セルフキャスト革命」を改めて定義しておくと、「個人や組織が自ら動画を企画・制作・配信する時代が到来し、それによって社会が大きく変革すること」と言っていいだろう。

従来、映像を届けるのは放送局に限られていた。ＮＨＫは受信料を取って放送しているが、民放の場合、ＣＭスポンサーが自社の製品を紹介してもらう代わりに制作や放送費用を負担してきた（それは今でも変わらない）。

繰り返しになるが、つまり映像を制作するのは、テレビ局か映像制作会社に限られていた。その理由として、放送機材が高価であったことや、撮影機材や編集機器を取り扱うのに、専門的な知識や高い技術が必要だったことが挙げられる。

しかし、「はじめに」でも触れたように、映像関連機器や編集ソフトの技術革新によって、専門知識や特別な技術がなくても使えるようになった、あわせて低価格化が進み、誰でも手軽に映像を撮影し編集することが可能になった。インターネットが普及し、ネットワークが高速化し、加えて動画の圧縮技術が向上したことで、インターネットを使って高画質の動画が配信できるようになった。またYouTubeなどの動画共有サイトが一般化し、世界中に動画を配信することが可能になった。

その結果、放送局でなくとも、映像制作会社でなくても映像を制作し、第三者に見てもらえるようになった（まさに「映像の民主化」だ）。

これまで映像は、「プロ＝作る側」と「アマ＝見る側」に完全に分離されてきた。しかし今や、そのプロとアマの間に「セルフキャストをする層」が生まれてきたと言える。

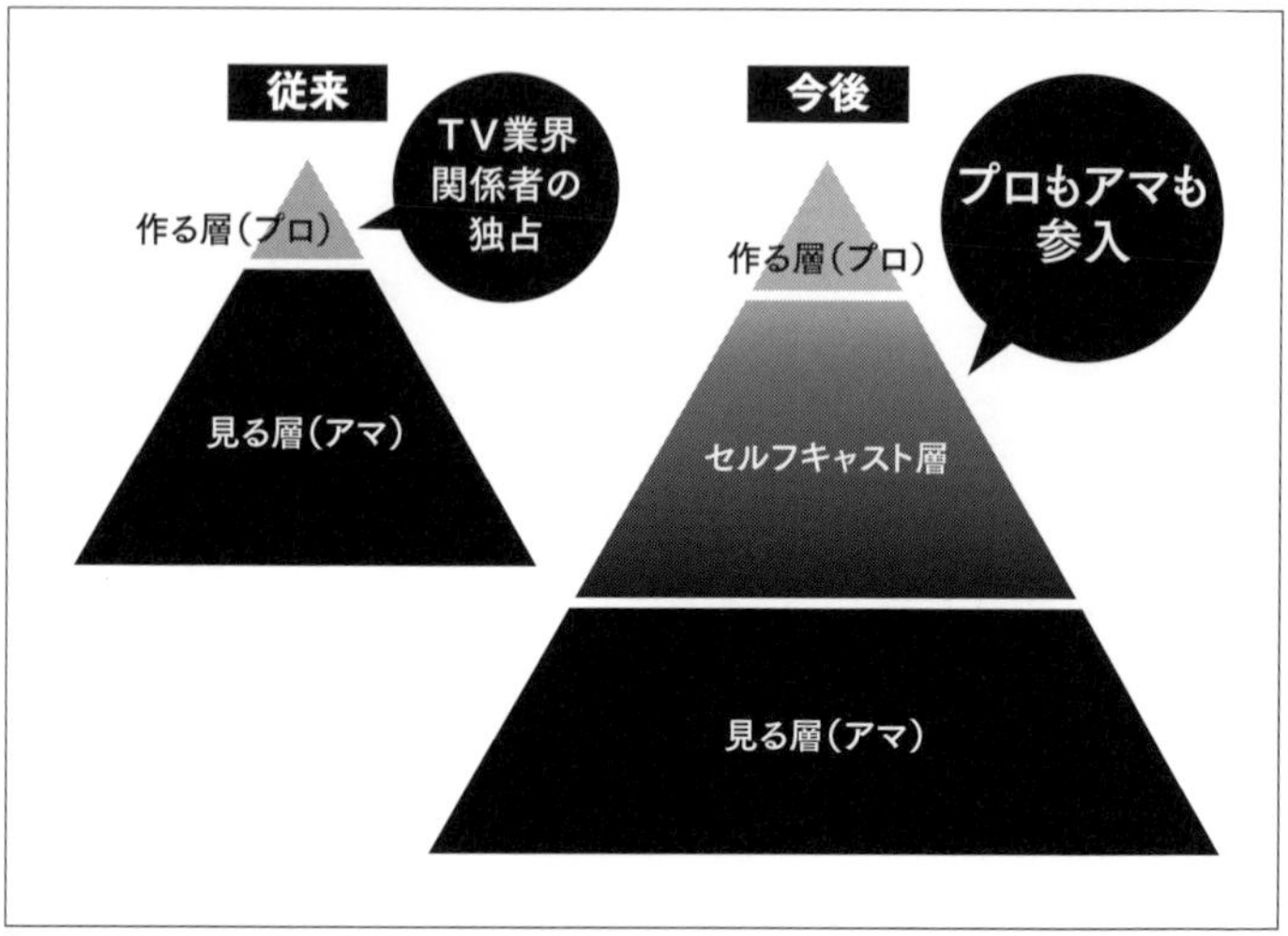

「セルフキャスト層」とは、自ら制作した動画をインターネット上で配信する層のことだが、その多くがアマチュア（見る層）から流入してきている。

「セルフキャスト層」とは、自ら制作した動画をインターネット上で配信する層のことだが、その多くがアマチュア（見る層）から流入してきているのが特徴だ。資金力がなくても、動画を制作し、配信することができるようになったからである。

いや、セルフキャストをしているのはアマチュアだけではない。プロも従来の映像の流通経路である放送とは別に、インターネット上で配信し始めている。つまり、**これからはセルフキャスト層がふくれ上がり、従来のプロ・**

アマがその層に混在する時代になる。

日本にセルフキャストが登場したのはいつか

では、日本にセルフキャストが登場したのはいつか？　思い返すに、1995年の阪神・淡路大震災の時にはセルフキャストどころか、インターネットも今ほどには普及していなかった。

阪神・淡路大震災が発生した当時、筆者はテレビ朝日系列『ニュースステーション』の制作を担当していた。

地震発生直後、東京から神戸入りするのは大変だった。空路も陸路も寸断されていた。空港は閉鎖され、高速道路は倒壊し、主要道路はガレキで通れない。「通れる場所」として残されていたのは海だけだった。そこで、大阪から船をチャーターして神戸を目指した。

その頃、ニュース番組の取材スタイルは、ディレクター、カメラマン、ＶＥ（ビデオエンジニア）の少数チームで取材をするＥＮＧ（イー・エヌ・ジー）と呼ばれる形だった。大掛かりな機材を使う取材と比べて機動力が増したので、「ＥＮＧ革命」などと言われていた。

それでも、ベーカムという放送用のテープを何十本か持ち込む必要があった。筆者はディレクターとして、ベーカムをリュックサックにずっしり詰めて、神戸港のメリケン波止場をよじ登って被災地入りした。


この阪神・淡路大震災と、２０１１年に発生した東日本大震災の映像には大きな違いがあるのを皆さんはご存じだろうか。

阪神・淡路大震災の映像はYouTubeなどで今も見ることができる。しかしほとんどはテレビ局が放送したもので、視聴者がＶＨＳに録画していたものをアップロードしたものだ。

視聴者が撮影した映像がないのには理由がある。**今でこそ、何か映像を撮影し**

たらYouTubeで共有する、という文化がある。しかし、当時はそうした感覚を持った人はいなかった（何より、YouTubeは生まれていなかった）。

YouTubeで「阪神・淡路大震災」と「東日本大震災」というキーワードで検索すると、動画の本数は後者の方が16倍多い（２０16年2月現在）。YouTubeがサービスを開始したのは２００５年（日本語版が開始されたのは２００7年）だ。

それは阪神・淡路大震災から10年後のことだった。当時、すでにハンディカムが普及していたが、被災している人が自ら撮影をするというケースは少なかった。

◉YouTubeの開始と二つの震災動画の投稿件数

１９９５年	阪神・淡路大震災	約３８、０００件
２００５年	YouTubeサービス開始	
２０１１年	東日本大震災	約６３０、０００件

ここで、映像業界の裏話にしばらく付き合ってもらってもいいだろうか。

１９９５年当時、テレビ取材の時に持ち歩く機材は多く、重かった。例えば、ベーカムテープ1本の長さは30分で、10本ごとに梱包（こんぽう）されていた。
ベーカムテープというのは、ＶＨＳより少し小さいベータと同じ大きさだ（ベータビデオを知らない方は検索してみてほしい）。先述したＥＮＧ革命によって簡単になったとは言っても、テープやバッテリーの管理は手間を要したものだ。

１９９５年の阪神・淡路大震災から16年が経った２０１１年３月、今度は東日本大震災が発生する。この時は、筆者はフリーランス・ジャーナリストとして取材した。

その時にはカメラマン、ＶＥと一緒に取材をするＥＮＧスタイルではなく、リュックサックに小型のハイビジョンカメラ２台と小さな三脚を詰め込んで、一人で取材をした。震災直後は、２～３週間に１度のペースで被災地に入った。セルフキャストでＳＯＳを発信した南相馬市もこの時に取材した。

現在、YouTubeなどで視聴できる決定的な瞬間をとらえた映像は、マスコミ関係者ではなく一般市民が撮影したものが多い。

つまり、阪神・淡路大震災と東日本大震災の映像記録の違いは何かと言えば、「アマ」の活躍があるかないかだ。東日本大震災の時には、多くの日本人がス

マートフォンを日常的に使いこなし、YouTubeの機能や利用方法をすでに知っていた。

以上のことを踏まえると、日本にセルフキャストという文化が登場したのは、2005年のYouTubeのサービス開始後と言えそうである。アマが記録し、情報を共有し合ったことで、多くの決定的・歴史的瞬間の映像が残されることになった。その結果、プロである新聞社やテレビ局が記録しなかった（し得なかった）多くの貴重な映像が記録されることになったのだ。

また、アマが撮影した映像を、プロであるテレビ局が頻繁に取り上げるようになったことも大きい。今では何か事件があると、現場にいた視聴者が撮影した映像をニュースで紹介する場面も当たり前になっている。

これなどもまさにセルフキャストが、マスコミの在り方に影響を及ぼしている一例だろう。

メディア史の中でセルフキャストはどう位置づけられるか

次に、メディアの歴史（メディア史）を概観し、その中でセルフキャストがどのような位置づけになるのかを確認する。セルフキャストがいかに革命的であるか、より理解していただけると思う。

15世紀、グーテンベルクの活版印刷の発明によって、紙に記された情報が瞬く間に広がった。印刷技術の進展によって新聞が普及し、一般市民が新聞から情報を収集するという習慣が生まれた。

19世紀に入り、グラハム・ベルによって電話が発明される。これにより、一対一ではあるが、はるか彼方（かなた）の人とコミュニケーションが取れるようになった。

20世紀になると、ラジオ、テレビが普及し、大衆は視覚・聴覚からも様々な情報を入手できるようになった。マスコミュニケーションの成立だ。マスコミが産業として確固たる地位を獲得し、政治・経済・社会に大きな影響を及ぼすようになった。

未来学者アルビン・トフラーは、著書『第三の波』(日本放送出版協会)の中で、農業革命、産業革命を経て情報化時代が到来すると指摘した。マネジメントの父ピーター・ドラッカーは、これからは知識労働者が活躍すると予見し、生産手段を持つ資本よりも知識の重みが増してくるとした。

多くの専門家が指摘してきたように、個人や組織、国家といった大きな集団においても、情報や知識を得ているかどうかが運命を左右するようになった。

20世紀以前は、伝える手段を独占する「資本」の側が情報を作り、情報を流通させていた。資本のあるなしによって、情報の作り手と受け手が固定化されていた(情報の作り手・送り手＝資本家、受け手＝一般大衆)。そのため、情報を受け取る側の大多数は、情報をいかに効率よく収集し、いかに決断をするか、という考え方が定着していった。

しかし、インターネットが登場し、ブログやSNSが広がると、誰もがあらゆる情報を受け取り、また発信できる時代になった。さらにセルフキャストの登場で、動画配信もたやすくできるようになった。
今や情報は集めるだけのものではなく、発信するためのものにもなったのだ。

◉メディア史

1445年	グーテンベルク **活版印刷機** ※9世紀 中国で活版印刷が行われている
1876年	グラハム・ベル 電話
1894年	リュミエール兄弟 シネマトグラフ開発（最初の**映画**）
1900年	レジナルド・フェッセンデン、**ラジオ**の実験成功
1932年	イギリス、**テレビ**の定期試験放送開始
1969年	米国国防総省 ARPANET（インターネットの原型）始動
1993年	国内で商用の**インターネット**サービスが開始
2003年	光ファイバーを直接一般家庭に引き込むサービス開始
	高画質の動画配信が可能に
2005年	YouTubeサービス開始（**セルフキャスト**の幕開け）

セルフキャストインフラの現状

セルフキャストが可能になった背景には、先ほども述べたようにインターネットの普及、そして動画配信サービスの普及が外せない。

ここで、セルフキャストのインフラとも言える動画配信サービスの現状を説明しておこう。

セルフキャストの手段（動画の配信サービス）として、本書では主にYouTubeを取り上げていくが、なぜYouTubeなのか？　何といってもYouTubeが２００６年にGoogleに買収され、傘下に入ったことが大きい。

Googleのサイトの「会社情報」欄を見てもらえればわかるが、Googleでは自社の使命を「世界中の情報を整理し、世界中の人々がアクセスできて使えるようにすること」としている。つまり、Googleは世界中のありとあらゆる情報を集め、すべての人々にその情報を提供することを目指している。そしてその目標は

YouTubeを買収したことで、動画の分野にも広がった。

つまり、世界中のあらゆる動画を集め、すべての人々に見てもらうこと。あるいは、あらゆる人々に容易に動画をアップしてもらうことを目指しているYouTubeは、その目標・理念といい、動画投稿のためのサービスの充実といい、他の動画投稿・配信サービスがとても追いつけないような独走状態にあると言っていい。

もちろん日本国内向けだったり、YouTubeとは違う特長を備えている動画共有サイト、動画配信システムはある。しかし、セルフキャストをビジネスに活用するという本書の趣旨を考えると、やはりYouTubeを基本にするのがベストだと考える。そこで、本書では基本的にセルフキャストはYouTubeにアップされることを前提に話を進めていくことにする。

「そうはいっても、YouTube以外の動画配信サービスについても知りたい」という読者もいるだろうから、ここではYouTube以外の配信手段について概観しておきたい。

まず、YouTubeと並んで人気があるのが「ニコニコ動画」（ニコ動）だろう。ニコ動の場合、何といってもユーザーが動画にコメントを書き込めるので、作り手と視聴者、そして視聴者同士がコミュニケーションができるという特徴がある。

また、〝生中継〟に特化した「USTREAM」がある。有名歌手のコンサートの模様を配信し、数十万単位の視聴者を集めたことも話題となった。

あるいは20代の女性に広がっている配信手段としてTwitCasting（ツイットキャスティング＝ツイキャス）などもある。これはスマホから簡単に動画が送れるというサービスだ。

本書では海外への発信力があることや配信が簡単なことなどからYouTubeをすすめているが、それぞれの配信内容や好みに応じて配信サービス先を選んでもらえればと思う。

また、本書を書くにあたり、YouTubeと並ぶ動画配信サービスとして国内で確固たる地位を築いているニコニコ動画を取材した。セルフキャストを活用したビジネスを構想する際に参考になるので紹介したい。

ニコ動を運営する「ニワンゴ」の杉本誠司社長（当時）に会った筆者は、まず、「ニコニコ動画の中でおすすめの動画を教えてください」とお願いしてみた。すると杉本社長は「正直、私にもわかりません」と笑いながら答えた。

ニコ動にはアクセスランキングがあるが、ユーザーにとって必ずしも最重要視すべき項目ではないらしい。いろいろと話を聞いてみると、「各自の趣味や嗜好ごとにタコツボ化した人たちにとっては、アクセス数は意味がない」ということらしい。自分が楽しめる動画を見つけて書き込みをしたり、参加者のコメントや生放送をしている人（「生放送主」または「生主」と呼ぶ）のリアクションを楽しんでいるのだという。つまり、各人各様のおすすめ動画があることがニコ動の特長なのだ。

杉本氏によると、ニコ動としては、「動画共有サイトを通して、『場』を提供している」ということであった。「動画」の数ではなくて、多様な「場」の数が重要と考えている。

ニコ動も動画共有サイトのカテゴリに入るので、よくYouTubeと比較されるが、ニコ動が提供している価値はYouTubeとは違うものだ、と杉本氏は述べていた。**ライブストリーミングを行って、その場にいる人たちが、「井戸端会議」を始める。動画のクオリティはさほど重要ではなく、その空間が参加者にとっての遊び場所であればいい。そこが、ニコ動のサービスの根幹だった。**

ニコ動は、２０１６年で設立から10年を迎える。この間、オタク、サブカルの枠を超えて日本の若者を中心に新しい文化を生み出し続けている。ニコ動は、セルフキャストを使ってコミュニティを提供するビジネスを行っていると言えるだろう。

この章ではセルフキャストの登場がいかに革命的であるかを確認し、セルフキャストを取り巻く現状を紹介した。もちろん「セルフキャスト革命」は日々進行中である。

次の章からは、本書の本題であるビジネスの実例を元にして、なぜセルフキャストは革命を引き起こすのか、その力の源を説明していきたい。実際にセルフキャストでビジネスを加速させている「ハッピーロード大山商店街」の実例を参考にしていくが、読者の皆さんのビジネスにも共通する点が多々あるはずだ。ぜひ、自身のビジネスと照らし合わせながら、読み進めていただければと思う。

第2章のまとめ

- セルフキャストの登場は、活版印刷の発明に匹敵するほどの革命的出来事だ
- 放送関係者が独占してきた映像を一般の人が手にし、まったく新しい〝セルフキャスト層〟が生まれた
- セルフキャストはYouTubeの普及とともに幕が開けた

第3章

ビジネスの実例から読み解くセルフキャストの力の源

蓄積配信がこれほどの効果を生むとは思わなかった

ここまで、実際にセルフキャストで運命が変わった人、セルフキャストがどれだけ革命的かを説明してきた。

では、なぜ一個人や小さな組織がセルフキャストを使って大きな影響力を発揮できたのか？　その理由は何なのか？

それは、セルフキャストには「蓄積配信」という性質があるからである。

この蓄積配信こそが、セルフキャストでビジネスを加速させるドライブである。

蓄積配信とは、配信された動画がYouTube内に蓄積されること。または、動画が蓄積されながら配信されることだ。それによって様々な効果を生み出している。

ここからは、私がセルフキャストのお手伝いをしている「ハッピーロード大山商店街」を例にとり、セルフキャストが持つ蓄積配信という性質について説明していきたい。

いまどきの商店街というと、元気のないシャッター街を連想する人も多いのではないだろうか。多くの商店街で買い物客が減っている。商店街は今、地域の衰退が最もわかりやすい形で表れている場所の一つと言えるかもしれない。

各地の商店街では地域をよみがえらせ、元気で生活しやすい空間を再び作るという大きな課題に直面している。地域を元気にする特効薬などそう簡単には見つからないだろうが、セルフキャストを使って目に見える成果を上げているのが「ハッピーロード大山商店街」だ。「はじめに」でも触れたが、その商店街が運営している「ハッピーロード大山TV」というYouTubeチャンネルに、筆者はプロデューサーとして関わっている。

そもそもハッピーロード大山商店街は、1978年に長さ560メートルのアーケードが完成し、都内でも有数の商店街として盛り上がりを見せた。2008年、YouTube上に「ハローTV」が開局し、商店街の様々な情報をリアルタイムに伝え始めた。その時に「コミュニティボード」と呼ばれる50インチモニターが4ヶ所に設置された。

その後、2011年10月には、それまでの「ハローTV」は、地域情報を積極的に発信する「ハッピーロード大山TV」に生まれ変わり、現在に至っている。

ハッピーロード大山TVのアップロード動画数は現在約400本、総配信時間は75時間、視聴回数は約15万回になった。具体的には、月に1回商店街の中から生放送を行っていて、それが随時、YouTube上に蓄積されている。番組の形式としては、地域のトーク番組、情報バラエティ番組の範疇(はんちゅう)に入るだろう。毎月「今月の地域ニュース」というコーナーを設けて、地元のイベント情報、お店情報などを伝えている他、放送中に5本程度の特集動画を流していて、その動画はそれ自体が2~10分程度のいわゆる特集番組という位置づけになっている。

商店街が行っているセルフキャストとしては日本最大級で、一部の地方自治体が運営する動画チャンネルよりも、インパクトがあると自負している。海外に商店街組合という組織はあまりないので比較はできないが、世界的にも珍しい取り組みとなっている。

ではハッピーロード大山TVを始めたことでどんな効果があったか？　商店街事業部長（当時）の臼田武志氏に聞いてみた。

「商品を商店街の外に宣伝したことにより、遠方から来られる新規のお客様が増えています。また、映像を見たお客様から『テレビに出てたね』と声をかけてもらうようになりましたし、テレビを見て、久しぶりに買いに来られたお客様も多数います。

私自身もそうですが、取材の回数をこなしてきたことによって、他のメディアの取材が来ても緊張せずに自店の宣伝、告知がスムーズにできるようになった商店主さんも多いと思います。

ハッピーロード大山TVに携わってきて感じるのは、お店や商品を宣伝するだけでなく、お店で働く人もお客様に知ってもらえるようどんどんメディアに出るべきだと意識が変わったことが一番大きな効果だと思っています」

全国的に商店街の地盤沈下が叫ばれる中、大山商店街は売上を維持している。

セルフキャストによって知名度が上がり、様々な店がマスメディアの取材を受けるようになった。堂々と明るく店や商品のアピールをしている姿を見ると、臼田氏が言うように、商店街の方々の意識が変わったことが大きいと感じる。

4年以上にわたってハッピーロード大山商店街のセルフキャストに関わる中で、セルフキャストは無限の発信力を持っていることを実感している。**セルフキャストでは、配信された動画はYouTube内に蓄積されていく。そして動画が蓄積されていくごとに、どんどん視聴数が伸びていくのだ。**このYouTube内に蓄積されて配信されていくことを筆者は「蓄積配信」と名づけた（もちろん、YouTubeではなく、自社のホームページのサーバーや別の動画共有サイトに動画が蓄積されていくことも蓄積配信と考えたい）。

では次に蓄積配信の何がすごいかを考えてみよう。

アップロード動画数は約 400 本。4年以上にわたってハッピーロード大山商店街のセルフキャストに関わる中で、セルフキャストは無限の発信力を持っていることを実感している。

ブロードキャストとセルフキャストの違い

テレビとの比較で考えよう。

テレビで放送することをオンエア（on air）という。放送中という意味だが、もともと「空に流れて」とか「空気に乗って」といった意味から派生したのだろう。いずれにしても、テレビ放送は、流れて残らない。一方、動画配信は、オンデマンド（on demand）と言われ、視聴者の要求に応じて何度でも視聴できる。ライブ放送も可能だが、一般的にその配信データは残っていくため、ライブ放送後でも視聴することが可能だ。

例外は置いておいて基本的な性質を押さえておくと、ブロードキャスト（テレビ放送）はその場限り、セルフキャストはインターネットを介してサーバーにアクセスするので、制限をかけなければ、いつでも何回でも視聴ができる、ということである。

テレビ関係者は、放送時に視聴した世帯数に基づく視聴率に一喜一憂している。テレビの視聴率には「毎分」という指標まであって、分単位で視聴率を競っている。

一方、セルフキャストは、蓄積しながら配信していく。そして、時間経過とともに視聴数が伸びていくのだ。

◉ブロードキャストとセルフキャストの基本的な性質

ブロードキャスト（テレビ放送）	セルフキャスト
電波	インターネット
on air 放送	on demand 蓄積配信

その理由としては、動画の蓄積数が増えてくると、検索されやすくなるという点がある。これには、動画をアップする際にタイトルやタグをしっかりと入れておく（詳細は152ページ、第5章の「セルフキャスト講座④ 配信する」を参照）ことにより、そのキーワードを目指して、知りたいと思っている人がアクセスして

くれるという仕組みが関係している。**ボリュームが増すと、検索された時のヒット率も増えるので、結果的に全体のアクセス数も増えていく。**更新頻度の高さやコンテンツの多さは、ＳＥＯ対策（検索エンジンで検索した時に上位に表示されるための対策）としても良い効果がある。

では、筆者がセルフキャストをお手伝いしている「ハッピーロード大山ＴＶ」では、どのような数字的変化をしてきたのか見てみよう（65ページ）。番組が始まったのが２０１１年の10月。毎月、生放送と特集動画５本程度が蓄積されている。日数のばらつきをなくすために、各年の11月１ヶ月間の数字を取り上げてみよう。

具体的なデータを挙げると、立ち上げ１ヶ月目である２０１１年11月の視聴回数は２７９回で、視聴が０の日もあった。翌年２０１２年の同じ月の視聴回数は１６７９回で、視聴が０の日はなくなっている。

２０１３年には３０００回、２０１４年には６３００回と年々、着実に増加してきている。その月に制作する動画の数は同じであることを考えると、蓄積配信

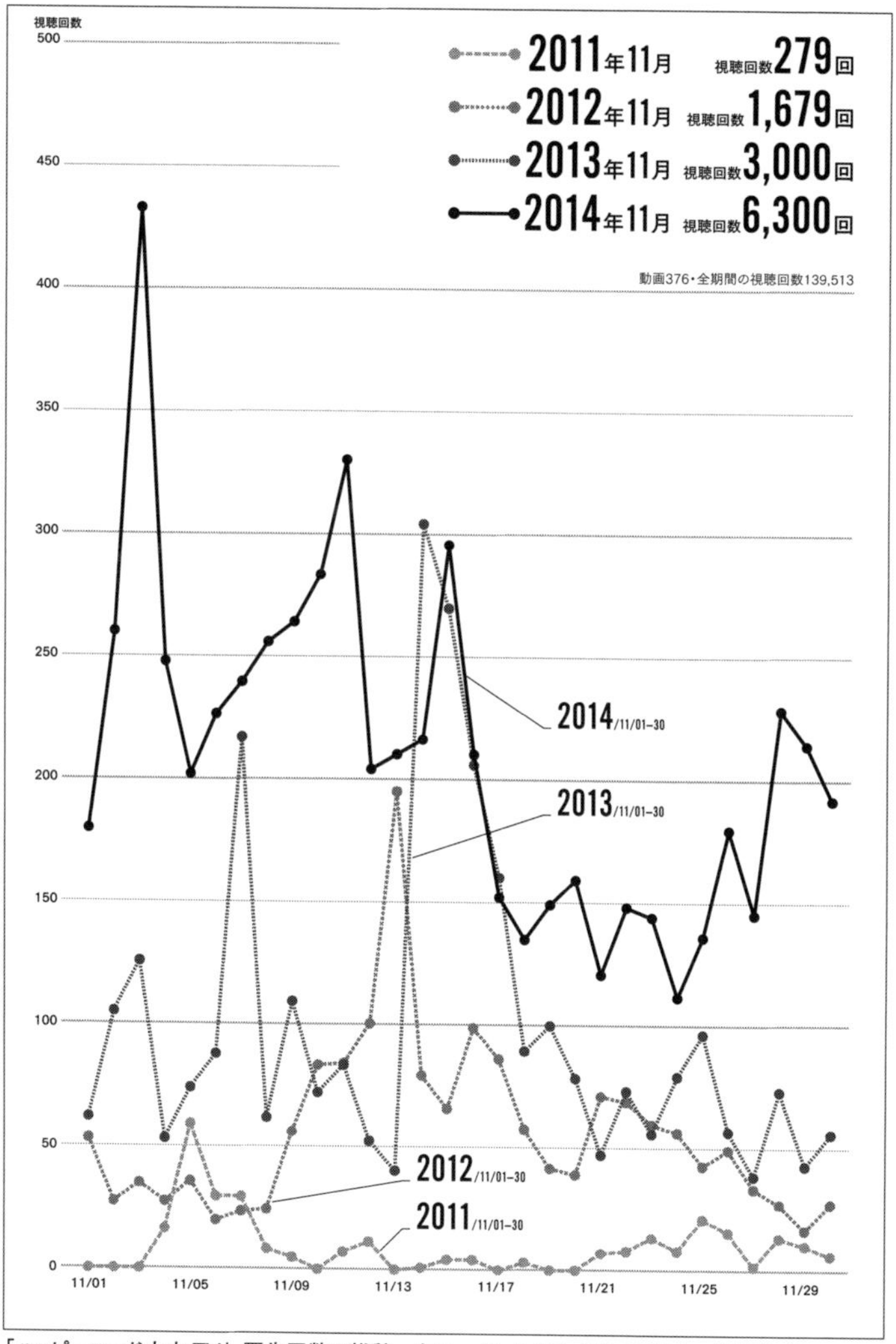

「ハッピーロード大山 TV」再生回数の推移。年々、チャンネル全体のアクセス数は伸びている。

の効果がよくわかる。

データが蓄積されると、「量質転化」を遂げる!

蓄積配信がもたらす効果はまだまだある。「量質転化」もその一つだ。

物事の本質をとらえる考え方に、「弁証法」というものがある。一般に、AというものはAいつまで経ってもAであるし、Aというものがたくさん集まっても、それはAがたくさん集まった以外のものではないと考える。しかし、弁証法が唱える原則の中に「量質転化」という考え方がある。**量質転化とは、Aという性質のものがある一定量を超えると、質的に変化してBへと転化する、とするものだ。**

日本のことわざに非常にわかりやすい例がある。そう、「ちりも積もれば山となる」だ。ちりは、それだけでは、ちりでしかないが、積もり続けると、ある時ちりは質的に山へと変化してしまうことをいう。

セルフキャストの1回の配信は、ほとんどたいしたインパクトを生まない。10回や20回配信したところで、数字的な変化は起きないかもしれない。しかし、3桁を超えて蓄積配信をしていくと、ある時、配信数の足し算だけではない変化が起き、大きなインパクトが生まれる。これは先ほど紹介した「ハッピーロード大山TV」での動画視聴回数の伸びを見てもらえばわかると思う。**動画の一つひとつは、それこそ単なる動画だが、量的な束になることで、「地域を元気にする商店街メディア」「マスコミが注目する地域メディア」へと質的変化を遂げているのだ。**

「ハッピーロード大山TV」では400本を超える動画を上げているが、最近、政府関係者や学術関係者からの取材が増えている。メディア論などを研究する大学の先生が問い合わせに来たりもする。

その方々から、「商店街や地方自治体が動画を作る事例はたくさんある。しかし、ハッピーロード大山商店街ほど継続的にこれだけのボリュームで作っているところはない。商店街が動画を使ってどのようなことができるかを調べる際のモデルケースとして役立つ」と言われている。

数が少ないうちは、一つひとつの動画は単体の価値しか持たなかったと思うが、商店街にまつわる様々な角度の動画が蓄積していくことで、ハッピーロード大山ＴＶが制作する動画チャンネルは、商店街のデータベースのような役割を果たすようになってきているのだ。まさにこれこそ量質転化と言っていいだろう。

蓄積配信はロングテールの価値を持つ

セルフキャストの蓄積配信のメリットは、「ロングテール」という概念からも分析できる。ロングテールというのは、アメリカの雑誌『Wired』の編集長を約12年間務めたクリス・アンダーソン氏によって提唱された考え方だ。

例えば、書店に置くことができる本の数は、当然だが売り場面積に比例する。売り場面積が広ければ広いほど、種類も冊数も多く並べることができる。これは書店に限らず、店舗販売をしている限り、どんな商品を扱っている店にも

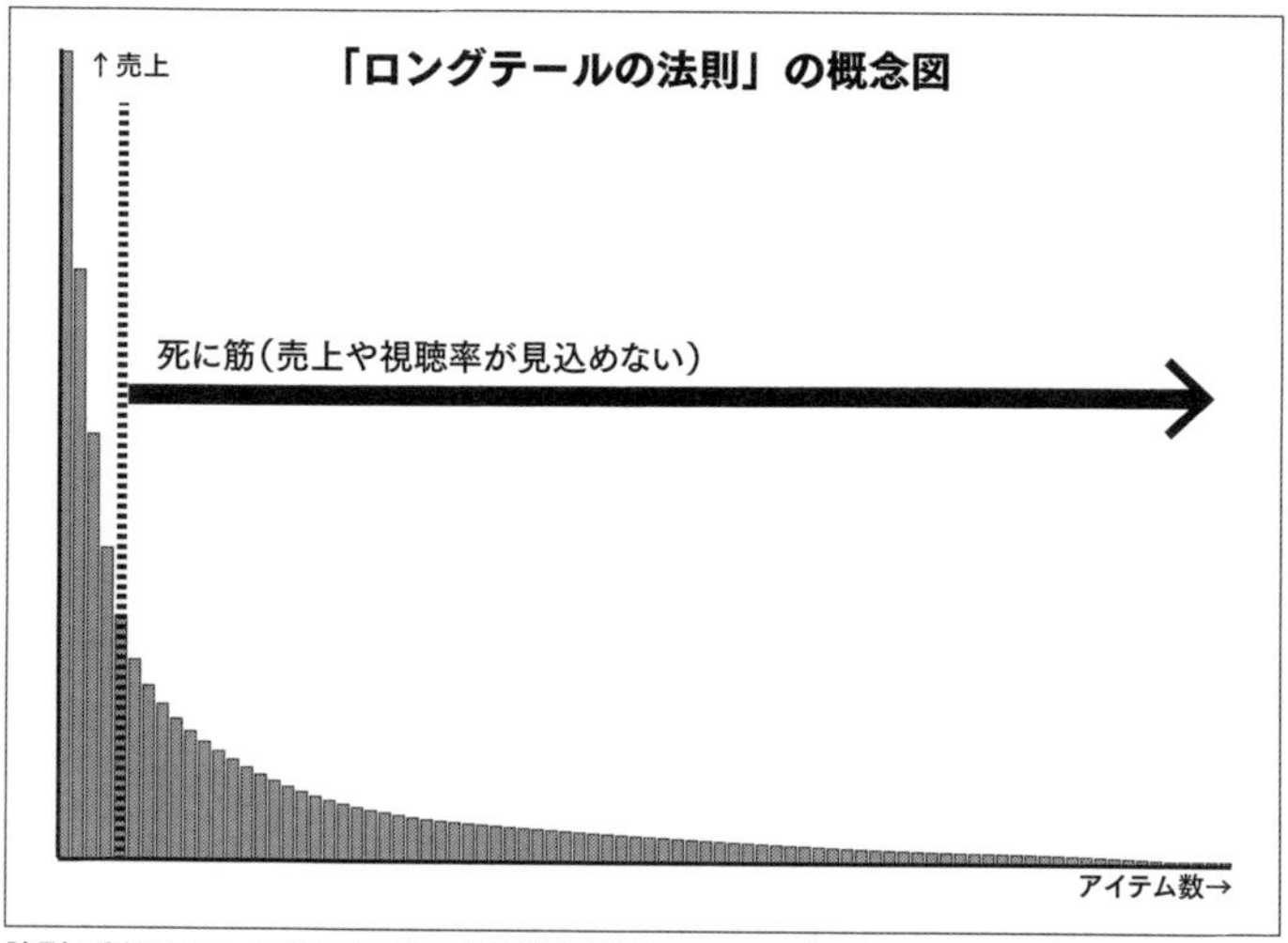

陳列の制限がないとすれば、売上や視聴率が見込めない商品でも 、アイテム数を幅広く取りそろえることで、総体としての売上を大きくできる。

当てはまる。**限られた商品しか並べられないとなると、店としては当然、「売れる」商品だけを並べることになる。**「売れ筋」アイテムだけを残し、あまり売れない「死に筋」アイテムをなくす。書店でいえば、ベストセラーやその地域のお客さんが買いたがる本を優先的に陳列する。例えば、ビジネス街であればビジネス書が多く取りそろえられることになる。

不思議に思うかもしれないが実は、テレビ局もこれと同じ発想をしている。売り場はないが、放送時間という制約があるからだ。テレビ局は1日にどんなに頑張っても24時間しか放送できない。そうなると、視聴率の高い番組を残し、低い番組はテコ入れをしたり廃止したりする。69ページの図でいうと、点線の左側に入るような番組をそろえることになる。

その結果、書店やテレビでは、点線の右側に位置するようなアイテムは、売上や視聴率が見込めないので、「死に筋」として扱われなくなってしまう。

しかし、インターネットでは、リアルの売り場があるわけではないので、例えば月に数点しか売れないような商品でも取り扱うことができる。たまにしか売れないような本であっても、長い時間をかけてでもたくさんのアイテムが売れてくれれば、結果的にベストセラー並みの売上が見込める。

これが、「ロングテール」と言われる概念で、この概念をグラフ化したものが「長いしっぽ（long tail）」のように見えることから、この名前がついた。書店でいえば、ネット書店のアマゾンがこの考え方に則って売上を拡大している。

テレビ局には1日24時間という制約があるので、リアル書店と同じように高視聴率の番組ばかりを並べることになる。一方、セルフキャストの場合は番組本数や総時間の制約はない。だから、1本あたりの視聴数はたいして見込めなくても、たくさん蓄積して配信できる。結果、チャンネル全体として大きなインパクトが生まれるわけだ。

つまり、**多数（マス）に受け入れられないニッチなコンテンツも品ぞろえすることが可能で、その結果少しずつでも視聴数が伸びていく。**ニッチでマニアックな番組はテレビでは放送されないが、セルフキャストの世界では、マニアだけが好むニッチなコンテンツも見ることができるようになっている。

回数を重ねてこそ成果が出る

以上述べた蓄積配信の価値を理解すれば、セルフキャストが強い発信力を持っている理由が理解いただけたと思う。それと同時に、すぐに効果が出ないからといってセルフキャストをやめるのが、いかにもったいないかがわかるだろう。

よくある失敗のパターンを取り上げよう。それはセルフキャストを自分たちも始めようと思い立った時に、まずは試験的にやってみるケースだ。セルフキャストの面白さや有効性をなんとなく感じて始めたが、自分たちにはどうも合わなかったと思って2〜3本の動画が残され、終わってしまう。こうしたケースが多い。試してみるのは良いことだが、そこに落とし穴がある。そのことを解説しよう。

筆者がハッピーロード大山商店街から「商店街が運営している地域チャンネルを運営してほしい」という依頼を受けた時、10名ほどの商店街理事関係者の前でプレゼンテーションを行った。インターネットを使った動画配信の特徴、商店街チャンネルの新しいコンセプト、運用の仕方などを説明した。その時、制作を請け負う立場でありながら、その場で契約に関して逆提案をさせていただいた。

それが「半年契約。問題がなければ自動更新とする」という内容だった。

一般的に、何か事業を開始するにあたって、「まずは試しに1回やってみて、効果を見て正式決定する」というやり方がよくされる。発注する側としては、初めてであればどんな業者かもよくわからないし、今回で言えばセルフキャストなるものがどれだけ効果があるかもわからないからだ。それを踏まえると、「半年契約」というのは長いと言える。

リスクを小さくしておきたいという気持ちから、「まずは、試しに数回だけ」となるのだろう。気持ちはわからなくもないが、それではセルフキャストの効果を感じてもらうことができない。

ここで別掲のグラフ（74ページ）を見てほしい。上のグラフは「セルフキャストの回数と労力の関係」を表している。このグラフからは、**回数を重ねれば重ねるほど労力が下がっていくことが読み取れる。**なお、この「労力」は、「コスト」や「エネルギー」と置き換えてもらってもいい。

セルフキャストの回数が少ないうちは、制作や配信にかかる労力は大きい。セルフキャストで流す番組のコンセプトやフォーマットを決めるのも時間がかかるし、ロゴを準備したり、小道具などをそろえるのも大変だろう。機材の使い方や配信の仕方などに習熟するだけでも時間がかかるものだ。つまり、セルフキャストの立ち上げ期にはどうしても時間と労力がかかってしまう。

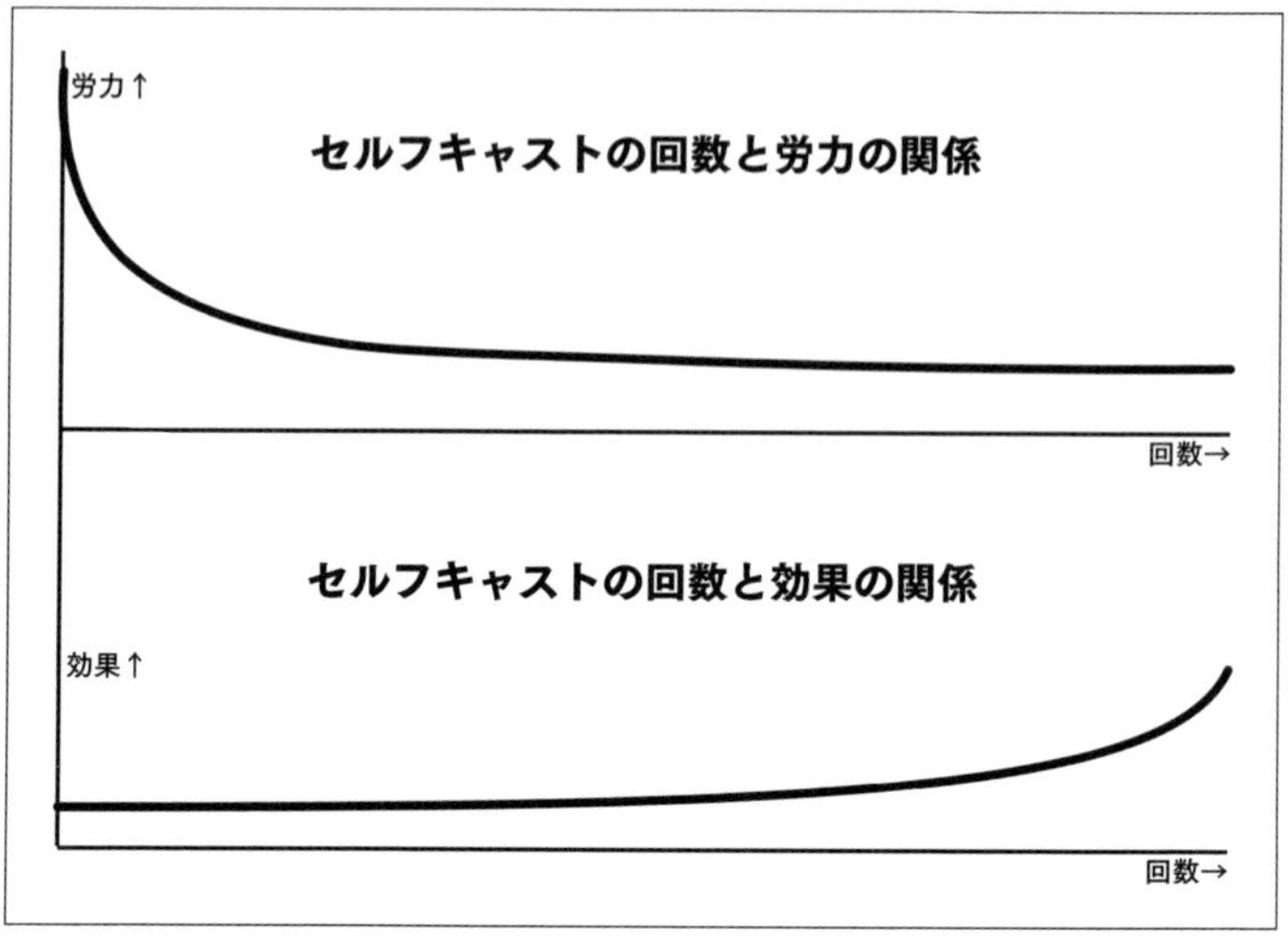

セルフキャストは、回数を重ねるほど労力がかからなくなり、効果は得られやすくなる。

次に、下のグラフは、「セルフキャストの回数と効果の関係」を表している。上のグラフでは縦軸が「労力」だったが、下のグラフでは「効果」になっている。**要するに回数を重ねないと効果が出ないということを示している。**ここで言う「効果」とは、「視聴数」もしくは「クオリティ」と置き換えてもらってもいい。

つまり、セルフキャストを始めたばかりの頃は、労力をかけたわりにはあまり効果が出ないという結果になってしまうのだ。

プロデューサーとしてセルフ

キャストの運営や動画の制作を請け負う立場からすると、お試しでの仕事はリスクが高い。労力をかけたわりに効果が薄いので、顧客満足につながりにくいからだ。

もちろんケースバイケースだが、経験から言うと、制作内容が固まって運用が安定するのに5～10回程度は配信する必要がある。つまり月1回の配信とすると、最初に「半年から1年はやる」と決めてからスタートしてほしい。そうでないと、「効果が出ないからやめよう」という結論になってしまうのだ。

セルフキャストを数回だけで終わらせず、例えば半年以上続けるべき根拠としては、他にも、ボストン・コンサルティング・グループのブルース・ヘンダーソン氏が提唱した「経験曲線効果」が挙げられる（76ページ）。これは特定の作業に関して経験を積めば、より効率的にこなせるようになるというものだ。

例えば、最初は損益がトントンで受注していた仕事も、作業量が増えるにつれて効率化され、やがて作業コストが減少して収益性が高まるという理論だ。この「経験曲線効果」から得られる教訓は、「慣れるまではコストがかかる」「慣れれば

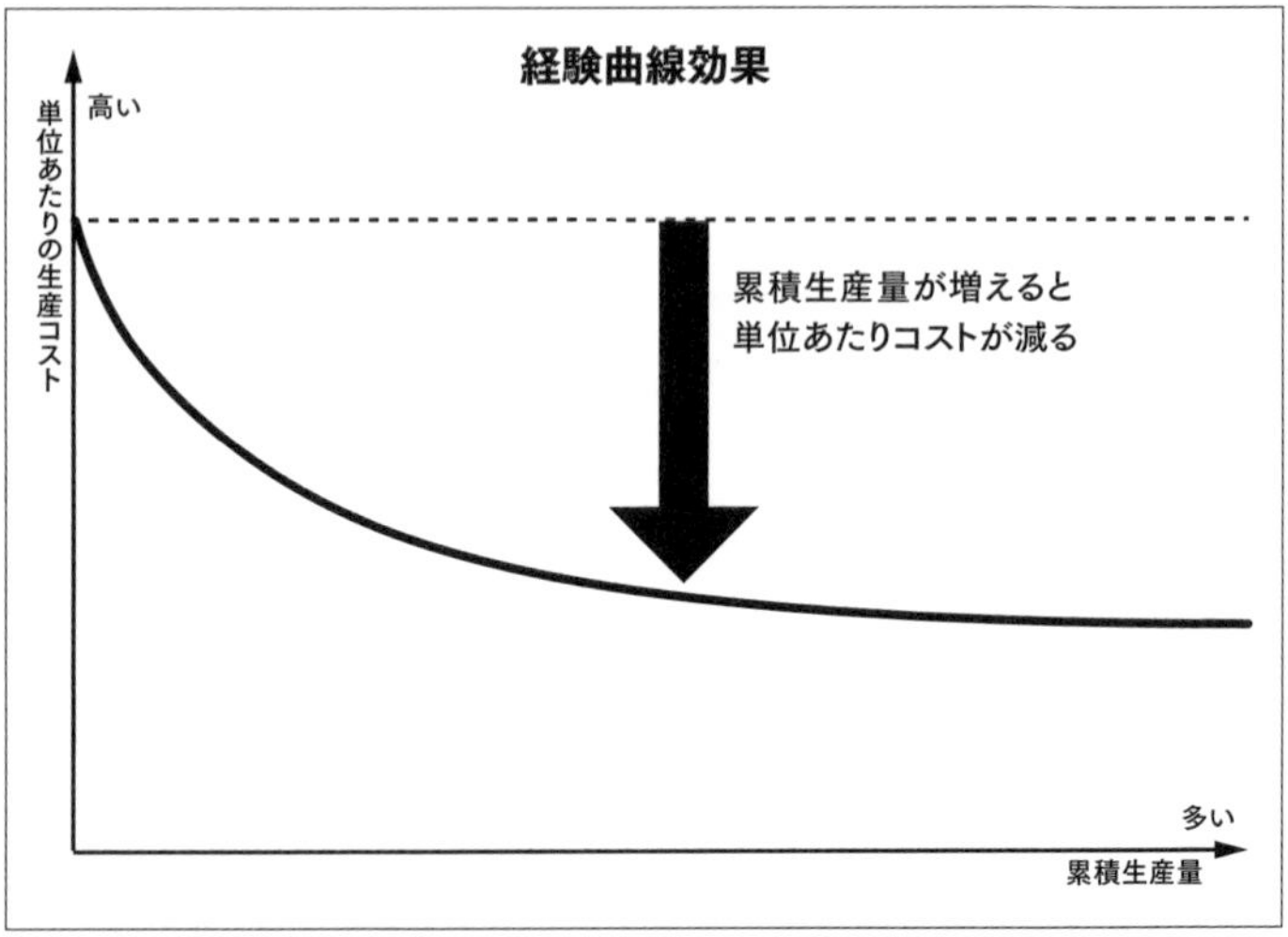

「セルフキャストの回数と労力の関係」を表すグラフでは、回数を重ねれば重ねるほど労力が減ることを見たが、こちらは生産量が増えるとコストが減ることを表している。

慣れるほど、収益性が高まる」ということだ。**セルフキャストを成功に導くには、「経験」を考慮に入れ、「続ければ続けるほどコストが下がり、効果が高まる」ことを理解することがポイントだ。**

先ほどの「セルフキャストの回数と労力の関係」を表すグラフでは、回数を経れば経るほど労力が減ることを見たが、こちらは生産量が増えるとコストが減ることを表している。セルフキャストに置き換えると、次々と動画を制作していれば効率的に作業が進められるようになり、それに伴い、コストも下がることを表している。

費用対効果は長期的に判断すべき

だから、目に見える効果が表れないことを理由に、セルフキャストを「お試し仕事」だけで終わらせてはいけない。実は、他にもまだ落とし穴がある。

経営コンサルタントにアドバイスを求めるような大きな会社では、セルフキャストを数回やってやめてしまうケースが多い。その経営コンサルタントが客観的な分析を理由にやめることをアドバイスするからだ。

経営コンサルタントは、業界全体やその企業の経営内容を分析し、数値化し、進むべき方向性を示唆(しさ)したり、課題解決に向けた情報を示したりする。多くの場合、コンサルタントの指摘は有益だが、セルフキャストに限って言えば、否定的にとらえる場合が多いので注意が必要だ。

これは筆者自身が経験した例だが、セルフキャストを含むホームページの会議で、コンサルタントからこんな指摘があった。

「動画のアクセス数が少ないので、費用対効果の見地から考え直した方がいい」

近年、ホームページに動画を埋め込む企業は多い。視覚に訴える動画を武器にして、アクセス数を伸ばそうという狙いだ。しかし、思ったようにアクセス数が伸びないと、コンサルタントからネガティブな指摘をされ、2~3回の会議を経るうちに「動画をやる意味がない」とあきらめムードが漂ってしまう。

「効果がないのでやめてしまえ」という指摘は、短期的な視点で見れば正しい。しかし、セルフキャストを成功に導こうとする時には、それが障害になる。

ホームページの内容を検討する会議は、毎週か毎月開催されることが多い。過去のデータからの推移を把握するので、サンプリングする期間は1週間か1ヶ月間単位ということになる。仮に月に1回更新するサイトであったとして、かかった制作費を1ヶ月のページビュー（アクセスされたページの数）で割れば、1ページビューあたりの単純な制作費コストが割り出せる。その1ヶ月間の引き合い（問い合わせ）数、注文数、売上数などと比較すれば、さらに細かく費用と効果の関係

費用と効果の関係

$$\frac{\text{制作コスト}}{\text{ページビュー}} = \text{1ページビューあたりのコスト}$$

$$\frac{\text{制作コスト}}{\text{問い合わせ数}} = \text{1問い合わせあたりのコスト}$$

制作費を1ヶ月のページビューで割れば、1ページビューあたりの単純な制作費コストが割り出せる。その1ヶ月間の引き合い数、注文数、売上数などと比較すれば、さらに数値化することができる。

を数値化することができる。

　こうした指標を目安として、改善点を見出（みいだ）すこと自体は良いことだ。無駄なことは減らす、またはやめてしまうという判断をする際の助けになる。コンサルタントが持ち出す数値は、客観的な事実を物語っているので全否定はできない。ただ、セルフキャストに関しては、前述したように「やめる」という結論に至りやすく、その判断は時期尚早な場合が多いのだ。

　というのも、特別なことがない限り立ち上げ当初のYouTubeのアクセスは、月に数十から数百程度しか見込めないからだ。特にセルフキャストを始めたばかりの時には、この数字の少なさに関係者はがっかりしてしまう。

ハッピーロード大山商店街の場合でいうと、筆者が先ほど述べた「半年契約。問題がなければ自動更新」という提案を受け入れてくれた。その結果、「ハッピーロード大山TV」は2011年に立ち上げてから5年間続いている。「蓄積配信効果」や「経験曲線効果」によって、今では質量ともに向上した。そして徐々に、商店街を利用しているお客様や、これから利用してくださるであろう新規のお客様に認知されるようになった。しかし、時間がかかることを関係者に理解してもらうのは簡単ではなかった。

当時、こうした情報発信やイベントを取り仕切っていたのが事業部長の臼田氏だった。彼は最初に理解を示し、「やるからには続けましょう」と関係者を説得してくれた。**セルフキャストを立ち上げる時には、継続して取り組むという固い意志を持ったキーパーソンが不可欠だ。**ぜひともあなた自身が、そのキーパーソンになって、セルフキャストは継続してこそ成果を出せる、と論理的にアピールしてほしい。

第3章のまとめ

- セルフキャストの力の源は「蓄積配信」にある
- YouTubeに蓄積されることで、いつでもどこからでも、興味を持った視聴者が見に来てくれる
- 蓄積配信によって、量質転化やロングテールなどの効果を引き起こしている
- 回数を重ねてこそ蓄積配信の成果が出るので、費用対効果は長期的視点で考える

第4章

セルフキャストでビジネスを加速させた人たち

メディアミックスすればセルフキャストの効果も倍増

ここからは、実際にセルフキャストをビジネスに取り入れている成功例を紹介したい。具体的にはどのようにセルフキャストを活用すれば、より大きな効果が期待できるのかを見てもらいたい。

まずは、セルフキャストの効果・威力を高めるために、メディアを組み合わせる方法だ。

セルフキャストを活用する際は、他のメディアとミックスしていくのがよい。FacebookやTwitterと連動させてセルフキャストへのアクセスを増やしていく。例えばFacebookでもTwitterでもセルフキャストの番組ページを作って、ホームページとリンクさせる。動画の内容が更新されるたびにFacebookやTwitterで告知する。加えてホームページには、きちんとタイトルと説明文をつけて動画を埋め込むことも忘れないようにしよう。

もちろん、情報発信はインターネットだけにとどまらない。パンフレットやチラシ、名刺などのリアルメディアとも関連づけるといいだろう。単体ではなく、複数のメディアとミックスすることによって、相乗効果が生まれていく。

メディアミックスをして成功しているのが、これまでも紹介してきた「ハッピーロード大山商店街」だ。

まず、この商店街で制作した看板（86ページ）を見ていただきたい。

この看板を見た人には、「この商店街では番組をやっている」ということが伝わるだろう。また、月に1回「セルフキャストの番組を流します」ということを、アーケードの横断幕やチラシ、ホームページで告知している。

このようにハッピーロード大山商店街では、あらゆるメディアを使って情報発信をするように心がけている。**情報発信のポイントは、一つのネタを複数のメディアで展開するということだ。**

特製の看板（上）と放送風景。この看板を見た人には、「この商店街では番組をやっている」ということが伝わる。

例えば、イベントを開催する時に作成したポスターを使って動画も作成する（87ページ）。

イベントの前には、ポスターと告知動画を使って宣伝をして、イベントの後にはその模様を撮影しておいて、番組として配信する。

備品も充実させるといいだろう。よく記者会見などで背景に使われているパネル「インタビューボード」を作って、番組やイベントの時に役立てる。FacebookやTwitterなどのユーザーが興味を持ってくれれば、スマートフォンをかざして撮影し、友人知人に告

ポスターデータを使って動画も作成

例えば、イベントを開催する時に作成したポスター（左）を使って動画も作成する。事後にはその模様を撮影しておいて、番組として配信する。

知してくれる。そうすれば、パネルに載せた情報は拡散されていくという仕組みだ。

　セルフキャストはテレビのような大メディアではないので、単体だとなかなか効果は出ないが、複数のメディアを相互に関連づけることで、より効果を引き出すことができる。その際、**セルフキャストを軸にして、様々な情報発信を繰り返すのがよい。**セルフキャストは目と耳に訴求するメディアであり、文字情報や視覚的な情報が整理されている。それを上手に転用すれば、他のメディアの厚み

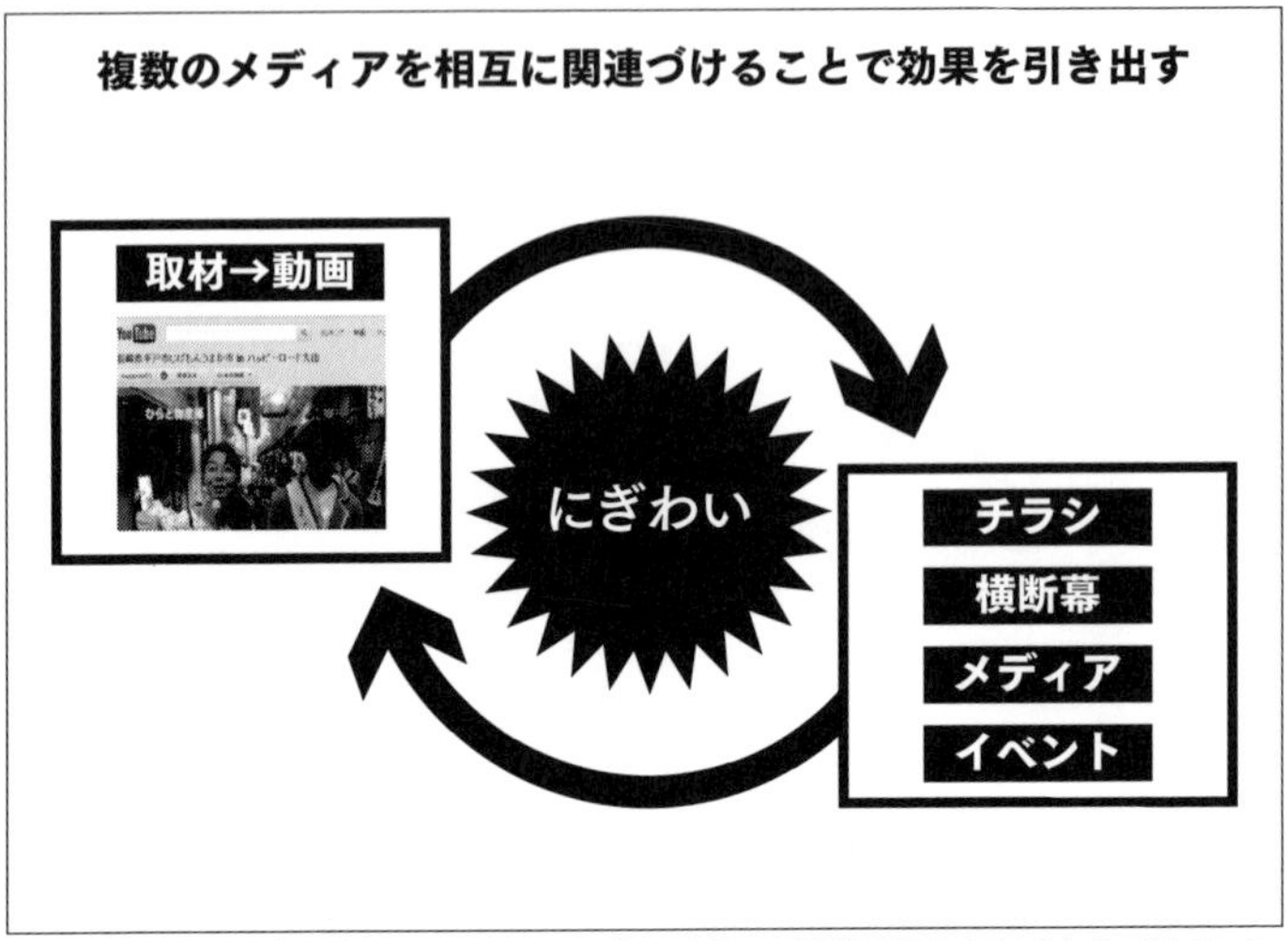

ハッピーロード大山商店街では、あらゆるメディアを使って情報発信をするように心がけている。情報発信のポイントは、一つのネタを複数のメディアで展開するということだ。

が出てくる。ハッピーロード大山商店街の例で言えば、セルフキャストで使用した字幕の文字情報を、チラシに転載するなどだ。このようにして情報を繰り返し発信することが「にぎわい」につながる。

マスコミの取材はできるだけ受けよう

第3章「ビジネスの実例から読み解くセルフキャストの力の源」でも述べたように、セルフキャストにはそれだけで素晴らしい情報発信力がある。そして、その良さを活かし、情報発信力をさらに加速させるためにはメディアミックスをすることが効果的だと説明した。**ここからさらに、情報発信力を加速させる方法の一つが、既存のマスメディアの利用である。**新聞、雑誌、ラジオ……様々なマスメディアがあるが、多くの人に知ってもらうことが目的であるとするならば、やはりテレビの取材はありがたい。テレビを見る人が減ってきていると言われるが、それでも、強い影響力を持つメディアの一つであることは間違いない。

そこで、再びハッピーロード大山商店街を例にして、筆者のテレビマンとしての経験も踏まえながら、テレビに取り上げてもらうための方法をアドバイスしたい。

筆者は経営コンサルティングと番組制作を事業の中心にしている。番組制作の方は、これまでテレビ朝日、日本テレビ、TBS、フジテレビなどで関わってきた。

そこで、よく聞かれる質問がある。「マスコミに取り上げてもらうには、どうすればいいですか」という質問だ。これは、イベント関係者や企業経営者からよく聞かれる。皆さんの中にも「自分の住む地域を活性化させたい」、そのために「マスコミ（特にテレビ）に注目してもらいたい」と思っている人もいると思う。自社の製品やサービスを取材してもらいたいと考えている人もいるだろう。

インターネットで調べると、テレビ取材を請け負うサービスがある。お金を払って「広告」という形で取り上げてもらうわけだ。それでもいいが、番組の枠を買い取るわけだから高額になる。へたをしたら数百万円から数千万円だと言われるかもしれない。数十万円程度でテレビ取材サービスを請け負うところであれば、おそらく、企画書を作って売り込むことを代行してくれるだけで、必ず番組で取り上げられるという保証はないだろう。番組枠の買い取りなしで、真正面から企画を持ち込むことになれば、当然その企画が面白いかどうかの勝負になる。これは狭き門だ。

ところが、ハッピーロード大山商店街では一切お金を払わずに、取材が殺到している。それはなぜか？

ハッピーロード大山商店街にはなぜ取材が殺到するのか

「はじめに」でも触れたが、ハッピーロード大山商店街は、筆者がプロデューサーとして参加する前は、テレビに取材されることはほとんどなかった。たまに撮影の依頼があっても断っていたそうだ。

テレビの取材が入ると、店の前に人だかりができることがあり、取材を受けている店の近隣からクレームが生じるケースがあった。商店街の事務局としては、クレームに対応するぐらいならば、最初から取材など受けない方がよいという意識が働いたそうだ。当時、マナーが悪かったり、取材場所や時間を守らな

ハッピーロード大山商店街取材状況

9/ 7 TBS「あさチャン」
9/10 TBS「あさチャン」
9/16 TBS「ひるおび」9/17放送
9/17 NHK「ためしてガッテン」
9/17 日本テレビ「スッキリ!!」
9/19 J:COM「いまどこ!?イレブン」生中継　柳野玲子
9/20 フジテレビ「バイキング」
9/21 TBS「あさチャン」
9/27 日本テレビ「誰だって波瀾爆笑」10/26放送　サンドウィッチマン
10/ 4 NHK「ためしてガッテン」
10/ 6 テレビ東京「たけしのニッポンのミカタ!」
10/ 7 日本テレビ「ヒルナンデス!」10/10放送　ライセンス、北斗晶、佐藤ありさ
10/ 8 テレビ東京「ブラマリのいただきっ」10/31放送　ブラックマヨネーズ、関根麻里、大食いなでしこ
10/ 8 テレビ朝日「モーニングバード!」
10/11 フジテレビ「ムチャブリ!スタンパー!!」11/3放送　ハライチ
10/12 テレビ朝日「モーニングバード!」
10/12 TBS「あさチャン」
10/15 日本テレビ「ZIP!」
10/15 フジテレビ「ノンストップ!サミット」
10/20 テレビ朝日「モーニングバード!」
10/22 フジテレビ「スーパーニュース」
10/28 TOKYO MX「ナイツの丼なもんでしょう!」11/16放送
11/ 1 テレビ朝日「みんなの家庭の医学」
11/ 2 日本テレビ「ニノさん」
11/ 6 ニッポン放送「大谷ノブ彦　キキマス!」生中継

資料:2014年

このように、東京の商店街の代表として「ハッピーロード大山商店街」が取り上げられることが多くなった。

かったりするマスコミが多かったことも、取材に対して後ろ向きにさせた要因の一つのようだ。

だが、筆者が商店街に関わるようになった時、基本的にマスコミ取材はすべて受けてもらうことにした。マスコミ対応、特にテレビ取材の対応が面倒な場合は、筆者が引き受けた。筆者自身がテレビ番組を制作しているので、どんな番組にしたいのか企画趣旨さえわかれば、こちらからもどんなことができるのかを提案できる。撮影したいものをすんなり撮ることができれば、トラブルやクレームを

未然に回避することにつながる。

地方や地域のよさを見直そうという風潮もあって、ハッピーロード大山商店街はテレビや新聞・雑誌に徐々に取り上げられるようになっていった。そこに、セルフキャストが追い風となって、ますますテレビに取り上げられるようになっていったのだ。セルフキャストと、積極的なテレビ取材の受け入れを始めて、たった3年ほどで取材が重なる日が出るほどになった。今では商店街が把握する取材依頼数だけでも、多い時で月に10件ほどになっている。それ以外に直接、店に取材依頼が寄せられているケースも含めれば、実態はもっと多いだろう。

このように、東京の商店街の代表として「ハッピーロード大山商店街」が取り上げられることが多くなった。

ではなぜ、これほどテレビで取り上げてもらえるようになったのか。**それを知るには、テレビ制作側の心理を知る必要がある。**その心理や行動パターンを知ったうえで、準備をしておけばよい。遠回りなようだが、それが取材を受けるための一番の近道となる。

「どうやって企画を通しているか」を知る

テレビ局側にも、取材を申し込むからには理由がある。その心理、行動パターンを知ることが大切だ。テレビ番組には毎日、週1回、月1回……といった放送サイクルがある。共通するのは、放送の後に反省会があり、加えて次の放送に向けて企画会議があるということだ。

番組のネタが決まるのは、その企画会議だ。主に番組ディレクターから企画書が提出され、内容をもんで、狙いを決めてから取材がスタートする。だが、編集や生放送の対応などに追われているディレクターは、忙しさのあまりすぐに持ちネタがなくなってしまい、そのため新聞や雑誌など他のメディアをヒントにする場合が結構ある。時には他局のテレビ番組からヒントを得ることもある。それが真新しいネタではなかったとしても、とにかく、企画会議は企画を出さないことには始まらないからだ。そんな時、セルフキャストをしておけば、YouTube上にアップされたネタがマスコミ関係者の目にとまり、取り上げられるということが、往々にしてある。

会議で「それ面白そうだね」となるとする。ところが「じゃ、やろう」という段階になって「取材は断られました」では、子どもの使いになってしまう。よって、撮影が可能かどうかはなるべく事前に確認することになる。例えば「店先で行っている実演販売の撮影をさせていただく番組を、企画会議で検討してもいいでしょうか」と店側に聞くわけだが、そこで取材を断られたら、あまり深追いはしない。その企画はボツだ。

当たり前だが、せっかく来た取材依頼を断り続けていれば、取材の申し込みは来なくなる。そうなってしまったら、いざテレビに取り上げてもらいたくなったとしても、取材依頼が来る可能性が減ってしまう。テレビ業界も意外と狭い社会。「あそこは取材が難しいよ」というイメージが定着してしまっては来るものも来なくなる。

番組制作者は番組を企画する時に、過去の雑誌や新聞記事を検索する。だか

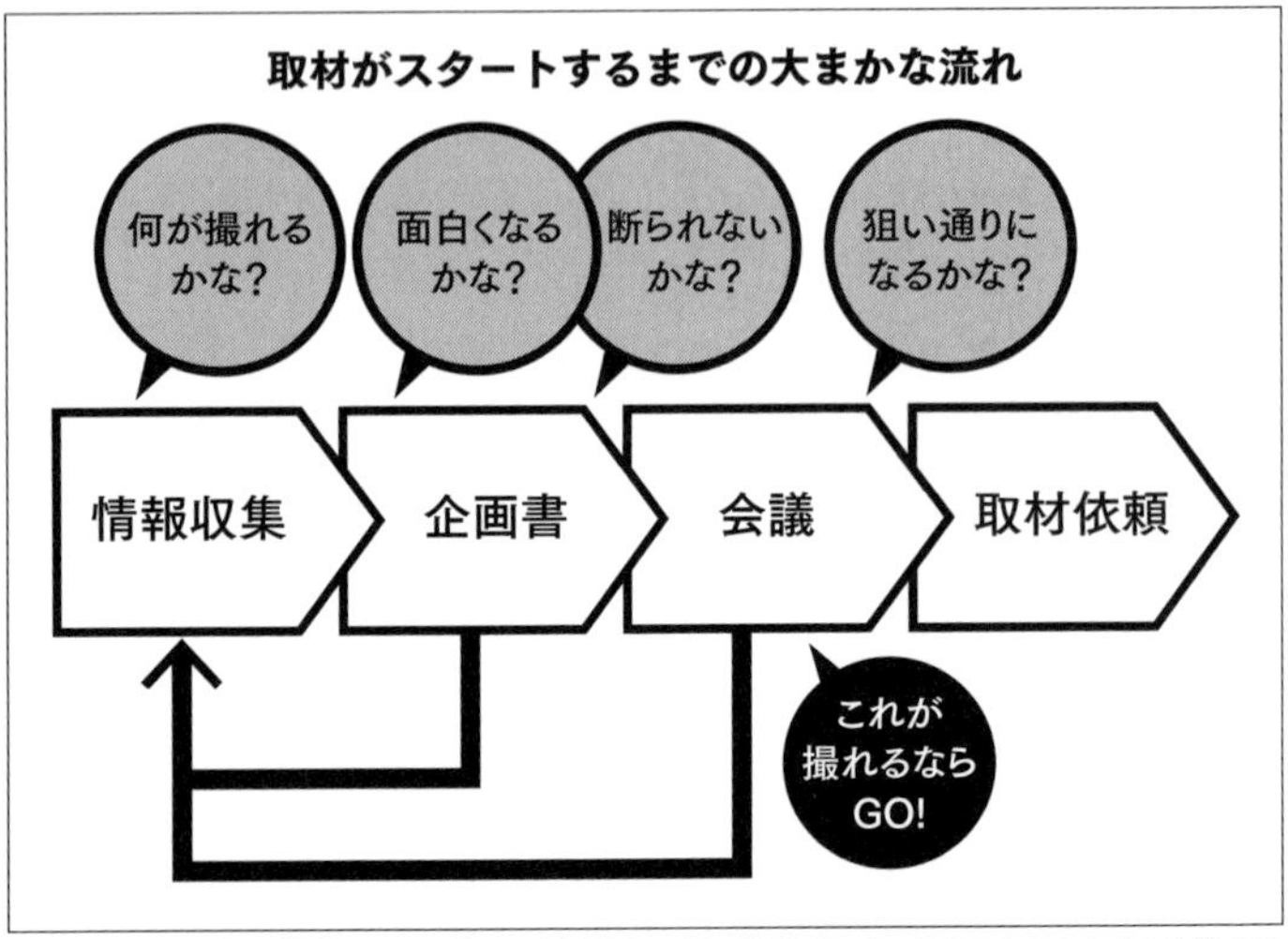

テレビ番組の内容や性質によって変わる場合もあるが、取材がスタートするまでの大まかな流れは図のようになる。

ら、新聞・雑誌に取り上げられることも大切だ。それに、どのテレビ、新聞、雑誌の担当者も、まず間違いなくホームページを調べている。ホームページには基本的な情報を掲載することと、あわせて魅力をアピールする情報を載せておくことが大事だ。そして、テレビ関係者であれば、YouTubeで動画をチェックしてくるだろう。前述したように、ここでセルフキャストが効果を発揮する。

テレビ番組の内容や性質によって変わる場合もあるが、取材がスタートするまでの大まかな流れは右ページの図のようになる。

情報収集∶普段から口コミや、各種メディアを参照し、情報収集をしておく。そうやって番組の方向性やその時々のテーマに沿ったネタを収集する。企画対象となるホームページや動画はほぼ間違いなくチェックする。ロケハンをしたり、対象者に事前取材をする。

企画書∶どの番組も基本的に企画会議があり、ディレクターは番組スタッフやプロデューサーに番組の趣旨や内容、構成などを説明する。その際、企画書を提出する。新しさ、驚き、面白さなど番組で取り上げる基準や方向性は異なるが、いずれにせよ企画者が取り上げたいテーマを企画書にまとめる。時には雑誌や新聞記事のコピーや1~2行のメモから企画が立ち上がることもある。

会議∶企画会議では、企画書や新聞や雑誌の記事やメモを持ち寄って、雑談などを交えながら項目や内容を決めていく。企画会議ではいろいろな角度から質問が出る。ディレクターとしては、周辺情報やスケジュールなどを確認しておき、企画会議でOKが出たのに撮影の段階でNGという事態は避けたいと考える。

企画書を作っている段階や企画会議の後に、足りない情報を再度調査することが何度となくある。ディレクターやADが、電話やメールで細かいことを聞いてくるのはそのためだ。

すでに番組の大枠が決まっている場合は、その趣旨に合った対象者に対して、取り上げたい順番で取材依頼をするケースもある。

例えば、商店街を舞台にした情報番組を作ろうとする場合、何を調べるか。その商店街に、

- 珍しいお店はあるか？
- キャラ立ちした人はいるか？
- 新しい取り組みや、面白いニュースはあるか？

などを確認することになる。

次に、企画が通った場合のことを考えてチェックする。

- 取材に協力的か？
- ○○○というシーンは撮れるか？
- ○○○という展開は可能か？

せっかく企画が通っても、相手が取材に協力的でなければ良い番組は作れない。最近では取材時のコンプライアンスが問題になることがあるので、制作者としては取材対象者とのトラブルは避けたいと考える。その意味でも「取材に協力的かどうか」は大切な要素となる。

また、番組には企画の意図があり、「○○のシーンを○○という展開で撮影したい」などとある程度、取材の前にストーリーができている場合が多い。取材を受ける側からすると、事前に流れが決まっていて、時にヤラセっぽく感じることがあるのは、企画段階で狙いがすでに決められているからだ。番組サイドとしては、その狙い通りに撮れるかどうかを非常に気にする。

番組によって差異はあるが、いずれにしても、取材がスタートするまでに様々な思惑が絡んでいる。

取材者が「取材したくなる」内容をそろえておく

企画が通るプロセスと企画者の心理がわかったところで、では、一体どうすれば取材依頼に結びつくのか？

自分たちが持っているホームページやYouTubeなどのメディアに、取材者が「取材したくなる」内容をそろえておくことがポイントだ。

ハッピーロード大山商店街では、お店情報やイベントの様子を記録した動画をYouTube上に約400本アップしている。商店街のロケーションは一目瞭然だし、面白い店主や変わった取り組みなど、動画を見ればすぐにイメージできる。

商店街が運営するアンテナショップ「とれたて村」や、商店街公認アイドルCutie Paiまゆちゃんへの取材などは、実際に動画を見たことがきっかけで企画がふくらんだケースが多い。商店街番組で「大山の母」として取り上げた大野せつさんは、今やゴールデン番組やCMにも出演するようになっている。

商店街とプロレス団体がコラボをしてキャラクターを誕生させた。

現在は商店街アイドルの取材が最も多いが、それに続いて多いのが、商店街が生んだ正義の味方「ハッピーロードマン」だ。イベントに参加して会場を盛り上げたり、地元で開かれるプロレスの試合に参戦したりもしている。また ハッピーロード大山ＴＶの中で制作している『大山幸道（さちみち）物語』というドラマの主人公としても活躍している。このドラマは、商店街を舞台に主人公が失敗と挫折を繰り返しながら成長する物語となっている。

商店街や地域でゆるキャラなど

のキャラクターを作って、注目されるケースがある。ハッピーロード大山商店街では「ゆるキャラ」ではなく「正義の味方」を生み出した。この本物のレスラーでもあるハッピーロードマンは、商店街と、地元で旗揚げしているプロレス団体「いたばしプロレスリング」(代表・西田秀樹氏）がコラボをして誕生させた。

大手マスコミが、こうした一連の仕掛け（取り組み）に興味を示し、取材に訪れている。テレビだけではなく、新聞やラジオ、雑誌でも、この商店街や地域が取り上げられるようになってきた。取材に来る担当者のほとんどは、事前に動画をチェックし、企画をふくらませ、独自の切り口で取材を展開している。

日頃から自らの活動内容をこまめに発信しておくと、マスコミ関係者はその情報を目がけて検索をかけてくる。特に動画をアップしておけば、その情報をとっかかりにして企画を考えてくる。そうしたマスコミの行動パターンや取材者の心理を頭の隅に入れてセルフキャストをしていれば、遠くない未来に取材者の側から、あなたやあなたの組織を見つけて、声をかけてくるだろう。

組織内部で知識やノウハウを共有する

ここまでは、セルフキャストを使った情報発信に焦点を当ててきた。しかし、**セルフキャストが活用できるのは情報発信だけではない。**ここからの事例では「情報発信」以外の活用例を紹介していこう。

まず、組織内部でセルフキャストを活用し、個人が持つ知識やノウハウを共有したり、専門的知識を継承させている例だ。

取り上げるのは「Radix の会」という任意団体。この会は、全国各地の約３３０にも及ぶ農家や食品加工メーカーの集まりだ。「Radix の会」のメンバーは、食材宅配でビジネスを展開する「らでぃっしゅぼーや」に、野菜や加工品を提供している。この会に参加する農家やメーカーは、食の安全や環境保全に高い関心を持っており、その取り組みは徹底している。いわば食の匠(たくみ)集団であると言ってよい。

セルフキャストを活用し、組織内部で知識やノウハウを共有

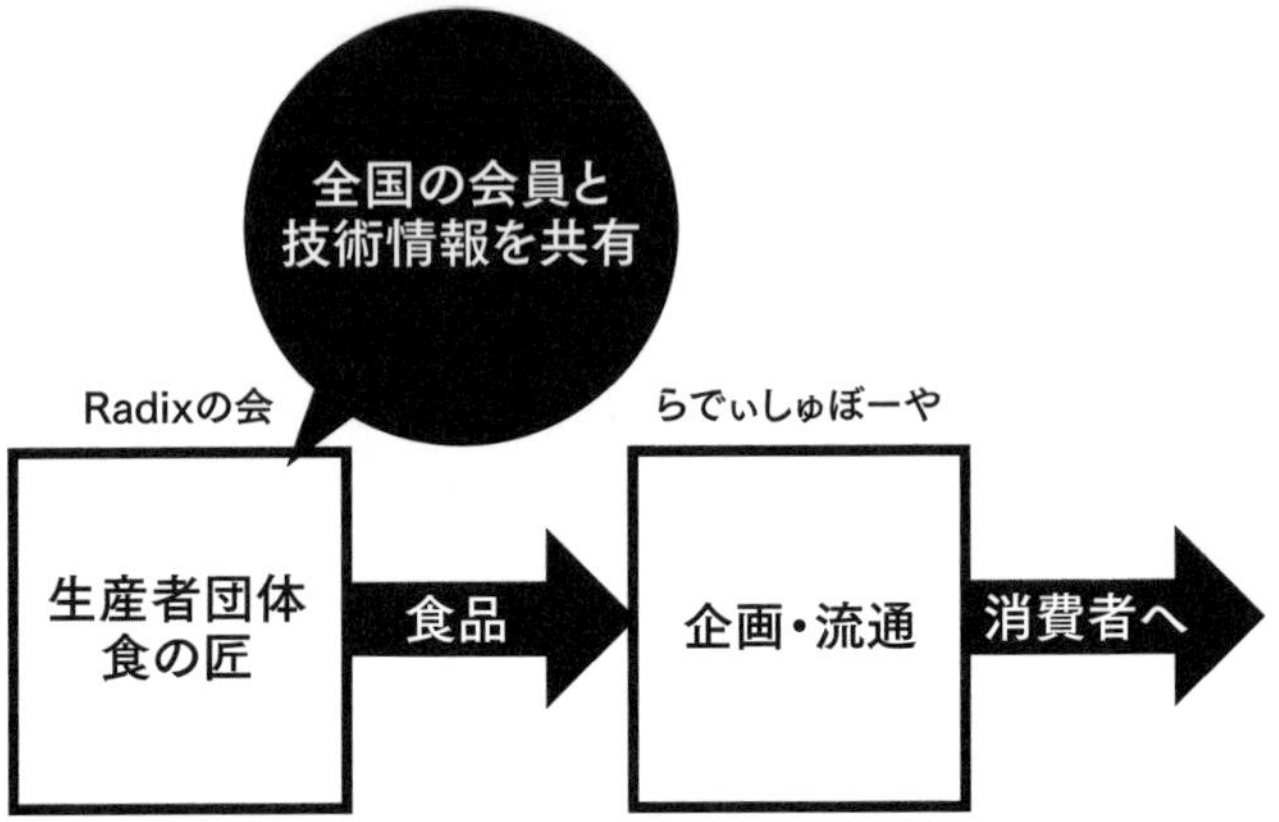

「Radix の会」は、全国各地の約330にも及ぶ農家や食品加工メーカーの集まりだ。メンバーは、食材宅配でビジネスを展開する「らでぃっしゅぼーや」に、野菜や加工品を提供している。

戦後、日本は経済発展を遂げ、人口も爆発的に増加した。1億人以上の国民の食をまかなうために化学肥料や農薬が次々と開発され、規格化された大量の「食」が、国民の胃袋を満たしてきた。しかし一方で、化学肥料による土壌汚染や農薬散布による自然破壊の事例が報告され始めた。虫も食べない農薬まみれの野菜や何ヶ月経っても腐らない加工食品は、やはり健康を害することになる。アレルギーや過敏症など人体への悪影響を指摘する事例がいくつも挙げられている。

「Radixの会」は、そうした現実に自覚的で敏感な生産者の集まりだ。食の安全をテーマとして掲げ、自分たちで土作りから始めている。商品として流通させるためには当然、経験や知恵、ノウハウが必要になる。そこで「Radixの会」では、頻繁に勉強会が開かれている。例えばトマトの作り方一つとっても奥が深い。泊まり込みで、専門家の話を聞き、自分たちの経験を語り合う。工場の品質管理の現場で行われている小集団活動やカイゼン活動などを農業に応用する報告も出てきている。おそらく日本の有機農業の世界で最先端を走っている集団だろう。

「Radixの会」では頻繁に勉強会が開かれていると述べたが、常に全員が勉強会に参加できるわけではない。そこで使われるのがセルフキャストだ。

同会では、勉強会で伝えられる情報を会員のみが視聴できるような形で共有している。勉強会に参加できなかった全国に散らばる会員は、そのセルフキャストを見て、技術力を高めているのだ。

YouTubeは、「公開」「限定公開」「非公開」と三つの公開ポリシーを選べる。「限定公開」に設定すれば検索されないため、URLを知らない人は見ることができな

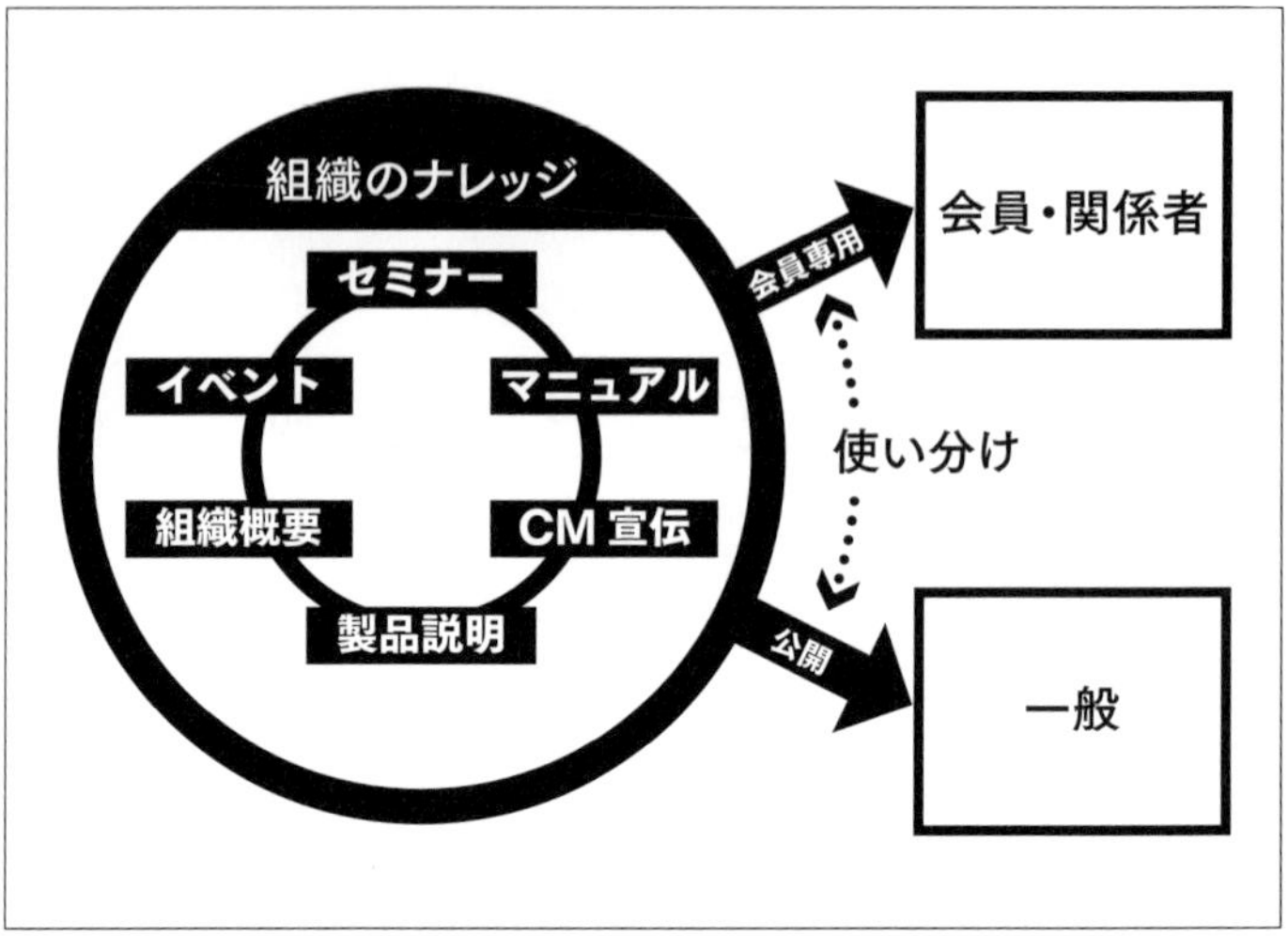

Radixの会では、セルフキャストの公開範囲を使い分けることで、組織のナレッジを高めている。

い。つまり、会員限定用に利用することができるわけだ。

「非公開」とすれば、動画を見るためにはログインが必要になる。「Radixの会」ではこの公開ポリシーを上手に利用し、会員のナレッジを高めている。

このようにセルフキャストは、**社員教育や組織内の知識を高めるツールとしても活用することができる。**情報発信以外にも、組織内部向けのセルフキャストは今後ますます増えていくだろう。

動画を無料公開しながら、別の形でマネタイズ（収益化）に成功したTBC受験研究会

次に紹介するのは、既存のビジネスにセルフキャストを組み合わせた事例だ。セルフキャストを活用すると、**他社が容易に真似のできないビジネスモデルを確立することも可能となる。**

中小企業診断士などを目指す人たちを指導する「ＴＢＣ受験研究会」は、ある時、教室で教えることをやめてしまった。すでに受講料の入金を済ませていた受講生には全額返金し、丁寧に返金する理由を説明した。すでに入金を済ませた受講生に返金するという手間をかけてまで、「ＴＢＣ受験研究会」が始めたかったサービスとは何か？

それは、教室で行っていた講義をすべてセルフキャストに置き換えることだった。

大手の受験指導校とＴＢＣ受験研究会の違い

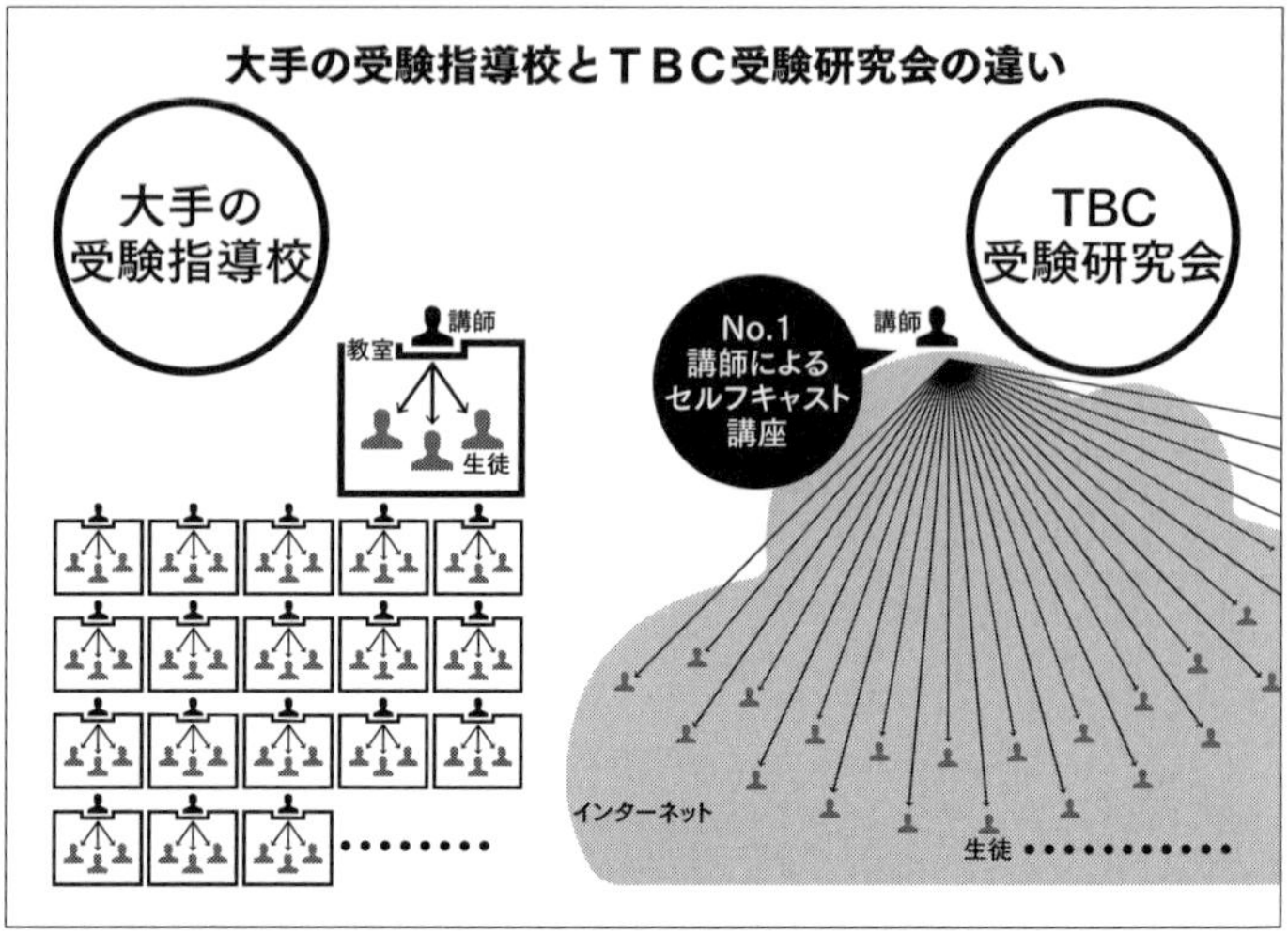

大手の受験指導校は規模が拡大すると雇う講師の数も、借りる教室の数も増えて固定費も拡大するが、ＴＢＣ受験研究会は規模が拡大してもそれらのコストが発生しない。

受験サービス業は、一般に①優秀な講師を集め、教育し、②生徒を合格させるために最適なカリキュラム・教材を作成し、③生徒を募集し、④交通の便の良い場所に教室を用意し、⑤講義の受付や入金などの管理をする。これが、基本的なビジネスの要素だろう。教室に来ることができない生徒に対して、通信用のＤＶＤを制作し、通学したのとほぼ同額で販売しているところもある。

中小企業診断士講座の受講料は、年間30万円前後が相場となっている。一次試験対策の場合、１

科目約20時間の講座で、それが7科目分行われる。

大手の受験指導校は、主要都市ごとに教室を展開するので、雇う講師の数も増える。それぞれの教室の年間スケジュールを作成し、駅前などの教室を借りるか、自社ビルを教室として使うことになる。

カリスマ講師は人気が高いので、なるべく多くの講義を受け持たせる。二番手、三番手の講師は、受講生の数に応じて回数を調整する。

「TBC受験研究会」は、企業研修やコンサルティングを行う「経営教育総合研究所」が経営していて、同研究所の経営者はTBC受験研究会の講師としても登壇している。中小企業診断士試験の受験生の中には、大手企業のマネージャークラスも多いため、講義がきっかけで、企業研修やコンサルティングの依頼につながる場合もある。講師と生徒という「顔の見える関係」が作られるからこそ、そうした副次的な「効果」が生まれる。企業研修やコンサルティングは収益性の高いビジネスなので、教室をやめてしまうという経営判断は、「副次的な効果」も捨てることのように見える。

それでも、「TBC受験研究会」は教室での講義スタイルをやめてしまった。そ

して、全講座をYouTubeに無料でアップし始めたのだ。

一見すると、不合理な選択のように思える。ではどういう意図があったのか、「経営教育総合研究所」の取締役・竹永亮氏に聞いてみた。

「これまでのやり方は多分続かないだろうと思ったんです。アメリカのマサチューセッツ工科大学が無料で講義を公開するオープンカレッジ構想を発表しましたよね。それにより、『一強多弱』の状況になると思いました。つまり、どこかが一番良い情報を出したら、二番手以降の学校の情報はもう見てもらえなくなる可能性が高い。それは他人事ではない気がしたんです。今、自分のところの講師陣は充実しています。業績も良いこの時にこそ、一気に変えてしまおうと思い、決断しました」

その結果、「TBC受験研究会」は教室での講義スタイルを一切やめ、すべての講義をYouTubeにアップした。一流の講師が一度だけカメラの前で話すだけでよくなった。質の高い講義を無料で提供すれば、生徒は見ないわけがない。もちろん講師の質を高める努力は必要だ。具体的には、卒業生を中心に教材作成などの仕事を与えると同時に、講師養成のトレーニングを徹底的に行っている。

コスト面でインパクトが大きいのが教室にかけていた費用だ。教室での講義をやめたことで、教室を維持する固定費がそっくりそのままなくなってしまった。そういう思い切った決断ができた背景には、「TBC受験研究会」はもともと中堅どころの受験指導校であったため、抱えている講師の数がそれほど多くなかったという点がある。つまり、一流の講師だけを少数そろえていたので、講師を解雇しなくて済むという事情があったのだ。

参考書を必ず買ってもらう仕組み作りに成功

コストを徹底的に圧縮できたことは理解いただけたと思う。しかし疑問に思うのが売上だ。講義をすべて無料で公開してしまって、どうやってマネタイズして

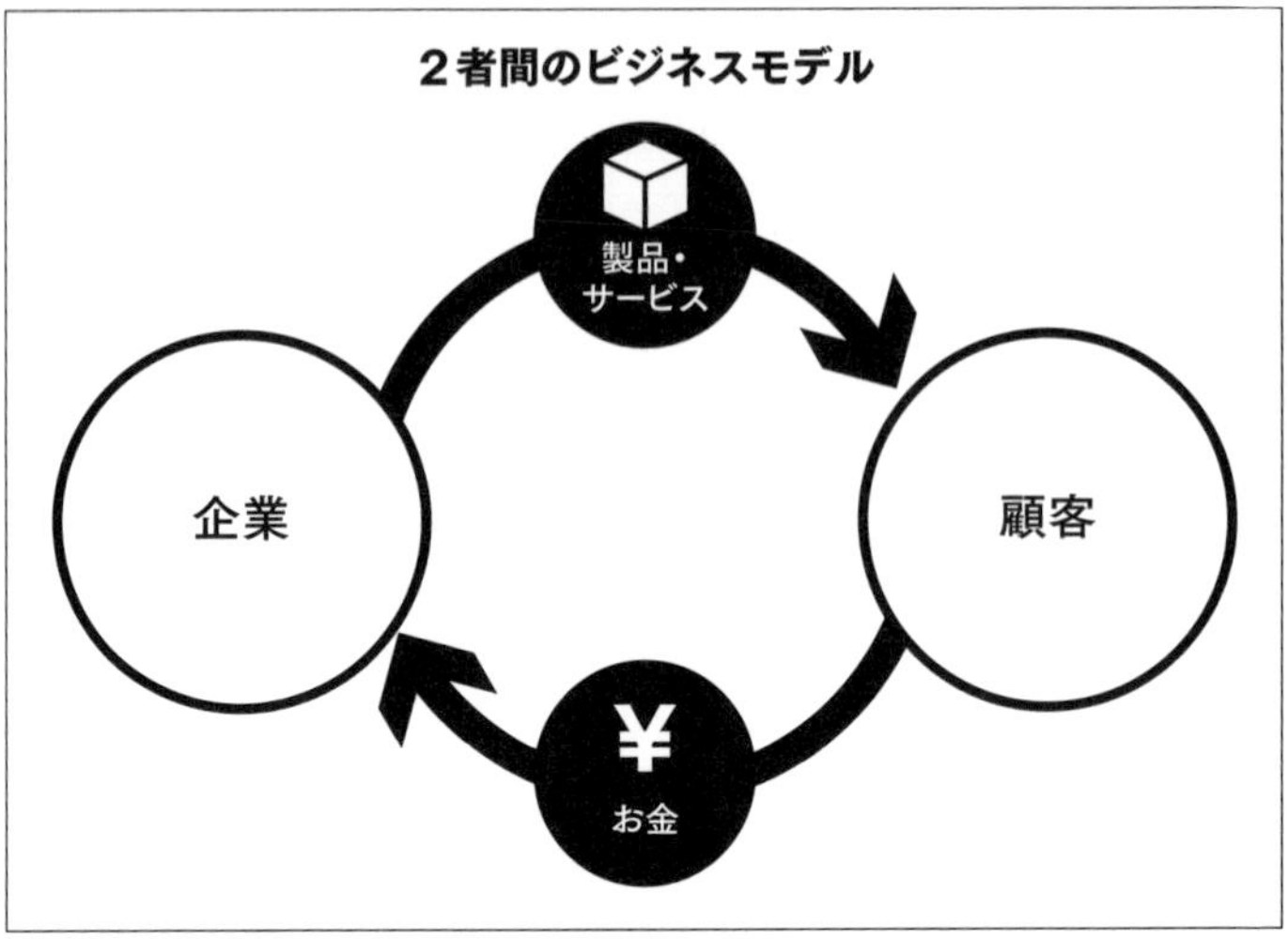

コンテンツを制作した場合、そのモノを売った時に代金をもらい、それが売上となる。2者間での取引では、これがビジネスの基本形だ。

いくのか。

ここで少し、一般的なマネタイズの方法を考えてみよう。普通は企業が製品やサービスを顧客に提供し、それと引き換えに対価をもらう。DVDやCDなどのコンテンツを制作した場合、そのモノを売った時に代金をもらい、それが売上となる。2者間での取引では、これがビジネスの基本形だ。

続いて、テレビのビジネスモデルを見てみよう。民放テレビの場合は無料で視聴できる。テレビ局は視聴者に番組を提供するが、

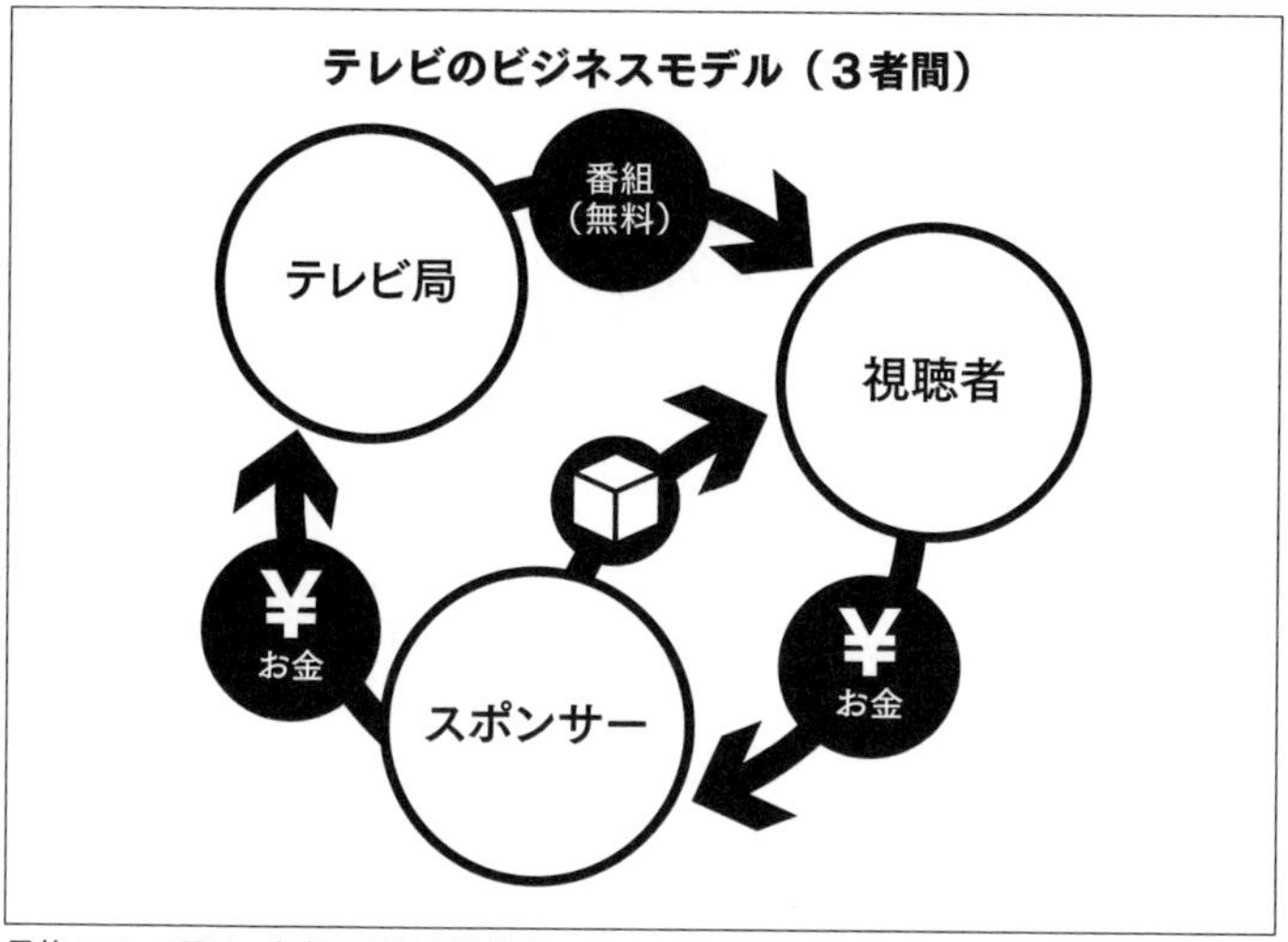

民放のテレビ局は、無料で番組を提供することで、視聴者の数を増やす。お代はスポンサーから受け取る。スポンサーは、コマーシャルを見てもらえれば、宣伝となり売上につながる。

視聴者から視聴料を対価としてもらっていない。無料だ。

民放のテレビ局は、無料で番組を提供することで、視聴者の数を増やす。お代はスポンサーから放送料や広告料として受け取る。スポンサーとしては、多くの視聴者にコマーシャルを見てもらえれば、自社の製品やサービスの宣伝となり売上につながる。

以上の形で3者間で利害が一致し、テレビ局の売上が立つ構造になっている。うまくできたビジネスモデルだ。

「TBC受験研究会」のビジネスモデル

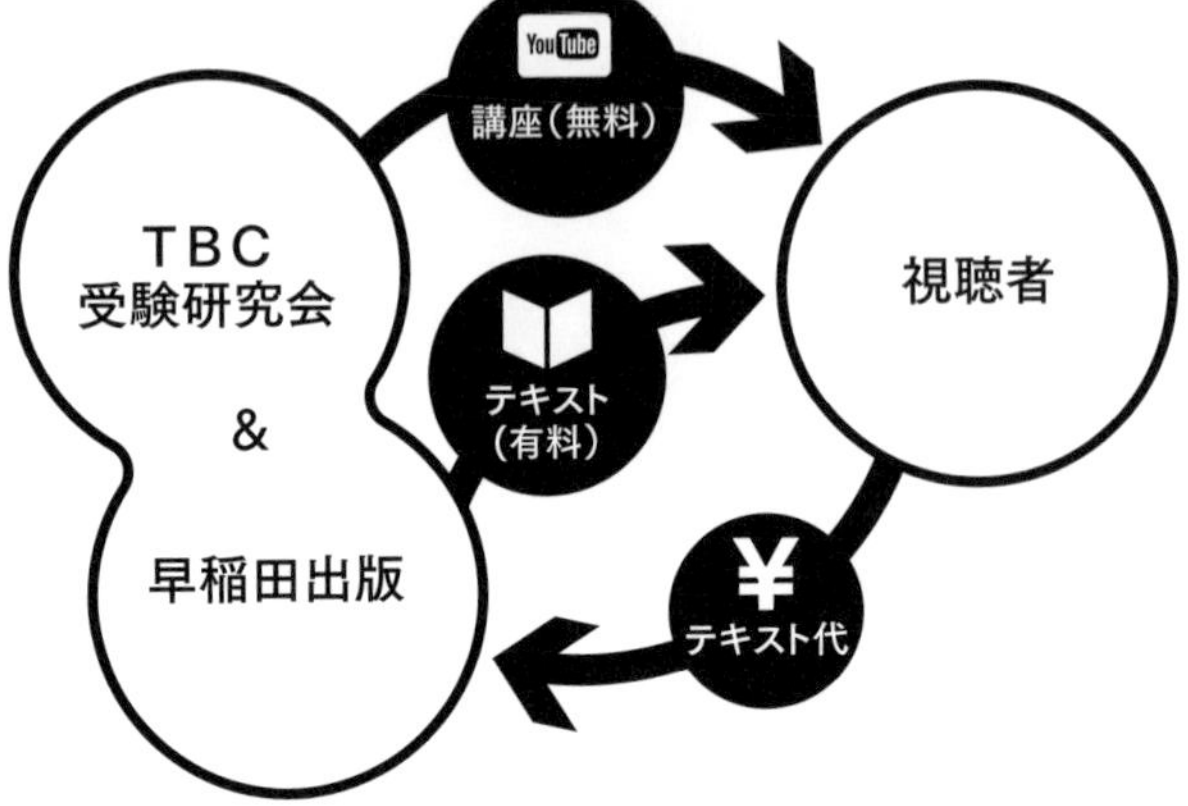

「TBC受験研究会」のビジネスモデルは、テレビのビジネスモデルに似ているが、もっと巧妙だ。

さて「ＴＢＣ受験研究会」の例に戻ろう。同会では、すべての講座を無料で公開した。この点ではテレビ局のビジネスモデルに似ている。テレビ局の場合は、スポンサーからもらう放送料でマネタイズしていたが、**「ＴＢＣ受験研究会」の場合は出版で収益を上げていた。今後、教室スタイルの受験サービス業は立ち行かなくなると見越した同会では、まず出版社を買収し、そこから、参考書を出版することにした。**

ただ参考書を出版するだけでは、競合する他社の書籍もたくさんあるので、たいして利益には貢献しない。しかし、一流の講師陣の動画を無料公開すれば、そのテキストは売れるだろうと計算した。受験生からすれば、テキストに無料で一流の講師による講座動画が付いている状態だ。目算通り、テキストは売れた。

中小企業診断士講座の受講料の相場は年間30万円前後と前述したが、その30万円相当の講義を無料で一般に公開した。その代わりに、一冊約2500円の参考書を10数冊販売し始めた。関連書籍を含めて購入してもらったとして、年間一人あたりの費用は2万5000円から3万円程度。「一流の講師による講義」を受けたい生徒は、この参考書をほぼ間違いなく買ってくれるだろう。講座代無料も含めれば、競合他社に対して圧倒的な価格競争力。参考書の売上は、伸びていった。

このビジネスモデルは、テレビのそれに似ているが、もっと巧妙だ。無料でサービスを提供することで、有料でサービスを提供している競合相手に対して、利用者の数では圧倒的に優位な立場になれる。そしてテレビのスポンサーの代わりに出版社がマネタイズの部分を担う。テレビの場合はスポンサーも利益を得ているわけだが、「TBC受験研究会」ではマネタイズを担う出版社を自社に取り込んでいるので利益を独占できる。**セルフキャストをうまく利用し、教室や管理にかかる固定費をなくし、収益性の高い部分だけを残した。それによって利益率を高めることに成功した。**

「動画を公開することに関しては、うちのメンバーも最初は否定的だったんですよね。なぜかと言いますと、手間がかかるし、サーバーの容量の問題もあるし、コストもかかるから。しかしYouTubeは、それらの問題がすべて解決できると気づいたんです」(「経営教育総合研究所」竹永亮氏)

教室をなくしてしまうと、なくなると思われていた講師依頼。しかし、動画に出演している講師には、社員教育などのセミナー依頼が来るそうだ。教室で対面をしているから依頼が多いのかと思っていたが、そんなことはなかった。講義の内容を見れば、この人にお願いしたい、という気持ちになるということらしい。

教育産業とセルフキャストは相性が良い。講義を収録してそのまま公開してしまえばいいからだ。しかし単純に公開するのではなく、**どこでマネタイズするの**

かをしっかりと設計していくことが必要だということを「ＴＢＣ受験研究会」の例は教えてくれる。

世界的規模で講演会を主催する非営利団体の「ＴＥＤ」も、セルフキャストを活用して展開している組織だ。ここには、超一流のスピーカーたちが登場する。その内容はYouTubeで無料で公開されている。マネタイズの手段は、スポンサーから集めるサポート代と「ＴＥＤ」会員からの会費収入、それから講演会の参加費だ。

他にも、第１章で登場した「カーン・アカデミー」が有名だ。こちらも非営利団体だが、運営はスポンサー費でまかなわれている。ここも、セルフキャストを使ってコンテンツを無料で提供し、マネタイズを実現している。

放送局もついにセルフキャストを始めた

日本最大のケーブルテレビ事業者である「Ｊ：ＣＯＭ（ジェイコム）」は、地上波テレビとの差別化をはかるため、徹底的に地元情報にこだわっている。ケーブルテレビは加入世帯が払う料金が基本的な収入源なので、それほど視聴率競争には巻き込まれず独自のポジションを取ることができる。ただ、広告収入も当然あるため、広告主のニーズに応えていくことも求められている。

放送局は従来、制作した番組の二次利用はほとんどしてこなかった。ところが最近、YouTubeが普及し、動画を簡単にホームページに埋め込めるようになった。せっかく制作した番組を宣伝用に利用したいというニーズは高まってきている。しかし、タレントの出演条件に動画配信が入っているか、楽曲の著作権使用の範囲はどうなっているか、複数の提供スポンサーからの合意を取りつけなければいけないなど、話はそう簡単ではないというのが実情だ。

筆者は、J:COMの経済番組『おしごと総合研究所』の制作を担当した。座組み（関係者の構成）は次の通り。制作協力、そしてスポンサーは板橋区産業振興公社。取り上げた取材先は東京都板橋区を代表する特徴あるリーディング企業数社。制作はJ:COM、凸版印刷、そして筆者だった。

番組の目的は、板橋区で頑張っている企業をビジネス・パーソンや企業経営者向けに紹介すること。先端的な取り組みやマネジメント手法を紹介して、参考にしてもらうことだった。

この番組は、J：COMでの放送が基本だが、放送終了後YouTubeを使った配信が行えるように提案した。この試みはJ：COM始まって以来とのことで、営業担当者の田川智一氏は、関係者を説得するのに苦労したという。

制作した番組をYouTubeで配信するためには、前述したようにいくつかのハードルがある。それをクリアにした状態で、すべての撮影、音入れを行った。そうすることで、YouTubeで公開できるようにした。放送後も不特定多数の人に見てもらえるので、スポンサーにとっても取材を受けた企業にとってもいいはずである。J：COMとしてもスポンサーや取材協力者が喜んでくれるのであれば、当然歓迎する。次の番組依頼につなげることもできるからだ。

地上波テレビは、視聴率に応じて広告費が決定されるという側面があるが、ケーブルテレビの場合は視聴率をもとに交渉するのは難しい。数字の裏付けがほとんどないからだ。それでもスポンサーを探さなければならない。そのような厳しい環境の中で、セルフキャストを取り入れることで、地上波テレビではなかなか実現しにくいサービスを作り上げた。**YouTubeで公開することで、半永久的に不特定多数の人に繰り返し視聴してもらえうというメリットを生み出した。これも、セルフキャストによって新しいビジネスモデルを作った例だと言っていい。**

ところが最近では、地上波テレビでも「見逃し視聴」という形で、放送済みの番組を期間を限ってインターネットで配信するようになってきた。今後、放送業界も試行錯誤しながら、新しいサービスを求めてセルフキャストの領域に入り込んでくるだろう。

個人でもセルフキャストで稼げる！ YouTuberの場合

ここまで紹介してきた事例は、企業や団体といった組織だったが、では個人でセルフキャストをやって成功している例はあるか？　その実例として紹介しなければいけないのは何といっても「世界一稼いでいるYouTuber」だろう。

YouTuberとは、動画を制作しYouTubeにアップロードしている人たちのことだ。中にはYouTubeからの広告収入だけで生活している人もいる。

では世界一稼いでいるYouTuberは誰かといえば、スウェーデン人の通称ピューディパイ（Pewdiepie）氏だ。気になる彼の年収だが、2014年のフォーブスの調査によれば何と約14億円だという。2015年現在で、チャンネル登録者数は4000万人。参考までに述べると、視聴率調査会社のデータによると、関東地区で視聴率が100％の時（そんなことは絶対にあり得ないが）の視聴者数が約4000万人とされている。

ピューディパイ氏のチャンネルの視聴回数は、102億回を超えている。日本の人口が約1億2000万人だから、単純計算で日本人全員が彼の動画を約85本見ている計算になる（102億÷1億2000＝85）。**テレビと単純比較することはできないが、もはや一個人でテレビ局が展開しているスケールを凌駕（りょうが）している。**

どんな動画を配信しているかといえば、ゲームの実況が多い。正直、筆者にはこのコンテンツの面白さがわからない。しかし、10代や20代のゲームをよくやる層にはウケている。YouTube上で人気のあるコンテンツは、必ずしもテレビや映画で放送されているような種類のものではないということがよくわかる。大掛かりな仕掛けや凝った編集は必ずしも必要ない。これまではテレビの世界で、マス（大衆）に訴えかけるコンテンツが映像のプロによって量産されてきたわけだが、その結果、どれも似たり寄ったりとなってしまった。**セルフキャストの世界では、番組作りは荒削りであっても、熱狂的に支持されるコンテンツが次から次へと生まれている。**

日本では、都道府県ごとに数個の放送局がある。それぞれの放送局では主に全国ネットのコンテンツを放送しているが、エリアとしては都道府県単位だ。関東など一部に広いエリアをカバーする地域もある。ところが、インターネット上では、県どころか国境の制約もほぼないので、市場としては地球規模となりうる。ピューディパイ氏はスウェーデン人だが、イギリスに住んでいて、コンテンツは英語で制作し、国境を越えてファンに笑いを届けている。

YouTubeは、全世界で10億人以上が利用し、1日あたりの視聴時間は数億時間、視聴回数は数十億回にのぼる。視聴時間も年々増加している。地球規模で展開し、かつ、唯一の巨大市場となったYouTubeを舞台に、好きなことを発信したり、ビジネスを展開したりする個人（＝YouTuber）が増殖中だ。

テレビ出演者や講師を探す人は動画をチェックする

セルフキャストと相性の良いビジネスの一つに、テレビ出演者や講師のように、人前で話をする職業がある。

テレビのワイドショーやニュース番組で解説する学者や評論家は、どのチャンネルをつけても同じような人が出ている。もちろんその学者しか知らない情報を話してもらおうとすると、その人に依頼するしかない。しかし、よほど少数の学者しか研究していない分野でない限り、同様の研究をしている学者は他にもいるはずである。それなのに、テレビで解説する学者や評論家は、どの局でも同じような人になってしまうのはなぜか？　実は理由があるのだ。

筆者はテレビディレクターとして数々の専門家にインタビューしてきた。筆者が報道番組を制作していた当初は、今ほどインターネットは盛んではなく、個人のホームページやブログも普及していなかった。

事件や事故が発生すると、専門家に解説してもらう必要が生じてくるわけだが、専門家がつかまらないケースもあった。そうした時によく使わせてもらったのが『マスコミ電話帳』（宣伝会議）だ。各分野の専門家や学者の連絡先が掲載されている本である。その他、過去の新聞や雑誌から関連するコメントをしている専門家を洗い出して、アポを取ることもある。放送が数日後で比較的時間に余裕がある時は、関連書籍を買いあさってその著者の中から選定して出演を依頼するケースもあった。

テレビ制作では聞きたい内容、教えてほしい内容を要領よくしゃべってくれる専門家が必要なのだが、いざ収録という時になって大失敗することもある。事前に電話で内容を確認していたのに、カメラを向けると話してくれなくなるケースがあるのだ。人間、誰しも緊張する。中には、うまくしゃべれなくなる人もいる。記事や論文がいくら立派であっても、テレビではカメラの前で話してもらわないと使えない。

同じ人がテレビに出演し続ける大きな理由の一つに、番組側が「カメラの前でしゃべれる人」を起用し続けてしまうという事情がある。話せるかどうかは、実際にカメラを向けてみないとわからないので、リスクが高い。だから、過去に出演しているのが他局であったとしても、しっかりとコメントできる人がいれば、安全牌（パイ）としてどうしてもその人を選んでしまうのだ。

しかし、現在は状況が少し変わってきている。**テレビのディレクターがリサーチ段階で、専門家の動画を見て確認することができるからだ。講演している動画を見れば、容姿や表情がわかる。落ち着いて話せるのか、説得力のある話し方ができるのかなど、だいたいのことはわかる。**

これはテレビ出演の話に限らない。人前に出てしゃべることを職業とする人、例えば税理士・行政書士・司法書士・弁護士などの「士業」や、講師やコンサルタントが営業する場合に同様の現象が起きている。主催者側が講演者を選定する場合、少なくとも会場で眠りを誘うような講師は避けたい。できることなら、笑いが取れ、説得力のある話ができる人であってほしい。

講師を探す場合、セミナー業者に発注したり口コミに頼ったり、誰かに紹介してもらうなどして講師を探すわけだが、事前に候補者を動画で確認できれば安心できる。逆にいえば、あなたが人前で話すことを生業（なりわい）としているとしたら、セルフキャストを使わない手はないということになる。

クレームコンサルタントの谷厚志（あつし）氏[3]は、ホームページのトップ画面に動画を載せている。講演依頼をする担当者や講師プロデューサーがその動画を見て連絡を入れてくれるからだという。そうした流れでテレビ関係者からコメントを求められることもしばしばだそうだ。

「今は面談前に、動画を見るのは必須です」と筆者に話してくれたのは、講師プロデューサーの原佳弘（よしひろ）氏[4]だ。「動画は、話の内容だけでなく人間性も垣間見れますし、何より第三者であるクライアントに紹介する時にも使えます。講師業に携わる者にとって自分の動画をアップしておくことは欠かせません」と言う。

3　お客様の怒りを笑いに変えるクレーム対応のスペシャリスト。一般社団法人日本クレーム対応協会の代表理事。著書に『怒るお客様こそ、神様です！』（徳間書店）『心をつかむ！誰からも好かれる話し方』（学研パブリッシング）がある。

4　Ｂｒｅｗ株式会社代表取締役。著書に『研修・セミナー講師が企業・研修会社から「選ばれる力」』（同文舘出版　DOBOOKS）がある。

自分に「どんな魅力があるのか」をアピールすることに役立てよう

正社員になれる人がどんどん減っていく時代状況の中で、独立して活躍する人が増えてきている。企業に所属せずに個人で仕事をしている人は、自分自身がある意味で「商品」だ。どの業界も競争が激しいため、生き残っていくには自分の魅力をアピールすることが欠かせない。**「セルフブランディング」（自分自身を一種のブランドとして認知させる取り組み）という言葉があるが、ブログやSNSを活用して自己PRをする個人が増えている。その延長で、ぜひ取り組んでほしいのがセルフキャストだ。**

特に、すでに前述したように「話す仕事」をしている人はぜひ話しているところを動画に撮り、アップすることをおすすめしたい。その動画を見た人から「話してほしい」という依頼が来るかもしれない。解説者や講師を探している人たちは、いつも動画をチェックし、「フレッシュな話し手」を探しているのだから。

教室での講義をやめ、無料セルフキャストに変えてしまった「TBC受験研究会」を運営する「経営教育総合研究所」の竹永亮氏は、経営コンサルタントとしてセミナー講師もしている。彼はセルフブランディングとしていち早く動画を活用している一人だろう。「竹永亮」で動画を検索してもらえればたくさんヒットするはずだ。

竹永氏はブログや動画に、様々な内容の持ちネタを公開している。講師を探している人は、竹永氏の情報を確認しにいくわけだが、そこで挙げられているテーマだけを見て依頼してきたりもするそうだ。

つまり、こういうことだ。しゃべりの上手さや受講者のハートをつかむ能力については、すでに動画でわかっている。だから動画は見ず、タイトルだけを見て、「このテーマでしゃべられるんですね」と、その内容の講座を依頼してくるそうだ。ここまで行けば、すごいと言わざるを得ない。

動画を事前に見た上で対面すると、アイスブレイクの過程が不要になるという話を第1章の竹虎のところで書いた。竹永氏も講演の前に、自己紹介動画を受講者に見てもらうことがあるそうだ。限られた時間のセミナーで、自己紹介や前置きの時間がもったいないので始めたそうだが、アイスブレイクという意味でも効果が大きいという。受講者が会場に入った時にはすでに講師と打ち解けているので、講演を進行しやすいのだそうだ。

また、セミナー後に質疑応答の時間を設けても、すべての質問に答えるのは難しいことがある。そこで竹永氏は動画を使って、答えられなかった質問に回答するということもしている。そこまでやると参加者の満足度は格段に高まる。

もう一つ、自分の動画をアップする場合の利点として、「棚卸(たなおろし)効果」についても述べておこう。

「ハッピーロード大山TVを始めて、地域の人と仲良くなりました」

これは、再三紹介している「ハッピーロード大山TV」を取り仕切っている臼田理事の言葉だ。

地域番組を作るためには、地域のことを知らなくてはならない。だから番組を作っているうちに、自然と地域の歴史、店、人物、そしてどんなイベントが行われているかなどに詳しくなる。臼田理事にとっては、それが一番の収穫だそうだ。

このように動画を制作する際には、取り上げる内容をいろいろと調べ、細かい点まで吟味する。どこがアピールポイントになるのかを、ビジュアル的な視点も含めて考えなければならない。それを筆者は「棚卸効果」と呼んでいる。

自分の動画を撮る際には当然、自分のことを改めて調べ、どこが魅力なのかをチェックすることになるだろう。そうなれば、自分の「棚卸」をすることになる。その作業自体が自分の魅力を再発見することにつながるはずだ。

セルフキャストがビジネスに与える効果

ここで、セルフキャストがビジネスに与える効果についてまとめておきたい。

第1に、**コンテンツホルダーの新しい販路としてセルフキャストは活用され**

る。YouTuberは日々新しいコンテンツを発表し広告収入を得ることができる。映像コンテンツを所有している映画やテレビの関係者、または音楽の著作権者は、広告収入を得たり課金をして収益を上げることができる。

第2に、**セルフキャストは企業活動におけるコミュニケーション戦略を高める効果がある。**コミュニケーション戦略とは、大きく二つの視点からとらえることができる。①社外に向けた宣伝活動に大きく寄与する。別の言い方をすればプロモーションに寄与する。動画を使って企業イメージを高め、自社の製品やサービスを深く理解してもらうことに役立てることができる。そして、②社内のコミュニケーションにも役立てることができる。社内教育やノウハウの継承などに威力を発揮する。組織力を強化する、と言ってもいい。

第3に、**セルフキャストは新しいビジネスモデルを生み出す元となる。**一般的には、既存のビジネスにセルフキャストをかけ合わせることで、これまでにないサービスを生み出す可能性がある。インターネットが普及して、売り手と買い手を結びつけるプラットフォームが生まれたように、単なる宣伝だけではないサービスを生み出す可能性がある。本書では教育業界で起きている地殻変動をいくつか取り上げたが、他の業界でも同様に、想像もつかないビジネスモデルが生まれてくるだろう。

第4章のまとめ

- メディアミックスでセルフキャストの効果を高めることができる
- マスコミ取材を引き寄せるポイントは、取材者の心理をつかむこと
- セルフキャストを使って組織内部で知識やノウハウを共有することができる
- 既存のビジネスと組み合わせて、まったく新しいビジネスモデルを生み出すことができる
- 個人でもセルフキャストで大金を稼ぐことができる

- セルフキャストは「セルフブランディング」にも役立てられるし「棚卸効果」もある
- セルフキャストがビジネスにもたらす可能性は、①販路拡大、②コミュニケーション戦略を高める、③新しいビジネスモデルを生み出す、の三つに大別される

第5章

実際に
セルフキャストを始めよう

セルフキャストを実際にやってみよう

さて、ここからは実際にセルフキャストを始めてみよう。

テレビ放送とは違って、やり方は簡単だ。スマートフォンが一台あれば、撮影もできるしアプリで編集して、そのまま動画共有サイトにアップロードすることもできる。

セルフキャストには、大まかに言って、撮影して編集したものをアップロードするやり方と、ライブで配信するやり方がある。いずれにしても、ビデオカメラとインターネットにつながった端末があればできる。

ここでは、少しこだわり始めた場合に必要になってくるであろう点や注意事項を説明しておきたい。初めて取り組むという人は、あまり細かいことは気にせず、ポイントだけ押さえておいてほしい。セルフキャストの良いところは、映像のプロでなくても、表現・配信ができるところだからだ。

すでにセルフキャストをやっている人は、いろいろと疑問が湧いてきたり、こだわりが出てきていると思う。これから書くことは概略ではあるが、参考にしてもらえればと思う。

セルフキャスト講座① 用意するもの

ビデオカメラと三脚

これからセルフキャストを始める、という人からの質問で、「ビデオカメラは何にしたらいいですか」というのが多い。もちろんスマートフォンでも十分なのだが、より多様な動画制作を継続して行うためには、専用のカメラがあると便利だろう。

ビデオカメラは、民生機であっても高画質で撮影ができるものが増えた。これからは、４Ｋ（このＫは１０００という意味で、簡単にいうと約１０００ピクセルの解像度ということ。２Ｋであれば横幅が約２０００ピクセルという意味）がどんどん主流になっていくだろう。総務省が発表しているいくつかの資料によると、基本的に２０２０年の東京オリンピック・パラリンピック実施に向けて、４Ｋ・８Ｋ放送を本格的に普及させることになっている。

国内の需要予測によると、２０１７年に２Ｋテレビの出荷台数を４Ｋテレビが上回るとされている。これらの情報からすると、これからビデオカメラの購入を検討している人は、４Ｋを候補にしていいだろう。

ただ、注意したいことがある。４Ｋカメラで撮影したデータはサイズが大きすぎて、取り扱いが不便なのだ。４Ｋのデータを編集するとなると、高性能のパソコンが必要になる。ＣＰＵ（コンピューターの中心的な処理装置）やグラフィックカード（映像を信号として出力・入力するための処理を行う部分）についてはインターネットやパソコンショップで確認してほしいが、４Ｋのデータを扱うとなると、特別に組み上げた高価なＰＣになる。しばらくは２Ｋカメラで対応するか、４Ｋカメラを購入しておいて、もろもろの環境が整うまでは２Ｋの設定にして撮影するという選択肢もあるだろう。

　次に、カメラを固定するためには三脚が必要だ。カメラ自体が小型化してきているので、三脚も重厚なものでなくてもよい。カメラとの相性や持ち運びがしやすいかなどの理由から判断してほしい。ちなみに筆者は持ち運びを重視している。


　ビデオカメラや三脚だけではなく、照明、マイクやレンズなどの周辺機器が必要になる場合がある。特にマイクは重要だ。映像の良し悪(あ)しに音の要素は意外と大きいからだ。クリアな音を収録するために、ガンマイクをつけたり、ハンドマイク、ピンマイクなどを撮影状況に応じて用意する。

　狭い室内で撮影する場合、ワイドコンバージョンレンズ（ワイコン）があると重宝する。ワイコンとは、元のレンズよりも広角に撮影できるレンズのことだ。逆に望遠側に撮影できるようになるレンズのことを、テレコンバージョンレンズ（テレコン）という。

　これらの製品情報や使い方などは、YouTuberが詳しく解説してくれている。新しい情報を入手して比較してみてほしい（YouTuberの商品解説は、YouTubeの検索窓から「ビデオカメラ」「マイク」「三脚」など知りたいキーワードで検索して見ることができる)。

【撮影に必要なもの】ビデオカメラ、三脚

【主な周辺機器】マイク(ガンマイク、ハンドマイク、ピンマイク)、照明、レンズ

編集ソフト

編集ソフトは有料だけではなく無料のものもある。Windowsが提供するムービーメーカーが有名だ。

基本的な機能はどれも共通している。カットでつないで、字幕を入れる。音声も含めてタイムライン上でまとめる。いくつかのエフェクト(特殊効果)を使って、一本の映像にして最終的に書き出せば(データとして出力すること)終了だ。

筆者の周りでは、Adobe PremiereやEDIUSを使っているという声をよく聞く。Adobe PremiereはAfter Effectsというソフトと合わせて凝った編集ができるため、クリエーターの間ではスタンダードになっている。一方、初心者にはちょっ

と複雑で扱いにくいと感じられるソフトかもしれない。EDIUSはケーブルテレビのJ：COMでも採用していて、比較的シンプルで使い勝手が良いようだ。

動画編集アプリも複数出回っている。最初は無料で、一定期間が経過すると有料になるというパターンが多い。どれにするか悩むところだが、どれが良いとはなかなか言えないというのが本音だ。**まずは無料版をいくつか試してほしい。AdobeにしてもEDIUSにしても、お試し使用ができるので、一通り使い勝手を試してみてはどうだろうか。**

編集は奥が深いところがあるが、とにかくカットして字幕を載せて、書き出しを繰り返しやってみるといいだろう。ここで挙げた編集ソフトの使い方などは、関連書籍とあわせてインターネット上に詳しい解説が出ているので、うまく活用するとよいだろう。

撮影も編集もまずは慣れることが大切だ。短い尺のものから徐々に時間を長くし、演出の幅を広げていってほしい。

セルフキャスト講座② 企画を立てる

カメラ、三脚、編集ソフト。動画の撮影と編集に必要なものが準備できたら、「何をどう発信していくのか」を決めるため、企画を考えよう。ここでは、筆者が実践している企画の立て方を紹介する。

大きな企画と小さな企画

企画というのは、まずその前提として伝えたい何かがあって、それをうまく整理してまとめたもの、ということができる。**だからまずは、会社のPRをしたいのか、製品を宣伝したいのか、地域を好きになってもらいたいのか……など企画の目的をはっきりさせたい。それが番組のコンセプトにつながる。**

この目的やコンセプトを便宜的に「大きな企画」と呼ぶことにする。大きな企画では、ターゲットは誰で、どのように伝えるのかといった大枠を決めておく。

例えば、「ハッピーロード大山TV」のスローガンは、「明るく、元気に、楽しく」だ。番組は、情報バラエティ調。出演者数人がトークをしながら、VTRを挟んで、地域の情報を届けるという構成にしている。こういった番組全体のコンセプトと大まかな表現方法をまとめておく。

◉ハッピーロード大山TVの「大きな企画」

目的	お店、商店街、大山地域の楽しい情報を発掘して発信することで来客数を増やす。見る人、作る人をハッピーにする
コンセプト	明るく、元気に、楽しく
ターゲット	地域の人々、商店街や地域情報を知りたい人
形式	月1回生放送、スタジオ形式&VTRを挟む、情報バラエティ、トーク番組
内容	地域・商店街のイベントや各種情報、店舗・店主情報

ハッピーTV 5年目突入！
まちゼミあるよ☆

2015年 11月7日（土）18時30分
中継場所：コモディイイダ前

●ハロウィンで商店街は…

●東京ふれあいまち歩き 大山編

●大山のヒーロー大山幸道は、
今何をしているのか？

●今月の地域ニュース＆とれたて村情報
・ハピスタ
・まゆちゃんリポート
・まちゼミ、北秋田報告

●5年目突入！ハッピーTV

●今年もやります。ハッピーTV総選挙！

●エンディング 星屑ロマンス

ハッピーロード大山商店街の「小さな企画」。具体的な放送内容がまとめられている。

続いて「小さな企画」。右の図は2015年11月の放送項目だ。こちらは、その日に放送するコーナーを示している。具体的に、どんなイベントやどこのお店の情報を放送するのかというポイントをまとめたものだ。

このように「小さな企画」では毎回の放送の細かい内容を考える。ネタ出しから始まって、個別のネタの中身を具体化する。それが構成や台本作りにつながっていく。

企画を立てる際のポイント

企画を立てる時には**旬なネタと普遍的なネタを織り交ぜるとよい。**旬なネタとは、言い換えれば最新情報だ。普遍的なネタとは、「とはもの」と言われたりするが、「○○とは」から始めて、基本的な解説をするようなネタのことである。

旬なネタは時間が経つと陳腐化するが、普遍的なネタは息が長い。商店街チャンネルでいえば、お店情報やイベント情報が旬なネタとなるが、それだけではなく、「○○商店街とは」というタイトルで、歴史や基本情報、特徴などを解説する。月日がたっても内容がほとんど変わらない動画を作るようにするとよい。

構成・台本

企画を立てたら、そこから一歩進めて、構成を決め台本まで作っておくと、撮影や編集がやりやすくなる。**構成とは、どういった要素の撮影をするかを考え、場所、人物、内容、流れなどを列挙しておくことだ。**構成を決めておくと、撮影の抜け・漏れ防止にもなる。

カメラに向かってしゃべる場合などで、質問と答えがあらかじめわかっているなら、台本の形にまとめておくとよい。編集時に、コメントの内容を字幕で入れるケースがあるが、事前に原稿ができていれば、そのデータをコピーペーストして字幕にすることもできる。

原稿を作り込まなくても、大まかな流れを箇条書きにして、それを確認しながら番組を作るのでもいい。とにかくたくさんの動画を制作したいYouTuberは、ざっくりとした流れを箇条書きにしておいて、何度か撮り直しをしながら作ってしまうという人も多いだろう。

構成・台本ができれば、撮影に入れるが、商品を紹介する場合は当然、商品を準備する必要がある。番組の内容によっては、ロケ場所の確認や出演者への交渉といったことが必要になる。動画の良し悪しは、撮影する前のこうした準備によって決まる部分が多い。

実際に私が作成した台本を本書巻末に掲載しているので（194ページ）、YouTubeにアップされている動画と照らし合わせながら、参考にしていただければと思う。

セルフキャスト講座③ 撮影・編集する

撮影

機材がそろい、企画・構成・台本が整い、段取りができれば、あとは撮影だ。

撮影に関するポイントとしては、出来上がった時の動画のイメージから逆算して、それぞれのシーンを撮ることだ。その逆算を可視化したものが、構成や台本ということになるのだが、現場ではその通りにいかないこともある。予想外のこ

構造物の水平に合わせようとすると失敗する

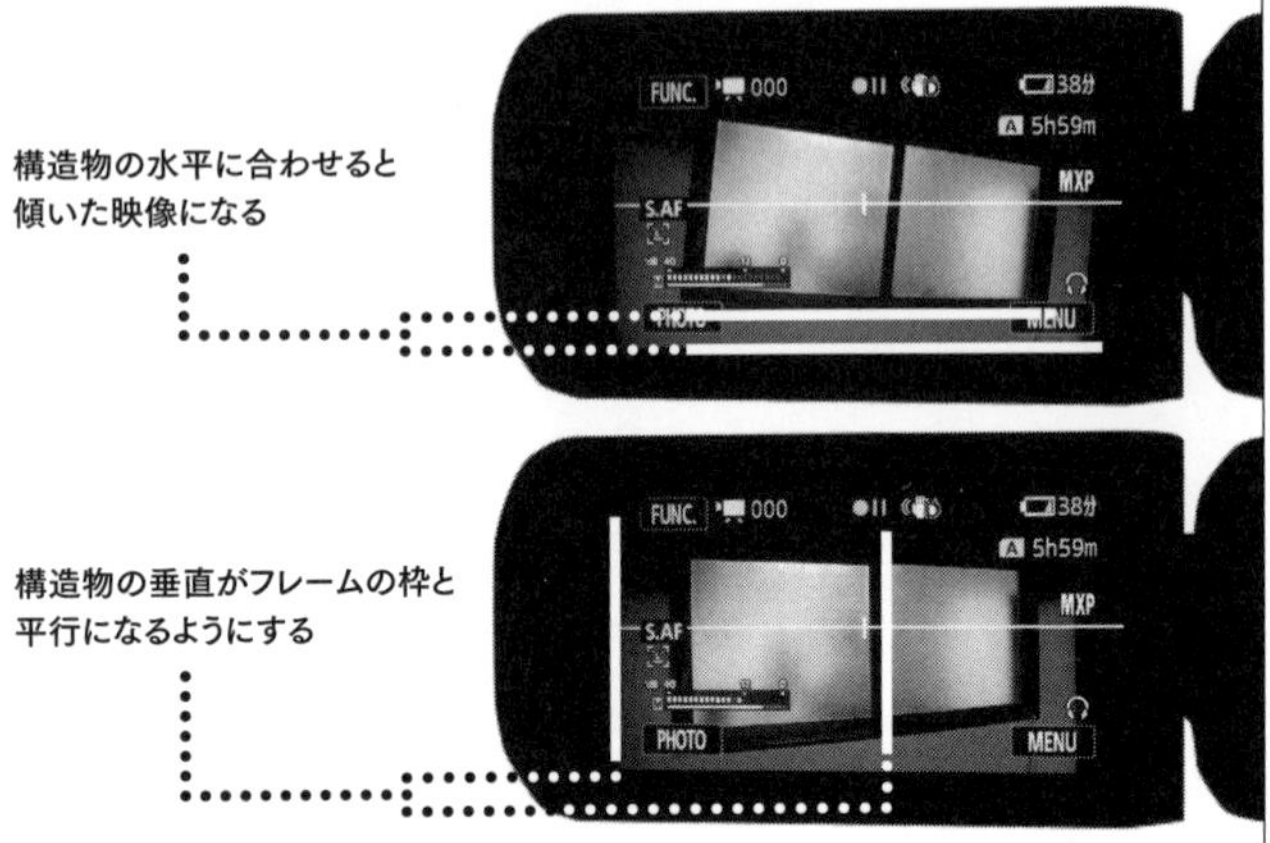

モニターに映った構造物などと、モニターとが垂直になるようにすると、水平がとりやすい。

とが起きて、狙い通りにならなかったり、それ以上の映像になったりすることもある。プロが役者を使ってドラマを撮影するわけではないので、この辺は、楽しみながらやってもらいたい。

カメラを三脚にすえて撮影をする場合、一般的には、まずは三脚にある水泡（水準器）を見て水平をとる。「水平をとる」という言い方に引っぱられて、モニターに映った構造物などを見て水平に合わせようとすると、失敗する。むしろ垂直方向に合わせた方がよい。

カメラの設定は、こだわりがなければ「オート」でよいが、明るさなどにより、「ホワイトバランス」(白いものが白く見えるように色の補正を行う機能）や「撮影モード」を選んでみて、しっくりする映像になることを確認しよう。

あと、音声のチェックもしたい。音が録れていなかったり、後で確認したら音が割れてしまっていたという場合がたまにある。音のトラブルは、レベル調整ミスやマイクとの接触、マイク故障などで起きる。

せっかくよい映像が撮れても、音で失敗すると台無しになるので、ヘッドホンで音声を聞きながら撮影することも大事だ。

編集

編集ソフトは、どれも似たような構造でできている。映像や音声（BGM）素材を取り込んで、字幕などと合わせてタイムラインに配置する。

タイムライン上で、尺の調整をしたり、モザイクなどエフェクトをかける。モニターで確認しながら仕上げていく。

編集ソフトはどれも似たような構造でできている

EDIUSの編集画面

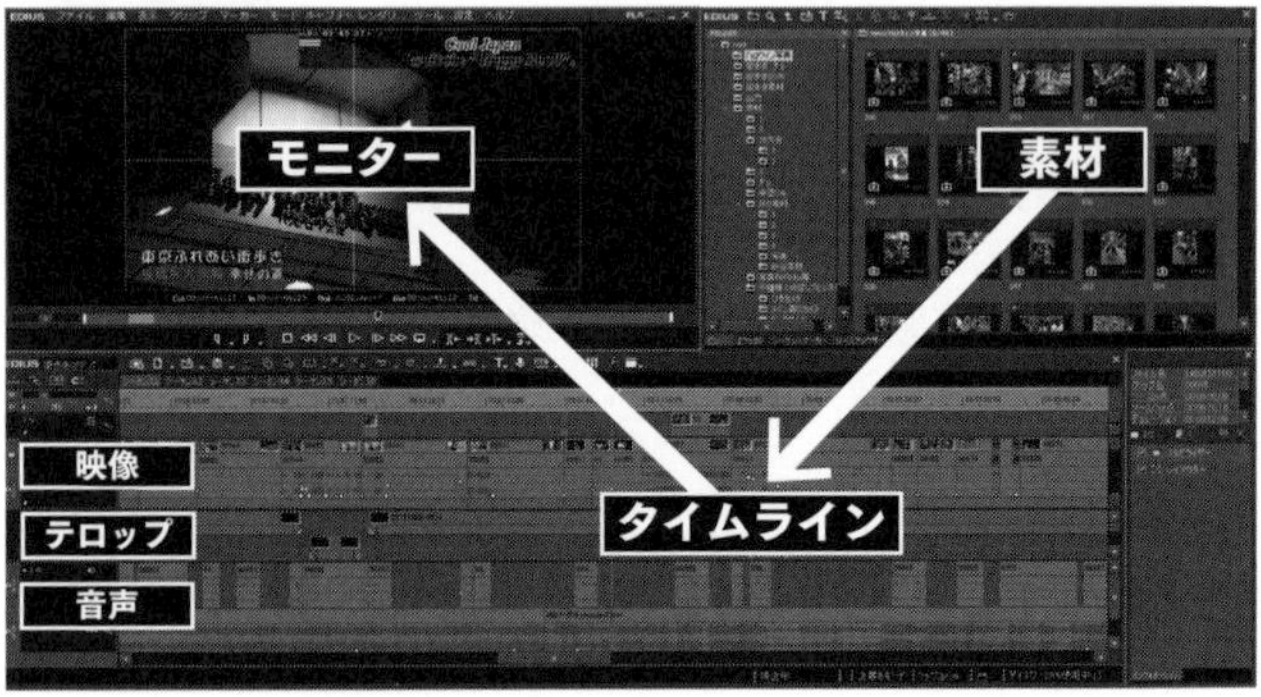

Adobe Premiereの編集画面

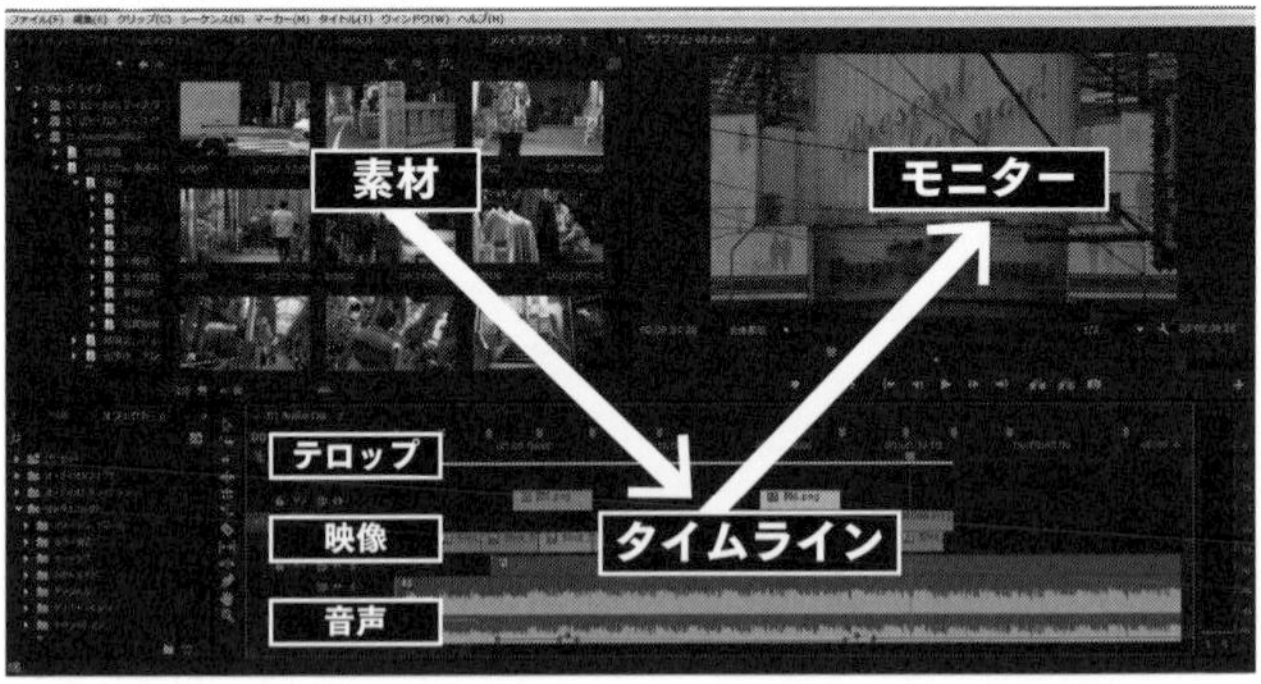

映像や音声（BGM）素材を取り込んで、字幕などと合わせてタイムラインに配置。タイムライン上で、尺の調整をし、モザイクなどエフェクトをかける。モニターで確認しながら仕上げる。

編集も撮影と同様奥が深い世界だが、最初はあまり深入りせずに、とにかく映像素材をつなげて、字幕を載せればよい。慣れてきたら、ＢＧＭや効果音をつけるようにしよう。

わからないことが出てきたり、トラブルに見舞われたりすることもあるだろう。その場合はインターネットで検索すると解決方法が出ている。今や動画編集のチュートリアル（製品の使用方法や機能などの解説）は多くの動画がアップされているので、やる気さえあればお金をかけずに編集ノウハウを身につけることができる。

出来上がった映像は、ファイルとして書き出そう。書き出す場合は、神経質になる必要はまったくないが、アップロードする動画共有サイトがサポートしている形式でなければならない。

YouTubeであれば、ＭＯＶ、ＭＰＥＧ４、ＡＶＩ、ＷＭＶ、ＭＰＥＧＰＳ、ＦＬＶ、３ＧＰＰ、ＷｅｂＭとなっている（２０１５年11月現在）。動画の圧縮技術の進歩は目覚ましいものがあるので、今後も新しい拡張子が追加されていくだろう。

セルフキャスト講座④　配信する

見てもらうための工夫　検索キーワード

出来上がった動画ファイルを動画共有サイトにアップすれば、配信が始まる。ここでも、最も代表的な動画共有サイトであるYouTubeを使って解説しよう。

すでに説明したように、YouTubeはGoogleが提供するサービスの一つだ。YouTubeを使うためには、Googleアカウントを取得する必要がある（無料）。アカウントを取得すると、様々なサービスをほとんど無料で使えるようになるのでアカウントを持っておいて損はない。

YouTubeの画面に入り、「アップロード」ボタンを押すと、「アップロードするファイルを選択」という文字が表示される。フォルダから探してアップロードを開始する。しばらくすると、もう配信が始まる。

まず、アップロードした動画を望む相手に見てもらうためには、どんな工夫をしたらよいかを考えたい。

まず配信する時に、動画の情報をYouTube上に設定する。この設定をしっかりしておくことで、見てもらえることにつながるので覚えておきたい。

第三者が動画を検索する最初のきっかけは、メタデータと言われるものだ。メタデータはアップロードした動画に関連する情報で、動画の作成日時や作成者、データ形式、タイトル、注釈などを指す。**どんなメタデータを設定するかによって、アップした動画を見つけてもらえるかが決まると言ってよい。**設定するのは主に文字情報だ。具体的にはタイトル、説明、タグ、カテゴリ、サムネイル、字幕などとなる（154ページ参照）。特に、YouTubeの情報によるとタイトルは重要だ。メタデータは、簡潔な表現が望まれ、数が多ければいいというものではないとされている。

その他に、アクセス数が増える方法として、

・興味を引くサムネイルをつける

メタデータはアップロードした動画に関連する情報

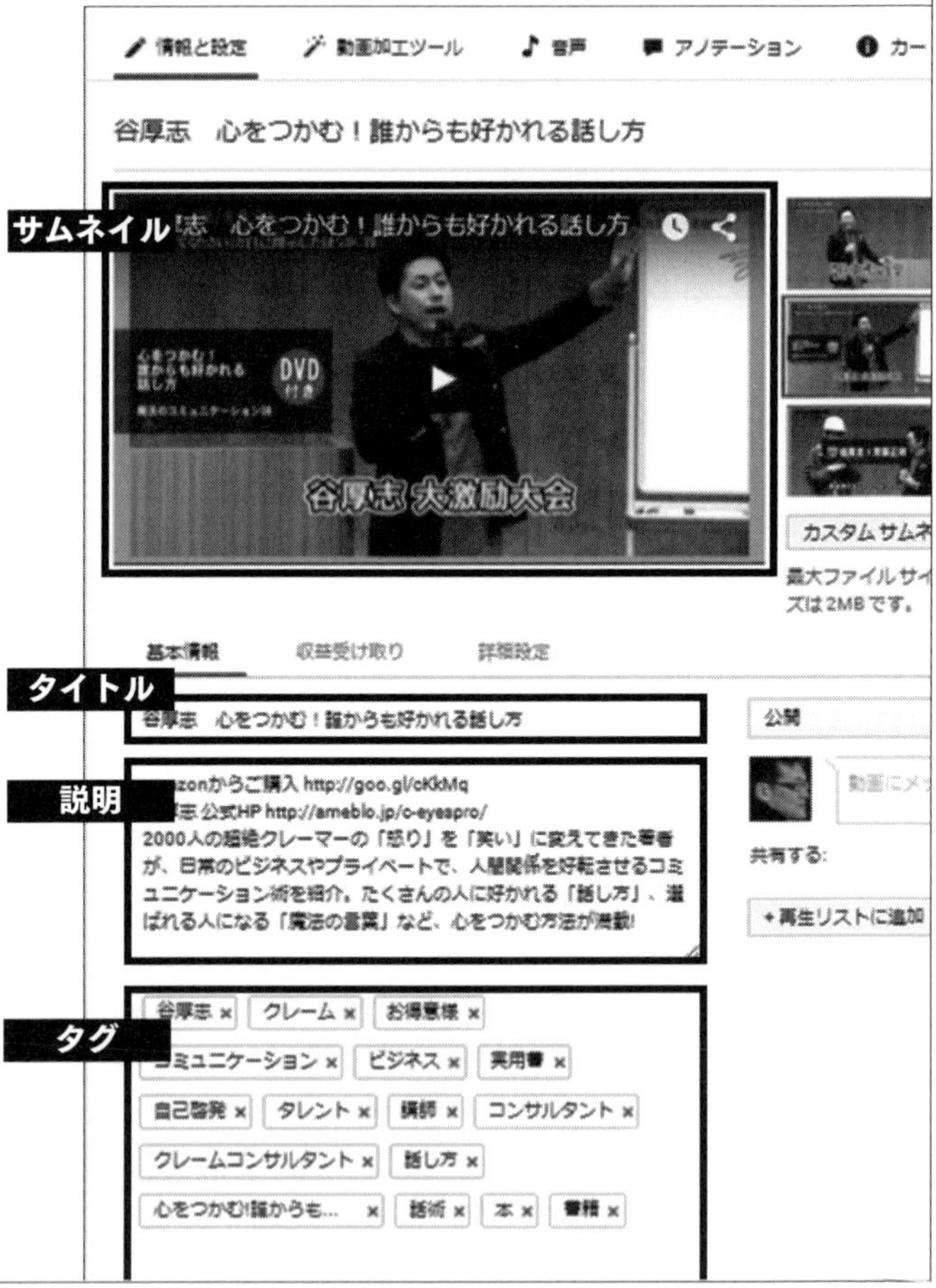

メタデータとは、アップロードした動画に関連する情報。タイトル、説明、タグにしっかりと情報を入力する。

・再生リストやアノテーション（あるデータに対して関連情報［メタデータ］を注釈としてつけられる機能）を活用する
・シリーズ動画の名前は一貫性を持たせる

などが挙げられる。YouTubeが提供している機能は積極的に使ってみるとよいだろう。

字幕だが、海外にもターゲットがいるのであれば、ターゲット地域の言語で字幕を入れるとよい。例えば地域発の番組で、中国人の客に「爆買い」してほしいなら、英語以外に中国語のテロップもあった方がいい。ハッピーロード大山商店街でも、英語の字幕配信を始めている。

２０２０年に東京オリンピック・パラリンピックがあるので、とにかくこれからは海外からのアクセスが増えることは間違いない。**多言語でセルフキャストをしておくと、ビジネスの領域が格段に広がるだろう。**

セルフキャスト講座⑤　注意すること

アクセス数では測れない価値

配信する側が気をつけるべき点として、自分が見て理解できるか、感動するか、笑えるか、など伝えようと思った意味内容がちゃんとそこに収められているのかということを繰り返し確認しておきたい。

視聴者からの反応を確かめられるのがまさにインターネットだ。ネットの書き込みをチェックして、それを参考にすることも大事だし、YouTubeには「アナリティクス」というアクセス解析機能がついているので、これを活用するのも大事だ。この機能を使えば、「どういった人が見ているか」「どこから訪問しているか」「どうやって発見してくれたか」等がわかるので、この情報を参考にして改善していくとよい。

YouTubeは、今やスマホの小さい画面で見るユーザーが半数以上になっていて、それほど長時間は見てくれない。移動時間の暇つぶしとか、ちょっとしたことで笑いたいとか、今の情報を入手したいという感覚で気軽に見ているようだ。だから、そのニーズにフォーカスしたつくりを極めると、人気のチャンネルになるだろう。

しかし、筆者としてはアクセスを稼ぐことだけを目指してもらいたくない。というのも、ビジネスで考えた時に、アクセスだけ稼げればお金が儲かるかというとそうではないからだ。

例えばあなたが不動産や車といった高額商品を扱っているとする。アクセス数を増やすには、広告をたくさん出すことも一つの手だが、それですぐ商品が売れるかというと、実はそうではない。

あなたは車の中でも中古車を販売しているとしよう。ある時代のアメリカのコルベットとか、イタリアの古いアルファロメオとか、ちょっと変わった特殊な車を扱うのが得意で、部品の整備が得意だったとする。その場合、単に車がほしいと思っている大多数のユーザーではなく、アルファロメオやコルベットがほしいと思っているマニアックなターゲットにつながらないと実際には売れないはずだ。同じ車でも、国産のトヨタがほしいとか安全なボルボに乗りたいなどと思っている人は、アルファロメオを見てもなかなか買ってくれないだろう。

その意味では、「自分はこのアルファロメオの整備にこれだけ愛情を注いでいる」ということが伝わるビデオを作ればいい。「自分でもフォルムが気に入っている」とか、「この走りが好きでたまらない」など、自分はアルファロメオが大好きなんだということを表現すれば、同じようにアルファロメオが好きな人の心に、その動画は刺さるはずだ。そうして、アルファロメオがほしいと思う人が見に来てくれれば、例えば300万円や500万円の商品であっても売れるだろう。

つまり、1万人の人に見てもらっても成約につながらないケースもあるということだ。それよりもあなたが扱う商品に興味を持ってくれる1000人に見てもらえばよいかもしれない。いや、1台の中古車を売るのであれば、購買を真剣に考えてくれる10人でもいいかもしれない。

このように、セルフキャストをする際はやみくもにアクセス数を稼ぐのではなく、何が目的で動画を配信するのかを常に意識したうえで、アクセス数を稼ぐようにしておきたい。第3章で「ロングテール」の概念を紹介したが、万人ウケするコンテンツではなく、ニッチなコンテンツの方がかえってニッチな層（テールの部分）には喜ばれるという面がある。

商品は、自分が本当にいいと思ったものがあるなら、その思いをしっかり伝えるようにするべきだ。ちゃんと魅力を伝えれば、ターゲットに刺さる可能性が高い。

継続するための仕組み作り

本書では「蓄積配信」の持つ価値を強調してきたが、同時に蓄積配信の威力は当然、継続されてこそ発揮されることもお伝えしてきた。継続することで予想以上の効果が生まれるわけだが、何事も継続することは大変だ。そこで、ここでは継続するための仕組み作りについて考えたい。

セルフキャストの配信自体はそれほどお金はかからない。機材や配信機器にはもちろんある程度のお金はかかるが、ただ動画を撮ってYouTubeに上げるだけならほとんどタダに近い。

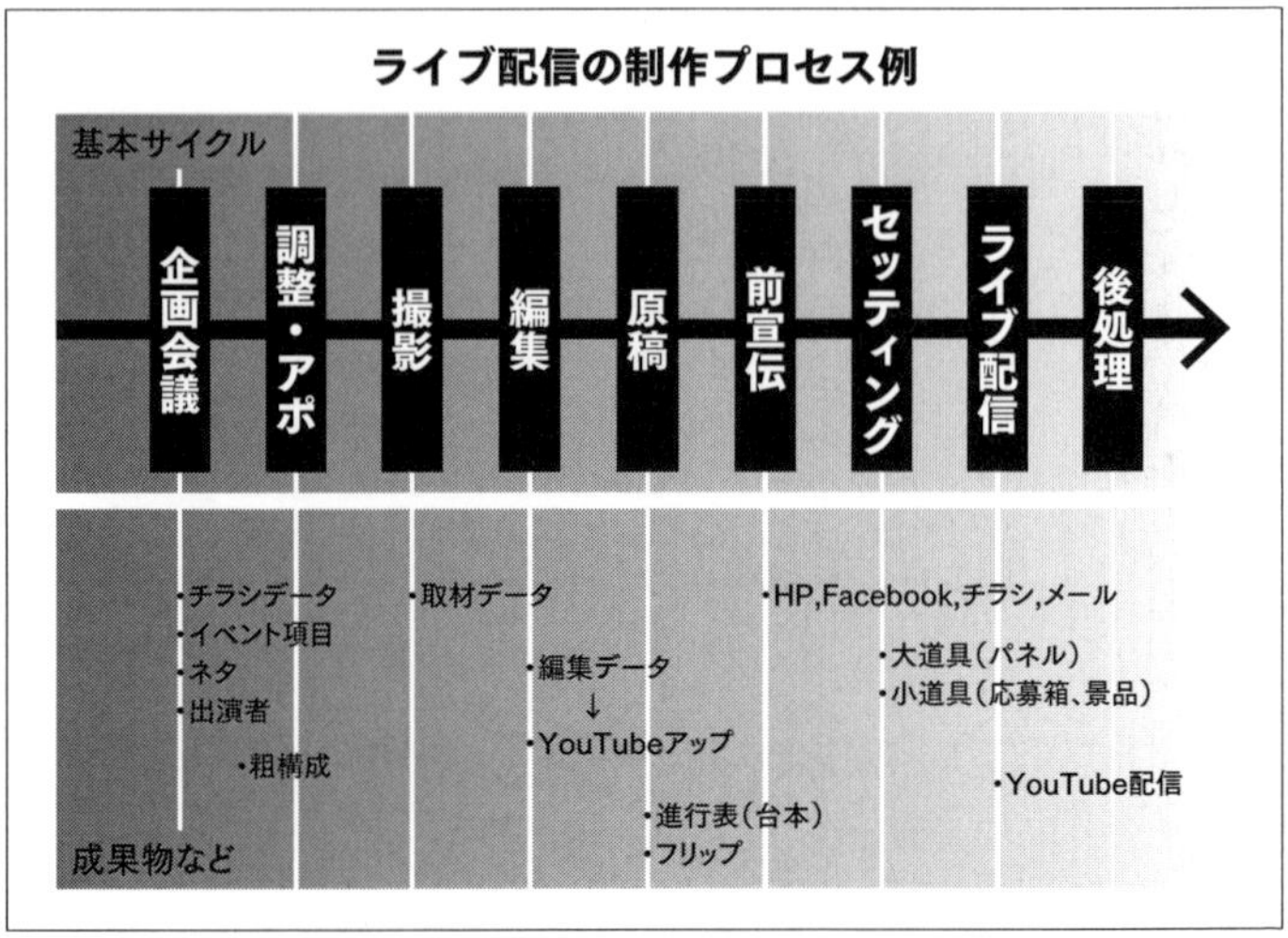

「企画会議」と「ライブ配信」の日程をあらかじめ決めておく。配信日が決まれば、前宣伝、編集、撮影などの日程が逆算される。

費用としては、人件費が大きいかもしれない。セルフキャストを継続するためにある程度の予算組みをして、人をあてがう必要がある。

あなたが組織のリーダーならば、セルフキャストの担当者を決めて、集中して取り組んでもらう必要がある。当然、その分の人件費はかかる。前述のように、SNSやWebサイトと上手にからめながら動画作り・配信のディレクション（指示）もやる必要があるから、片手間でやっては難しくなるかもしれない。

ポイントは、組織化し定例化することだ。個人であれば、習慣化することだ。セルフキャスト用にきちんと人員を配置し、予算化し、制作プロセスを確立し、制作のサイクルを定着させることがポイントとなる。

制作プロセスは、規模や内容によって違ってくるが、配信が終わって次の配信までに、いくつかのステップがある。まずはそれをスケジュールに落とし込んでみてほしい。私がおすすめするのは、企画会議と放送日（配信日）をあらかじめ決めてしまうやり方だ。

右ページの図の「ライブ配信の制作プロセス例」でいうと、「企画会議」と「ライブ配信」の日程をあらかじめ決めておく。配信日が決まれば、前宣伝、編集、撮影などの日程が逆算される。企画会議で、前回配信分の反省会を兼ねるのもいいだろう。こうした形で、制作プロセスを確立して、ルーチン化することで継続につながる。

著作権の扱いに注意

音楽の著作権

セルフキャストをする際に忘れてはならないのが、著作権の取り扱いである。企業活動の中で何かを宣伝したり、動画を作って売る時に問題になるのが他の著作物を使ってしまった場合だ。中でも一番多いのが音楽に関する著作権問題だろう。

まず、**第三者が制作した映像や音楽は無断で使用してはいけない。**基本的には著作権保有者の許諾を得て利用しなくてはならない。しかし、インターネットでは、勝手にアップロードすることが容易にできる。だから著作権を無視したアップロードが後を絶たなかった。著作権保有者はそれを見つけると削除を求めるという「いたちごっこ」的な対策を取り続けてきたわけだが、それはずいぶん非生産的な作業だった。

そこで、YouTubeとＪＡＳＲＡＣ（一般社団法人日本音楽著作権協会）の間で２００８年に包括契約が締結された。そのおかげでYouTube上で著作権保有者に許諾を取らなくても音楽の使用が可能になっている。

YouTubeには「コンテンツＩＤ」という仕組みがある。これにより著作権保有者も、第三者の著作物をアップする側も、双方ともスムーズにYouTubeを利用でき、コンテンツが流通しやすいようになっている。

コンテンツＩＤの仕組みを解説しておこう。まず、著作権保有者が自分のコンテンツのコピーをYouTubeにアップロードする。そうすると、そのコンテンツと同じものがYouTubeにアップロードされた場合に自動的に検知してくれる。

該当する動画を検知すると、自動的に著作権保有者に通知され、権利者はその動画の扱いを決定することができる。①音声を公開させない「ミュート」、②動画全体を公開させない「ブロック」、③そのまま公開を許して利用状況を調査する「トラッキング」、④公開を許すが広告を表示することで収益につなげる「マネタイズ」の中から選ぶことができる。

④は、第三者が勝手にアップロードしたコンテンツが収益を生むことになる。

YouTubeによると公開をさせない場合を除き、著作権保有者はほとんど④を選択して収益につなげているという。

具体的なケースで説明しよう。Aさんは、著作権があるということを知らずにYouTubeにある音楽を載せてしまった。するとAさんの管理画面には、「第三者のコンテンツと一致しました」という表示が出る。

そうすると、その動画はどうなるかというと、①配信が停止されるケースと、②停止されないケースに分かれる。①の場合は、著作権保有者が「ミュート」か「ブロック」を求めた場合で、②の場合は著作権保有者が「トラッキング」あるいは「マネタイズ」を求めているケースと考えていいだろう。

この仕組みは、「コロンブスの卵」と言っていい。**著作権保有者にとっては、第三者が勝手にアップロードした行為から収益が生まれる。利用者にとっても、使用料を支払わずに自分の動画に使えるからだ。**

人気はあるが古くてレコードもCDも売られていない楽曲などは、YouTubeのこの仕組みを使えば、再び収益に結びつけられる。過去の人気アーティストや古くて良いコンテンツを所有する管理会社にとっては新しい売上の道ができたわけ

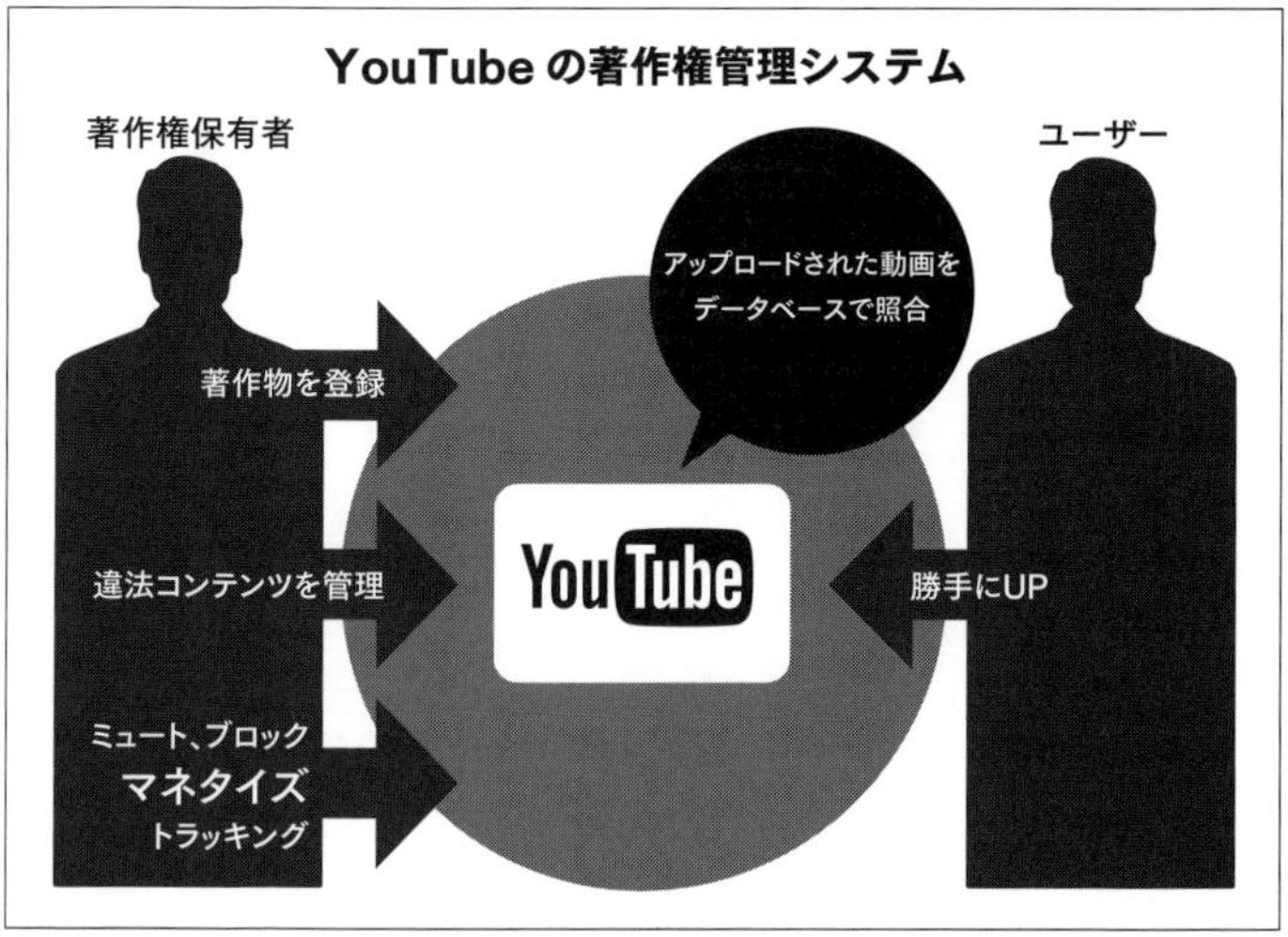

著作権保有者にとっては、第三者が勝手にアップロードした行為から収益が生まれる。ユーザーにとっても、使用料を支払わずに自分の動画に使える。

だ。

配信に伴って生じる著作権料は、使用頻度に応じてユーザーではなくYouTubeが支払う。ではYouTubeはどうやって収益を上げているかというと、それは動画に表示される広告からの収入である。

以上の仕組みによって、知らず知らずのうちに著作権違反をしていて、ある時、急に訴えられるというケースが回避された。**ただし企業の場合、自社で作ったコンテンツをYouTube以外でも使うことが考えられるので、著作権の問題はきちんとクリアしておいた方**

がいい。YouTubeのビジネスモデルは素晴らしいが、完全ではない。訴訟リスクが下がるだけなので、当然違法行為は避けるべきだ。

音楽に関していうと、著作権フリーの楽曲がたくさんある。著作権フリーの楽曲を購入する手もあるし、著作権フリーの曲をYouTubeからダウンロードすることもできる。案外クオリティの高いものも提供されているので聴いてみてほしい。

肖像権

肖像権も気にする必要がある。一般的に公道で撮ったものは問題ないとされているが、誰かにとっては撮影されたくなかったかもしれない。**肖像権には「プライバシー権」（無断で撮影されたり、撮影された写真を勝手に公表されたりしないよう主張できる権利）と「パブリシティ権」（著名人が自分の氏名・肖像を営利目的で独占使用できる権利）の大きく二つがある。**注意したいのが、プライバシー権を侵害しないよう配慮することだ。ちなみにYouTubeには「プライバシー侵害の申し立て手続き」があり、認められれば動画は削除される。

もう一つ、タレントもしくはタレントに近い立場の人に出演してもらうパブリシティ権に関するケース。リポートをお願いする場合やナレーションを依頼するケースが該当する。その時には、用途をきちんと伝えて双方合意をしておくことが大切だ。

社内の研修用にも使うし、ホームページ上にも宣伝用に写真を何カット使用したい、撮影したものはすべて配信させてほしいなどと細かく伝えた方がいい。セルフキャストはアーカイブとして残り、一時だけの配信ではないから、その点も含めて交渉をしておく。メールでやり取りすれば記録が残るので、それだけで実務上はあまり問題にならないだろう。

例えば、地域のイベントに大道芸人に参加してもらったとする。映像に残すには肖像権や著作権の問題が生じるので、依頼する時に「私たちはセルフキャストをやっているが、その模様を映像に撮って配信していいか」と確認をしておくことが大事だ。

配信した後に「ちょっと困る」なんて言ってこられないようにしておきたい。

第5章のまとめ

- まずは撮影↓編集を繰り返し、どんどん動画を作成してみよう
- 制作プロセスを確立し、ルーチン化することが続けるためのポイント
- 数字だけを追いかけるのではなく、本質的な効果に目を向けて制作しよう
- YouTubeには著作権管理システムがある。ユーザーにとっては著作物を利用しやすくなり、著作権保有者は収益の機会が増える

第6章

セルフキャストは未来をどう変えるか

イノベーションのジレンマが起きている

ここまでで、セルフキャストがいかに大きな力を持っていて、しかも手軽に始めることができ、特にビジネスで役に立つということが伝わったと思う。最終章では、ビジネスシーンのみならず、私たちの生活全般においてセルフキャストが今後、どう進化していくのかを考えたい。

iPhoneも進化して、最近のものは４Ｋの動画が撮れるようになった。スイスの地方局「レマンブルー」は業務用テレビカメラを廃止して、すべてiPhone 6に置き換えたという。

今、地上波のスタンダードのテレビ規格はハイビジョン放送、いわゆる２Ｋだ。ところが市場ではもう４Ｋのカメラが流通している。それも業務用のカメラではなくて民生用のカメラでだ。

民生用カメラは、４Ｋが主流になりつつある。つまり、２Ｋの放送規格を追い越してしまったわけだ。これまで映像機器は、業務用機器が機能をリードしていて、それをスケールダウンして民生機に転用していた。それがもう、民生機が放送フォーマットよりも高画質となった。かつてない現象だ。

放送局というのは組織自体が非常に大きく、何十億・何百億という投資をして放送設備をそろえている。買い替え需要が頻繁に起こるわけではない。

一方で民生用のビデオカメラは入学式の春と運動会シーズンの秋にモデルチェンジをしている。スマートフォンも同様、頻繁に改良を重ねている。イノベーションが起きやすい状況なのだ。すると、安くて高品質のものが生まれやすくなる。

インターネットの技術革新も、テレビを追い越してしまった。テレビは先ほど言った通り２Ｋだが、YouTubeでは４Ｋでアップロードできる。ついにプロとアマチュアの領域でテクノロジーが逆転してしまったのだ。

テレビ局ではいまだに巨大なカメラを動かしてＡＤやＶＥ（ビデオエンジニア）がコードを引き回している。その一方でiPhoneの方が、高画質で撮れているのという現実がある。

下位市場が、高品質であるはずの上位市場を、価格や品質の面で追い越してしまった。クレイトン・クリステンセン教授が指摘している「イノベーションのジレンマ[5]」が放送・通信業界で現実のものとなっている。

もちろんレンズの差や音声の違いなどはあるが、差が極端に縮まっていて素人には判断できないレベルと言っていい。高機能の編集ソフトが廉価で手に入り、**映像のクオリティにおいても、アマチュアがプロに引けをとらない作品を生み出せる時代を迎えた。**

5 トップ企業が、顧客の需要に応えた製品を送り出しているうちに、いつの間にか下位市場の新興企業に敗れてしまうことを指す理論。ハーバード・ビジネススクールのクレイトン・クリステンセン教授が、1997年に同名の著書で唱えた。

セルフキャストは価値観の多様化にマッチしている

「多くの人が見て面白いと思うもの」が「質が高い」ということなら、実は、もうアマチュアの方が「質が高い」作品を作っている。前述したように、世界一稼いでいるYouTuberであるピューディパイ氏は個人でやっているが、一つの放送局以上に世界にインパクトを与えている。例えば『A Funny Montage』という10分のコンテンツは、7000万回以上再生されている。ゲームの実況中継で、マニアにしか面白さがわからない内容だが、日本の国民的人気番組『紅白歌合戦』よりも見ている人が多いという計算になる。

これまでテレビ局は「視聴率がいいものはクオリティが高い」と思い込んでいた。テレビ局の人間はその発想が完全にしみ込んでいる。確かに見ている人が多いということは、単純に「数は力」で影響力はあるはずだ。ただ、視聴率以外にも指標があるということがわかってきてしまった。

テレビの広告スポンサーは、視聴率が高いことがうれしいのではなくて、本当は自社の商品が売れることで満足する。自社のブランド価値が高まることを望んで、そのために広告費を払っている。しかし、視聴者が番組を見たからといって購買者になるかどうかは、わからない。その点をスポンサーはシビアに考えるようになってきた。それに、番組を見ていてもCMを飛ばしてしまうかもしれない。

では、多くの人に見てもらっても「買ってもらえない」動画と、「買ってもらえる」動画の違いは何か？　そこには表現する側の思いと受け手側の思いというものが関係していると筆者は考える。

大事なのは、**あるターゲットに向けて「何かを伝えたい」「何かを表現したい」という強い思いが個人や組織にあったうえで表現することではないだろうか。**一方、そのターゲットの側でも、その「何か」を受け取りたい、知りたいと待っている。あるいは想定もしないターゲットが、その「何か」を探してくれているかもしれない。

その点が、マス向けの番組を作るテレビよりも、セルフキャストの方が強みを発揮できる部分だ。テレビだとある一定規模のまとまった層にしか番組を作れないが、**セルフキャストは、多様化した価値観に応じて、いくらでもニッチな番組を作ることができる。**

人間の欲求に応えるように、セルフキャストも進化するだろう

本書ではいろいろな事例を挙げながら、セルフキャストの素晴らしさを伝えてきた。ただ、当たり前だがセルフキャストでなくても1枚の写真、もしくは文章だけでも、人を感動させることができる。

表現手段は多様であり、それぞれの手段にはメリット、デメリットがある。例えば、文字や写真は一覧性が高い。文字はタイトルだけ追いかけることもできるし、写真はそれ一枚で雄弁だ。しかし動画はすべてを見終えないと内容を把握しづらい。そのため、写真や文字情報を軸にして、動画を組み合わせる表現方法もインターネットでは定着してきた。様々な表現手段をうまく使い分けながら、情報発信をしていくことが有効なのだと思う。

ニコニコ動画などは動画にコメントを書き込めるようにしたことで、新しい楽しみ方を生んだ。**こうした、多くの人が思いもよらなかった使い方や表現方法**

は、これからもどんどん生まれてくるだろう。

ロシアで自撮り（セルフィー）が流行っていて、わざわざ危ない場所に行ってセルフィーをして事故に遭う人がいる。ロシア内務省は、「楽しいセルフィーには命を落とす危険がある」と警告したほどだ。

ＳＮＳなどで、日々の行動や食事の内容や心の葛藤までを全部発信している人がいる（筆者もそれに近いことをやっている）。本来、人間には知ってほしい、伝えたいという強い欲求があるのだろう。そんな欲求に応えるように、これからは静止画の自撮りが発展して、（過激な）セルフキャストをする人も現れるだろう。

また急激に広がっているのがドローンだ。ドローンを飛ばすと、いろいろなところを今までとは違う視点で撮影できる。市街地などでは規制されているが、これからはドローンで撮った映像もインターネット上に出回っていくだろう。

筆者も空撮をしたことがある。ヘリコプターに乗って撮影したこともあるし、ドローンを操作して撮影したこともある。ヘリコプターの場合、ヘリポートに行ってから目的地へ向かうので、小回りがきかない。ただ、ヘリコプターなら航続距離が長いし、高い高度からの撮影が可能というよい面もある。

一方、ドローンは持ち運びができ、目的地へ行ったらすぐに撮影ができる。地面すれすれの撮影ができるのも魅力的だ。価格も30万円程度と、ヘリコプターに比べれば手頃である。

報道の世界でいうと、被災地でヘリコプターを飛ばすのは、お金もかかるし危険を伴う。ドローンは、持っていけさえすれば撮ることが可能だ。しかも４Ｋの画質で撮れるわけだから、報道や映像の世界でのドローンの使用はますます増えるだろう。また、ドローンは、報道の世界だけでなく、調査・研究目的でも利用されている。ドローンによって、従来の調査では得られなかった情報を得ることができ、その結果、世の中に新しい価値を生んでいる。

製品やツールが生まれ、広く使われていく過程で、製作者が意図したものとは違った使われ方をすることがある。

Facebookはもともと、マーク・ザッカーバーグ氏が女子学生の人気投票をするために作ったツールだった。それが今や人と人のつながりを促進し、コミュニケーションの場を提供する「社会インフラ」になってしまった。

YouTubeは、「簡単にビデオ映像を共有」することが目的で作られた。そこから発展して、政治、経済、ビジネス、娯楽、教育など、ありとあらゆるジャンルで活用されるようになった。利用者は、今や個人や企業だけではない。各国の政府や自治体も広報活動のために利用している。それを考えると今後も、セルフキャストは誰も予想できなかったような展開をしてゆくだろう。

社会全体でメディアリテラシーを高めていこう

時々いじめや虐待の場面を動画に撮ってアップし、「炎上」する場合がある。もちろん犯罪まがいの動画を撮影して配信するのは言語道断だが、それ以外にも「やってはいけないこと」「気をつけたいこと」があるので、いくつか取り上げたい。

これはブログやSNS、セルフキャストのすべてに言えることだが、自分や家族の映像を配信したりすると、思わぬところで悪用される場合がある。例えば、女性の映像であれば出会い系サイトに勝手に転載されるかもしれないし、子どもの映像であれば別の用途に悪用されるかもしれない。

あるいは映像から読み取れる情報――どの辺に住んでいるか、どの学校に通っているか――等を読み取られて悪い目的で使われるかもしれない。だから、公開する場合はよく検討してからにした方がいいだろう。もちろん映像が悪用されるケースはまれだ。過剰に心配する必要はないが、予想されるリスクについては理解しておいてほしい。

たくさんの人がネットで情報を発信したり、SNS等でコミュニケーションを取る時代になったが、そんな時代になってからまだ日が浅い。まだうまく使いこなせない人もたくさんいる。ましてセルフキャストは、これから広がっていくツールだ。予想もしなかった弊害が起きてくる可能性もある。

特に映像は編集の仕方によって見せ方を変えられる。特定の主張のもとに映像を編集すれば、それがあたかも「事実」であるかのように伝えることもできる。

それをそのまま「事実」だと信じてしまう人も出てくるだろう。

インターネットやセルフキャストの使い方を含めて、メディアリテラシー（各種メディアの性質を理解し、適切に使いこなす能力）を高める教育が社会全体に求められている。表現力を培うとともに、「幅広い視点から情報を正しく読み取る」「特定の意図のもとでゆがめられた情報でないかどうか見抜く」などのリテラシーを身につけるようにしたい。

セルフキャストで、未来はどう変わっていくのか

セルフキャストで未来は、社会はどう変わるのだろうか？

まずは過去から俯瞰（ふかん）してみたいと思う。

左ページの図を見てほしい。横軸に左から、人類が発明してきた「メディア」

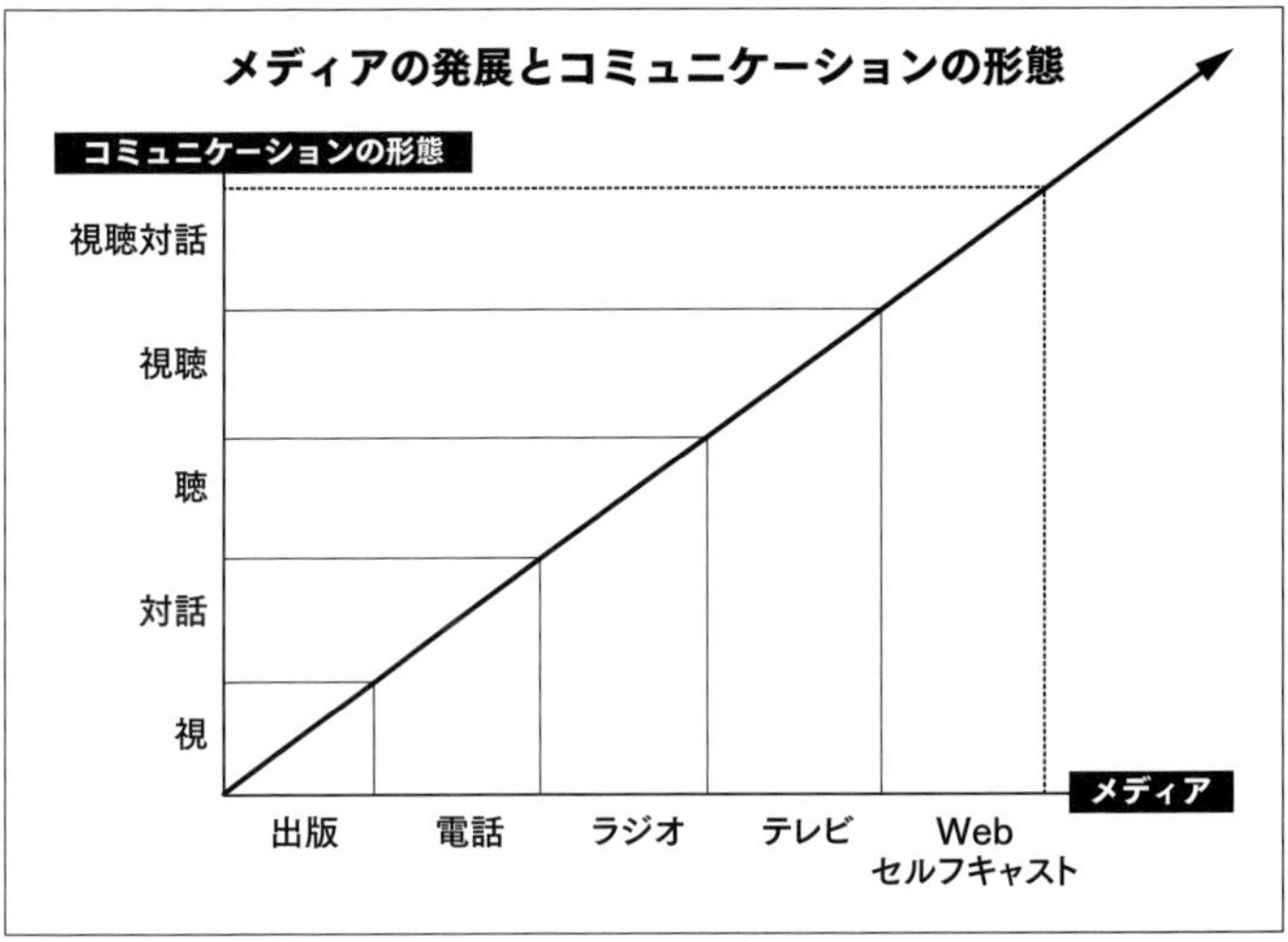

メディアの発明・発展によって私たちがコミュニケーションできる「範囲」は拡大し、その世界の「面積」は広がった。

を生まれた順に並べた。縦軸にそのメディアに対応する「コミュニケーションの形態」を積み上げた。

出版であれば、視覚を使って読むことになるので「視」とした。電話は、声と聴覚でやり取りできるので「対話」とした。

メディアの発明・発展によって私たちがコミュニケーションできる「範囲」は拡大し、その世界の「面積」は広がった。 インターネットが出現し、テレビの「視聴」の範囲（放送局から視聴者への一方的な放送、マス向けのみの発信等）を超えて、セルフキャストができるようになった。

これまでも述べてきたように、セルフキャストを通して、ラジオ・テレビを超える表現手段を個人や組織が獲得したと言ってもよいと思う。


では、セルフキャストはどんな未来をもたらすか。

まず、セルフキャストを通して貴重な記録や証言が集められるだろう。それが歴史資料として人類の財産になるはずだ。それに、動画によって知識が集積される。例えば科学や医療の現場でも、最先端の実験や手術を簡単に動画で学べるようになるだろう。何かを調べたり学んだりしたいと思ったら、何でも動画で見られる時代になるだろう。写真や文字ではわかりにくいことも、動きの伴った映像であればより深く理解できる。**いろいろな分野で、セルフキャストは技術の進歩を早めることになるだろう。**

一部の学校で「反転授業」という取り組みが導入されているのをご存じだろうか。反転授業では教師は説明の部分を動画として用意し、生徒はそれを家庭などで見てくる。学校での授業時間は、生徒たちが予習してきた知識を応用して、より深い内容の授業に使う。授業中は、参加者全体でしかできない討論をしたり、逆に教師が理解度に応じて生徒一人ひとりに対して、よりきめ細かい対応をしたりすることができる。

この反転授業に限らず、これからは学校の授業にももっと動画が採用されると思う。動画の導入で教育の形や質が変わっていくだろう。厳しいことを言うようだが、説明が下手な先生に目の前で解説してもらうより、上手な先生の動画で学んだ方がずっと効率よく学べる。

筆者がお手伝いしている町おこしにも、さらにセルフキャストが使われるだろう。今、各地域ではゆるキャラを作ったりして、地元の名物や特産をアピールするのにやっきになっている。セルフキャストは視覚に訴えることができるので、ゆるキャラとも相性が良い。様々なやり方でキャラクターを活用できるだろう。

もちろん、ここまで繰り返し述べてきたように、**ビジネスもセルフキャストによって、より進化・発展していくだろう。**新しいビジネスモデルや、マネタイズの方法、まったく新しい広告や宣伝の手法が生まれてくるに違いない。

「メディアはメッセージである」と意味深なことを言ったのはメディア論の大家マーシャル・マクルーハンだった。また、彼はメディアとは人間そのものが拡張したもの、という考え方を展開した。少しわかりにくいかもしれないが、人間の目が拡張して新聞や雑誌を生み出した。耳は拡張してラジオになり、口と耳は電話になり、目と耳はテレビを生んだ……という解釈だ。

その考えでいくと、**インターネットはさながら人間の脳神経の拡張版で、バーチャルな空間を通してだが、他人の脳と結びついている、と言えそうだ**（まさに「電脳」だ）。**セルフキャストを使えば動画というよりリアルな形で、他人の脳と結びつき、交流することも可能になる**——。

さて、そろそろ紙幅も尽きてきた。そこで最後の問いかけをしたい。

セルフキャストで未来は、どうなるのだろうか？

いや別の言い方をしよう。メディアが発展すると人類は幸せになるのだろうか？

マクルーハンの考えに従えば、「メディアの発展は人類を幸せにする」と単純に信じることはできないようだ。メディアとは人間が見たり聞いたりする機能が拡張したものだとするなら、幸せになるのも不幸になるのも、人間次第ということになるからだ。セルフキャストもメディアの一形態だから、他のメディアと同じく、使う人次第ということになるのだろう。

私たちは、今セルフキャスト革命のただ中にいる。革命後、人類が幸せになるのかどうかは、まさに私たち自身の手にかかっている。

あとがき

筆者はもともと新聞記者になりたいと思っていた。先輩に誘われて、たまたまテレビの制作会社で仕事を始めたところ、そこが『ニュースステーション』を作っているところだった。

当初はテレビ報道というのをかじってみるのもいいかな、くらいに軽く考えていた。ところが『ニュースステーション』の特集を作っていくうちに、映像制作の魅力に取りつかれてしまった。

筆者が入社した制作会社の代表・彦由常宏（ひこよしつねひろ）氏（当時のように「彦さん」と呼ばせていただく）からは、取材の仕方や映像の作り方などいろいろなことを学んだ。もうすでに他界した彦さんは「愛語」という言葉が好きだった。

「愛語」とは「心のこもった優しい言葉をかけること」といった意味だが、彦さんは世界中のいろいろな思いを持っている人のところに行って、言葉をかけ、その思いを聞き、伝えることを重視していた。彦さんには、「愛語」がいかに素敵なことかを教えてもらった。

私はＡＤからスタートして、泊まり込みで番組を作り、ぼろ雑巾のようになりながら働いた。それでも、撮った映像を見るのが本当にうれしかった。編集をして一つの作品として仕上がることに感動を覚えた。

放送の次の日に居酒屋で、こんなことがあった。たまたま隣に座った人たちが、筆者が制作した番組を話題にして盛り上がっていた。「それは私が作った番組だ！」と心の中で歓喜したものだ。

そうやってテレビの持つ影響力を実感し、作り手としての感動を味わってきたわけだが、一方でテレビの制約というものも強く感じていた。

第1に、面白いなと思っても、それをすぐに撮って伝えることはできない。いちいち企画会議を通して、制作体制を組むなど、いろいろなフィルターとプロセスを経なければいけない。もちろんそうやって慎重に作ってこそ、テレビ報道が信頼されるわけだが、そうやっているうちに、ベストなタイミングを逃してしまうこともしばしばあった。

第2に、伝わる範囲、伝えられる範囲が限られていた。『ニュースステーション』の特集を作ることに誇りを持っていたが、ターゲットは「国民」に限定されていた。世界的なテーマを扱った番組でも、国内でしか放送されない。つまり、日本の放送なので海外には流れない。加えて、全国放送なので、ローカルなネタはほとんどボツにするしかなかった。

そんな制約を感じていたので、インターネットが登場した時に「ああ、新しい世界が生まれるのではないか」と直感的に思った。

少なくとも当時、一般の人が作った映像を、広く世の中の人に見てもらうという手段はあり得なかった。インターネット黎明期に、小さい画面でボヤケたカクカクの動画を初めて配信した時、私は鳥肌が立った。

世界のあらゆる人に映像を届けることができるし、海外で作られたものであっても自由に見ることができる。その国の政府に抑圧されているような人が勇気を持って発信したメッセージを見ることができる。映画館やテレビでは決して流通しないような、新進気鋭の作品だって見ることができる——。

そんなことを妄想して、鳥肌が立ったのだ。いや、今は整理して話しているが、その時は言葉にならず、ただ感動し、武者震いをしていただけかもしれない。

その後、筆者は海外のクリエーターの映像を流通させる国際短編映画祭を立ち上げ、地域の人や商店街の情報発信のお手伝いを始めた。もちろんテレビ番組も制作しているが、**セルフキャストの醍醐味は、国境を越えることであり、その一方で、地域やコミュニティにこだわることができることだと思っている。**

ネットが登場した当時に筆者が妄想したことが、今まさに現実となっている。いや、私には考えすら及ばなかった表現手法やコンテンツが生み出されている。

みんな当たり前のように受け入れているけれど、これは人類にとって「めちゃくちゃすごいこと」と一人で感動している。ここ数年で起きていることは、グーテンベルクの活版印刷に匹敵するようなことだ。いや、それ以上のことが起きていると言いたい。

筆者はテレビ制作に関わり、インターネット黎明期から動画配信を行ってきた。それこそYouTube登場以前からだ。そこで、筆者が経験したこと、考えていることを整理したいという思いがここ数年高まっていた。その思いが本書を書き上げるモチベーションになった。

「ブロードキャスト」(放送)に対しての「セルフキャスト」という言葉や、本書で述べてきた「蓄積配信」という概念は、すでにあってもよさそうだが、本書で初めて紹介するものだと思う。「セルフキャスト」というものにフォーカスを当て、周辺理論とあわせて考察したビジネス書は本書が初めてではないかと自負している。

セルフキャストという言葉は筆者の造語だが、個人や組織が行う動画配信を端的に表していると思う。気に入った方はぜひ使っていただきたい。

本書の読者ターゲットは主にビジネス・パーソンだ。特に経営者やマネジメント層を念頭に置いている。ビジネス・パーソンにはぜひセルフキャストの価値を論理的に理解してもらい、新しいビジネスを創造してほしいと思う。

それからYouTuberを夢見て「自分もやってみたい」と思っている大学生や

高校生のことも実は意識した。多少文章が硬かったかもしれないが、起業家やYouTuber予備軍のバイブルにならないかなと密かに期待しながら執筆した。

本書が新ビジネスの創造や加速、あるいは夢に近づくお手伝いになれば、著者としてこれほどうれしいことはない。

最後に、本書の執筆の機会を作ってくださった針谷勉氏と株式会社サイゾー社長の揖斐憲氏、株式会社スターダイバー社長の米津香保里氏に感謝を申し上げたい。そして、編集担当者の重田玲氏と高橋聖貴氏は、原稿が遅れがちで気分が盛り上がらない時に、モチベーションが高まるよう、的確なアドバイスをしてくださった。心から謝意を表したい。

2016年2月1日

メディアプロデューサー　千種　伸彰

巻末付録

● J:COM「おしごと総合研究所」台本 「おしごと総研 コミック」でYouTube検索

2014年12月27日

J:COM「おしごと総合研究所」コミックシュリンカー伝説　最終原稿

プラウドコンサルティング

担当：千種　伸彰

画		音声
捨てカット		
アバン		
ドリー、本棚の前	N	あらゆる営業の基本がそこにはあった。 お客のハートをしっかりつかむ猫の手サービスとは？
店長	ON	ありがたく頂戴します。
シュリンカー寄り	N	かつて、本をラッピングするのはタブー。 非常識を常識に変えたその心理とは？ 消費者の何気ない行動にヒントがあった。
社長	ON	お客様の電話より社内に大事な会議があるわけない。
会議で記入	N	顧客サービスを高めるために機密情報を全社で共有。 その絶大な効果を生む手法とは？ 少ない営業スタッフ。全国のメンテナンスはほとんどムリ。 不可能を可能にした技術革新とは？
社長	ON	書店さんから、こんなことして、本売れっこないだろって。
タイトル	N	出版不況といわれるなか、 書店支援サービスで着実に業績を伸ばしている会社。一体なぜなのか？ おしごと研究、はじまりはじまり！
タイトル		おしごと総合研究所 コミックシュリンカー伝説
外観 大石孝一社長	N	東京板橋区に本社があるダイワハイテックス。 主な製品は、コミックを包装するシュリンカー。 シュリンカーの購入先は書店。つまり本屋さんがお客様。 出版不況と言われるなか、着実に業績を上げている。 大石社長は、自分自身でシュリンカーを開発し、 コミックをビニールで包装するという新しい市場を創った。 このニッチで新しい業界を生み出した。

1 / 6

		ダイワハイテックスは、お仕事の仕方も なかなかユニークだ。
電話	ON	はい、ダイワハイテックスでございます。
電話とる	N	社内にかかってくる電話。重要な会議中であっても、会議を抜けてお客様の電話にでるそうだ。
大石社長	ON	お客様の電話より社内に大事な会議があるわけない。 お客様がいない会社はないわけですよね。 お客様は一番大切ですよね。 だから社内でも電話を3回以上ならすなと。
社内閑散 ボード出張	N	営業が詰めているフロア。 社内を見渡してもほとんど人影がない。 ボードを見ると営業は全国を飛び回っている。
大石社長	ON	納品に行ってすぐ帰ってこないと怒られるんですよ、いままでの会社が。ウチはすぐ帰ってくると怒るんですよね。なんで早く帰ってきたんだ。手伝って帰ってこいよ。 それで、猫の手サービス。
猫の手サービス？	N	猫の手サービス？ 猫の手サービスとは一体何なのか？ おしごと総研では実態を調査することにした。
TSUTAYA 昭和通り店 山梨県中巨摩郡 店内 バン入り	N	新規オープンを数日後に控えたTSUTAYA。 売上を早くあげるために、店舗の内装が終わると なるべくすぐに店を開きたい。 しかし、やるべきことはたくさんあって、 開店前は人手が足りない。 そこへ、一台のバン。東京から助っ人がやってきた。 ダイワハイテックスの営業だ。 あのシュリンカーを持ってきている。
	ON	おはようございます。
名刺	N	営業ではあるが、名刺には「お客様相談係」とある。 売り込まない営業がモットーだから相談係なんだそうだ。
	ON	シュリンクの業者さんが、使い方を教えて下さいます。 よろしくお願いいたします。
T:レクチャ開始	N	TSUTAYA 昭和通り店は、コミックを包装する機械を

2 / 6

終わり 説明		ダイワハイテックスから購入。 納品されると同時に店舗スタッフが使えるように レクチャが始まった。
本棚、コミック	N	書店に並ぶコミック。 今では普通にビニールがかぶせられている。 その包装機械を初めて開発したのがダイワハイテックス。 当時、営業は大変だったと大石社長は言う。
社長	ON	中身見えないんですからね。中身がわからない本をどうやって。もちろん、その話は、自分で実際に書店さんを回った時に、普通に言われますもんね。書店さんから、こんなことして、本売れっこないだろって。
雑誌めくり	N	確かに本は、中身を確認してから買う場合が多い。 しかし、大石社長には、包装した本のニーズが、 必ずあると確信していた。
セピア 抜き取りイメージ 大石社長	ON	週刊誌買うときに平積みの上のを見ても、買うときは中から抜いていくその心理ですよね。売れるかもしれないとその時思った。
創業アパート 受賞	N	シュリンカーも順調に売れ始め、 メーカーとしてのダイワハイテックスは、 板橋製品技術大賞をはじめさまざまな賞を受賞。 ものづくりを大切にする姿勢が成長を支えている。
自動１号機	ON	こちらが自動シュリンカーの１号機です。
１号機	N	今のシュリンカーと比べるとかなり大きい。 人手も少ない時期は、 現地まで修理に行くのが大変だった。 その後、製品を改良して、 顧客も納得のメンテナンスを行っている。
メンテナンス	ON	Q 壊れたと連絡があったらどうするんですか。 「壊れた箇所をうかがって、上側がこわれているようでしたら、機械が分割できますので、上側だけ代替機として発送します」 「宅配便に送れるサイズに設計されていますので、そちらで送らせてもらいます」
開発担当	ON	お客様は日本全国北海道から沖縄までございます。

3 / 6

		すべてのお客様に対して同じサービスをするというのが 非常に困難だということがありました。 そこで当時から普及している宅配便というのがございますので、翌日着くというそれを上手く利用できないかということからはじまりました。
ふたたび TSUTAYA	N	再び、新規オープンを前にした書店を見てみよう。
	ON	ありがとうございました。
T:レクチャ終了	N	シュリンカーの説明が終わって、 あれ？ ダイワハイテックスの２人がもくもくと作業をしている。
作業中に質問	ON	本来お店の方がやる作業ではないですか？ 「こういった新店の店舗さんですと、他に棚の並べ替えだとかいろんな作業がありますので、私たちができることをやる。
猫のイラスト	N	これが、猫の手サービスだ。 購入してもらった機械とは別に、自社の機械を持ち込んで、数名体制で、場合によっては泊まりがけでシュリンク作業の手伝いを行っている。 しかも、無料だそうですよ。
Q 店長、無料サービスだそうですよ	ON	ぼくも初めて聞いて、ありがたく、ちょうだいします。
専門家 インサート	ON	猫の手サービスは、書店が本当に困っている時のサービスなので、高い営業効果が期待できます。ポイントは、シュリンカー自体を設計し直し、分割できるようにした点にあります。北海道や沖縄など遠方のお客様であっても、事前に宅配便で送り届けることができるようになり、支援スタッフが身一つで伺うことができるようになりました。メンテナンスとあわせて猫の手サービスの効率化にも役立ったというわけです。
社長資料確認中	ON	これは大事な資料だから困るんですよね。
事業計画書	N	一旦、撮影が断られた資料。 これは、事業計画書だった。 機密情報はぼかすという条件で、撮影許可をもらった。 経営者が事業計画書を一生懸命作っても、 社員はまったく知らない、なんてことがよくあるが、

4 / 6

会議、書き込み		ダイワハイテックスでは、 幹部はもちろん新入社員にいたるまで、 名前入りで事業計画書が渡される。 そして月次会議では、各部門の数字を手書きで記入する。
社長	ON	今会社の中でどういうことが起こっているかということを、情報共有しようと、皆が同じ情報を持つということは、非常に大事なんですよね。ですから 売上の 数字も、荷物 を 配送する人間とか、技術の人間とか皆がわかってなくちゃいけない。それから修理もどこのお店でどういう修理がおきているのか、それも営業がわかってなくちゃいけないということで、会社の中でおこっていることを皆がわかるように、それで皆で書いている。
設計画面	N	会社の重要情報を徹底的に頭に叩き込んでおくことが、 製品開発やお客様との対応に欠かせない。 出版不況で書店の数は減少しているが、 売り場面積はむしろ増えている。 書店に気に入ってもらえば、 シュリンカーの販売数は伸びるわけだ。
会議	ON	読み上げ
読み上げ、三感 感謝、感激、感心	N	月次会議では、三感の朗読がある。 いわゆるサンクスカードの応用だ。
社長	ON	ある女性社員の提案で、全員の名前が前もって印刷してありまして、それを受け取った人は、その人の良いところを1ヶ月間探すわけですよね。 全員が発表されるでしょう。あ、このこはこういうところすごいね。全員が発表されるでしょ。それは、モチベーションあがりますよね。
書き込み	N	社員一人ひとりのやる気を高める仕組みも 大事にする大石社長。 将来の夢はなんですか？
社長	ON	社員が育ってくれることです。 引退して、一緒に働いた仲間がね引退して、あの何年間ねダイワハイテックスで働いていた期間が良かったと言ってくれるかどうか、私のあれでっすよね。
捨てカット		

了

■出演者

◆ダイワハイテックス

大石孝一（社長）　古瀬あゆみ（営業）　藤本麻優子（営業）　大石智也（メンテナンス）

高橋正明（開発・設計マネージャー）

◆TSUTAYA　昭和通り店

戸栗賢（店長）

◆解説

竹永亮（中小企業診断士）

■制作

ナレーション　隆 麻衣子

タイトル　笠原　徹

撮影　針谷 勉

取材・構成　千種 伸彰

企画　堀内 晃　清水 工　田川 智一　本島　祐一　阪口 崇

制作著作　J:COM　プラウドコンサルティング　ゴアプラン

制作協力　公益財団法人 板橋区産業振興公社

6 / 6

● ハッピーロード大山 TV 台本 「ハッピー TV 5年目突入」で YouTube 検索

放送日時：2015年11月7日（土）18時半～
中継場所：コモディイイダ前
テーマ： ハッピーTV５年目突入！まちゼミあるよ☆
出演者：谷厚志（MC）、小原宣義、わかな、
臼田武志、まゆちゃん
ゲスト：はやて（いたプロ）
牛山 佳菜代教授と学生３名（目白大学）
松浦健太郎（大山いぶきカイロプラクティック）
制作：臼田、小原、山中　P：千種、D：針谷、金子、真栄田
HP：阿部蔵　http://haro.or.jp/
※入り時間：制作３時間前、出演者１時間前

明るく、元気に、番組を楽しむ。
●生放送 URL　https://youtu.be/QW3mAz9TIw0

●オープニング
（しもてから）メイン：わかな、谷、小原　サイド：まゆちゃん、臼田

谷 MC　こんにちは。
ハッピーロード大山 TV、司会の谷厚志でございます。
ハッピーロード大山商店街、コモディイイダ前から生放送でお届けしています。
本日のテーマは、「ハッピーTV５年目突入！まちゼミあるよ☆」です。

出演者紹介

●本日の番組予定表
本日の番組フリップ　読み：わかな　フリップ

谷 MC　お疲れ様です。一番、注目しているのは、どれですか？

ハッピーTV５年目突入！
まちゼミあるよ☆

2015年 11月7日（土）18時30分
中継場所：コモディイイダ前

●ハロウィンで商店街は…
●東京ふれあいまち歩き大山編
●大山のヒーロー大山幸道は、
今何をしているのか？
●今月の地域ニュース&とれたて村情報
・ハピスタ
・まゆちゃんリポート
・まちゼミ、北秋田報告
●５年目突入！ハッピーTV
●今年もやります。ハッピーTV総選挙！
●エンディング 星屑ロマンス

1 / 6
ハッピーロード大山 TV

●ハロウィンで商店街は…

谷MC　ハロウィンで大盛り上がりのコーナー、いえーい！
　　　小原さん、ハロウィン。盛り上がったそうですね。

小原　ええ、参加者全員仮装。
　　　商店街５箇所に設置したハロウィンスポットを回っていただき
　　　お菓子をゲットするというなんとも画期的なイベントでした。
　　　未就学児が対象だったんですけど、お母さん方の仮装も力入ってましたね。

谷MC　いたばしプロレスリングの皆さんも参戦したって聞いてるんですが。

はやて　・・・

まゆ　わたしも、参加して、みなさんに魔法をかけちゃいました。

谷MC　ほー。どんな魔法？

まゆ　・・・

　　　Ｖふり

　　　VTR①　恐怖のハロウィンでハッピーが盛り上がる
　　　　　https://youtu.be/RG7KjiXDaYE（1:51）千種

　　　感想

●東京ふれあいまち歩き 大山編

谷MC　東京ふれあいまち歩きのコーナー！　いえーい！
　　　外国の方にも大山の魅力、商店街の楽しさをお届けしたいということで生まれたコーナー。
　　　第２回目、ということなんですが、小原さん、前回の反応はどうだったんですか？

小原　なんか、ほのぼのするというような感想がありましたね。

谷MC　わかなさん、どうですか？

わかな　・・・

谷MC　私、個人的には谷ブラの方が、Cool JAPAN かなぁ、

2 / 6
ハッピーロード大山TV

と思っていますがどうなんでしょうか。VTR どうぞ！

VTR② 東京ふれあいまち歩き 大山編
https://youtu.be/tfiOSBt7M0U （5：25） 千種

感想

・外国人の方々に、日本茶、和菓子の良さを
・YouTube に外国語でも情報発信してます

●大山のヒーロー大山幸道は、今何をしているのか？

谷 MC　続いて「あの人は今何をしているのか？」のコーナー、いえーい！
週刊誌にたまに出てますよね。昔、活躍していて今はぱったりという方。
何をしてるのか、気になりますよね。
はやてさん。先月で大山幸道物語終わってしまいました。
ハッピーロードマン、出番がなくなりました。

はやて　・・・

小原　試合に負け、女性にも完全にフラレちゃいましたよね。
あの流れのまま、本当に終わったら、ちょっと救いがないですね。
プロデューサーもやり過ぎたって後悔してました。

わかな　普通のドラマだと、多少は希望をもたせますよね。

まゆ　元気がないまま終わっちゃったんで、今、どうしているのか心配です。

谷 MC　はやてさん。あまりにも寂しいというご意見が多いわけですが・・・
安否についても心配の声が上がってきています。
いたばしプロレスリングに来ているんでしょうか？

はやて　次の試合にでます。（試合情報）

臼田　ハッピーロードマン、実は、商店街でアルバイト頑張ってるんですよ。
谷さん、これ偶然撮った写真なんですが、見てください。

偶然入手した写真　※ここは、笑えそうです

説明、感想

3 / 6
ハッピーロード大山 TV

●今月の地域ニュース＆とれたて村情報

谷 MC　さてさて、ここからは、地域ニュース＆とれたて村情報です！
小原さんにお願いするんですが、まずはじめはなんでしたか？

小原　ハピスタですね。

谷 MC　おお、大山地域のフリーペーパーですね。

小原　クリスマス＆新年号ということで、まさに取材・編集作業の真っ最中です。
今回も大山を楽しめる情報満載です。取材の様子を短くまとめましたので、
ご覧ください。

VTR③　ハピスタ クリスマス＆新年号
https://youtu.be/e07BbvLYRHA（1:00）千種

感想

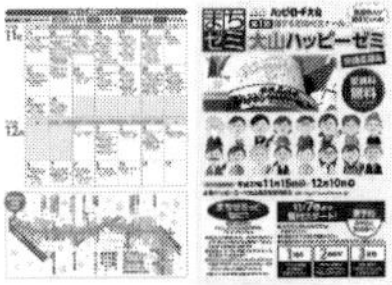

谷 MC　続いて、まちゼミですか？

小原　はい。（まちゼミの概要説明）

チラシ

まゆ　谷さん谷さん、まちゼミのことなら、まゆちゃんに任せて。
まちゼミの取材をしてきましたので、ご覧ください。
くるりんぱ❤

VTR④　まちゼミ☆まゆちゃんリポ　　針谷

補足説明

谷 MC　ここで、ゲストがいらっしゃるわけですね。

松浦健太郎（大山いぶきカイロプラクティック）登場
どんなゼミをやりますか？

谷 MC　小原さん、そのほかのイベント情報は？

イベント情報

4 / 6
ハッピーロード大山 TV

とれたて村情報

まゆ　谷さん、先月北秋田のお祭りにとれたて村が参加して出店したんですけど、
まゆちゃんも一緒に北秋田に行ってきました。
その報告をしちゃいますね。

報告
写真などあれば

●ハッピーTV５周年突入

谷 MC　さぁ、続いて、ハッピーロード大山 TV ついに５年目突入のコーナー、いえーい！
継続は力なりといいますが、おかげさまでハッピーロード大山 TV は、
５年目に突入いたしました。ありがとうございます！
小原さん、丸４年続けてきて、何がよかったですか？

小原　・・・

谷 MC　臼田さん、立ち上げ時、事業部長ということで関わったわけですけれども
いいことありましたか？

臼田　・・・

出演者、谷さんも含めて感想

谷 MC　ハッピーロード大山 TV は、数々の伝説を生み出してきております。
ここ数年、マスコミにも番組関係者や商店街を取り上げていただいております。
ここで、ゲストをお呼びしましょう。
目白大学の学生さんです。
こんにちは！

・ハッピーTV の感想。
・なぜ、ハッピーTV を見に来たんですか？

●今年もやります。ハッピーTV 総選挙！

谷 MC　今年も残すところ２ヶ月を切ってきました。
今年１年間で約 90 本以上の動画をお届けしてまいりました。
その沢山の動画の中から今年１番の動画大賞を
みなさんの投票によって決めちゃいたいと思います。

5 / 6
ハッピーロード大山 TV

臼田　あたった方には、番組から素敵な賞品が贈られますので、
ガチで取り組んでください。
詳しくは、ハッピーロード大山商店街のホームページ、
または Facebook をご覧ください。

誰か賞品提供しませんか？

https://sites.google.com/site/2015happyroadtv/

●次回予告

谷 MC　そろそろお別れの時間です。
全体感想＆宣伝。なにが面白かったですか？
一人ずつ

谷 MC　次回予告です。次回はクリスマス特番になります。
おしゃれな特設スタジオから、お届けします！

まゆ　えっ、楽しみ！

●エンディング

谷 MC　お別れは、まゆちゃん星屑ロマンスでさようなら！

VTR5　星屑ロマンス　千種

6 / 6
ハッピーロード大山 TV

参考文献

桜井勝延、開沼博『闘う市長――被災地から見えたこの国の真実』徳間書店（2012）
サルマン・カーン『世界はひとつの教室「学び×テクノロジー」が起こすイノベーション』三木俊哉訳　ダイヤモンド社（2013）
アルビン・トフラー『第三の波』日本放送出版協会（1980）
ピーター・F・ドラッカー『マネジメント［エッセンシャル版］――基本と原則』上田惇生訳・ダイヤモンド社（2001）
フィリップ・コトラー、ケビン・ケラー『コトラー&ケラーのマーケティング・マネジメント 第12版』丸善出版（2014）
野中郁次郎、竹内弘高『知識創造企業』東洋経済新報社（1996）
クリス・アンダーソン『ロングテール――「売れない商品」を宝の山に変える新戦略』篠森ゆりこ訳　早川書房（2006）
クレイトン・クリステンセン『イノベーションのジレンマ――技術革新が巨大企業を滅ぼすとき』玉田俊平太監修　伊豆原弓訳　翔泳社（2001）
原佳弘『研修・セミナー講師が企業・研修会社から「選ばれる力」』同文舘出版（2015）
マーシャル・マクルーハン『メディア論――人間の拡張の諸相』栗原裕訳　みすず書房（1987）

千種 伸彰（ちぐさ のぶあき）
中小企業診断士／メディアプロデューサー

1968年生まれ、高知県出身、早稲田大学社会科学部卒。テレビ朝日「ニュースステーション」、フジテレビ「ニュースJAPAN」等の報道番組ディレクター。インターネット国際短編映画祭や商店街TVをはじめとするWeb・動画・出版等のプロデュースを手がける。一般社団法人 板橋中小企業診断士協会理事。株式会社プラウドコンサルティング代表取締役。
「セルフキャスト」という言葉を作り、企業や地域の動画制作や情報発信を支援している。

Facebookアドレス
https://www.facebook.com/chigusa3

セルフキャスト!
ビジネスを加速させる動画配信

2016年4月15日　初版第1刷発行

著　　　者　千種 伸彰
発　行　者　揖斐 憲
発　行　所　株式会社 サイゾー
〒150-0043　東京都渋谷区道玄坂1丁目19番2号 スプラインビル3階
電話　03-5784-0790（代表）

装　　　画　田中英樹
装　　　幀　石間　淳
本文デザイン・DTP　上野秀司
編　　　集　高橋聖貴
制　　　作　株式会社スターダイバー

印刷・製本　株式会社 シナノパブリッシングプレス

ISBN 978-4-86625-053-3

無論、テーマは新しければ良いというものでもない。老若男女が平等に楽しめるさじ加減が肝要であり、古典的な王道を提供する演出のほうが「劇場」の使命には相応しい。主人公のポジティブな飛躍を描くために苦境を用意する演出も、王道の正攻法である。よって、シェイクスピアのごとくの揺るぎない古典芸として「男に苦境を強いられ、笑われるための自虐を繰り出してようやく愛される女たちの劇」を楽しむほうが、観劇のマナーとしては正しい。

とするならば、私こそがマナー知らずの無法者。お行儀が悪くて誠に申し訳ない。

如何せん当方は、己のネガティビティを茶化す暇があるなら、とっとと克服し、すかっと爽快に大爆笑したい者である。

よって、視聴率を稼ぐための「残念設定」を、暗いととらえる。マーケティング重視のメディアの構造において、「大多数の視聴者がそれを好む」と公表している状況下で露呈する「日本人の気質」も暗い。「笑い物にしてよいとテレビがお墨付きを与えたことによって、罪悪感も遠慮もなく指を差して笑うことを許してくれるタレント」が好感度を得る図式が成り立っているようならば、陰湿。見下せる対象を好ましくとらえる心理が「超暗い」ことを劇場の観客は自覚しているだろうか。

人間の雑な扱いを前に、特に違和を感じない観客が大勢いるからこそ「テレビメディア劇場」が成立するようならば、日本人は、暗いというよりは、かえって気楽でおめでたい性格の持ち主が多いのかもしれないとも考える。

人間を記号化するキャッチフレーズ商法

「〇〇系」の怪

「テレビメディア劇場」は、個性豊かなタレントたちを、毒舌キャラ、自虐キャラ、オネエキャラなど、キャラクターを明確化する名称によって一括りに扱ったうえで、分類する。

「出版メディア劇場」もまた、市井の民を、アラサー、アラフォー、〇〇系女子、〇〇系男子といった名称で括る、キャッチフレーズ商法を得意とする。一見してわかりづらい商品が売れない時代。メディア市場は、人間にまつわる情報を薄ら寒くなるくらい単純化した「わかりやすい記号」をもって視聴・購買を促す。

虚構の設定が市井に浸透すると、自分自身を差して「私、〇〇系だから」「〇〇キャラだから」

と主張する者がにわかに増加する。自分事においては、どうぞお好きになされればよいが、同様の感覚で他者まで「〇〇系」として括ってしまうのはいかがなものか。

親しい友人（三十代独身女性、破格に仕事ができる）は、初対面の第三者がいるシーンで、知り合いによって「この子は仕事一筋系女子」と紹介されたそうだ。これは、その知り合いの脳内に存在する「女性＝結婚・恋愛 or 仕事」と二分する、分断二元論を根拠に、彼女の「未婚」と「仕事のスキル」にまつわるプロフィールを「仕事に専念する女像」ととらえた、思い込み由来の発言である。仕事ができる彼女への尊敬の念も込められているのだろうが、実際の彼女は、恋も仕事も遊びも分け隔てなくエンジョイする構えだ。つまり、知り合いのつけたキャッチフレーズは事実誤認である。

人間はそもそも複雑かつ多面的な構造によって成り立っている。たかだか一言のフレーズ、または誰かの先入観に集約されてしまうような薄っぺらい人間など、そうはいない。

自分のとらえる他者像は、あくまでも一側面。自分の脳のフィルターを通したイメージにほかならない。つまり、自分の印象と他者の真実の間には距離がある。よってイメージを疑い、事実を冷静に精査する工程が必要となるわけだが、他者をざっくり「〇〇系」と簡略化することに抵抗を覚えない者は、ただの憶測、ほとんど嘘の範疇にある他者情報を一足飛びに「他者の真実」と直結させた挙げ句、周囲に断定吹聴することにも違和を感じない。迷惑である。

「国民総幼稚園児化計画」

無論、他者を知るための端的な説明はとても大切なものである。その入り口をくぐった後、時間と労力をかけてその人となりを理解するわけだが、理解の熟成期間を設けることなく人間を表層的に認識する者が一定数存在するのは、簡略化情報を瞬時に消費する時代のスピード感の影響だろうか。

「わかりやすい記号」が市場を席巻した結果、わかりやすいものしかわからない視聴者・購買者が増える。人間がたかだかビジネスの仕組みやシステムの傀儡と化す。ならば、空疎だ。

書店の女性向けエッセイコーナーには、流行のキャッチフレーズを題材に、幼児の大好きなピンクや紫の可愛らしい色使いとフォントの書籍が並ぶ。いわゆるダサピンク現象である。手に取ってページをめくってみると、文字の級数は小学三年生の教科書と思しき特大サイズ。語りかけるような柔らかい「です・ます調」の敬体を用いたものが多いとお見受けする。

その一角には、「アラフォーの幸福メソッド」や「美魔女の極意」等、幼児ではなく、中高年女性をターゲット視していると一目でわかるタイトルの書籍が存在する。

出版社やメディアに携わる複数の知人に、「大の大人向けの幼稚園児本が流行っているの、なんで？」と尋ねてみると、「そうしなければ商品が売れない」との回答を得た。

現在、若年層の女性はあまり書籍に関心がないと聞く。経済の影響もあるが、知りたいことの大枠はインターネットで検索できるし、安価で書籍を購入できる大型古本店や電子書籍も充実している。そこで経済力があり、書籍にも慣れ親しんでいる中高年層を書籍購買者としてターゲット視した結果、幼児が大好きなピンクでキラキラの商品が量産される。その在り方が馬鹿みたいだと、大きなお世話ながら、ターゲット層の女性たちもまるで馬鹿みたいに見える。購買欲をそそるために、女性ターゲット層の想定知能レベルを故意に引き下げる出版社の姿勢は、「ピンクで特大級数の敬体にしておけば、あいつら馬鹿だから買うだろ」と言わんばかりの、当の女性を相当な勢いで見下すものと感じる。そこに所狭しとひしめき合っているものが「幸福メソッド」であること自体、当該女性にとって特大級数レベルの不幸である。

テレビも出版も目先の都合を前提にコンテンツを制作し、ひとしきりばらまいた後は野となれ山となれ。市井にどのような影響を与えようとも意に介さない。買うほうが馬鹿なので、責任は取らない。自分が飯を食えれば、それでいい。そんな「無責任劇場」のタイトルは、「国民総幼稚園児化計画」。目的は、搾取である。

簡略化馬鹿に告ぐ！

人間の表層的な簡略化が大嫌いな私に対しても、気安く「設定」を押し付けようとする不届き者が湧いて出る。

◎「ナガコさん、もっとマスメディアで売れっ子になりましょう！ ただ、映像ライター以下のプロフィールがややこし過ぎて、一言で説明しづらいし、世の中的にもわかりづらいので、何かのキャラを踏襲しましょうよ！ たとえば、炎上上等キャラ」

◎「ナガコさんは声低いし、性格ほとんど男だから、いっそゲイだったということにしませんか？ オネエキャラで売り出しましょう！ 売れること間違いなし！ ばれたら、ばれたで話題になるので、おいしいですよ！」

◎「キャラのわかりやすい芸名つけましょう！　たとえば、レズビアンキャラで、オスカル林。テレビやイベントに出るときは『ベルサイユのばら』の主題歌を流しましょう」

◎「犬と猫、どっちが好き？　今なら動物好きで推せるから、旬の猫でどうですか」

◎「ナガコさんはプライドが高過ぎるんです。もっと独身のアラフォーならではの不幸エピソードとか、哀れな自虐ギャグとかをビジネスライクに披露しないと、読者に愛されませんよ」

お断りだ馬鹿野郎！

いいか、よく聞け。当方は子供の頃より、「右に倣え」と言われたところで、倣う理由の提示があったうえで納得しなければ、絶対に従わなかった、筋金入りの自分勝手者だ。「女だから」という理由で可愛らしいお洋服を着させられることも、「子供を産んで母親になれ」と強要されることも、断固拒絶の構えで生きてきた、正真正銘の【型】嫌いだ。

持って生まれた【個】が尊重されず、誰が定めたのかもわからない【型】が優先され、そこに後付け的に【個】を押しやる順序がまったくもって気に入らない。私という【個】を【型】に嵌めたいのであれば、それなりの理由を提示せよ。右に倣うか否かは、その後、私が決める。

肝心の根拠が「自分の馴染みの商売で横行するメソッド」でしかないようならば、「手前勝手で無責任な劇場商売の都合には乗れない私の【個】の領域に土足で侵入し、至極当然の面構えでキャラいじりしてくる無遠慮な干渉」を根拠に、断固拒絶を表明する。

当方は、括りようがない自分が大好きだ。ただの林永子で何が悪い。ちなみに私は「アラフォー」だそうだが、自分を差してそう呼ぶことはない。なぜなら、発音が間抜けで、言葉として不細工だから。言葉には魂が宿る。よって簡略化された空疎な流行言葉を私は所持しない。そんな私を、不細工な一言で括るな。あと、ゲイと猫に失礼だから謝れ。

「ある」ようで「ない」、主語を疑う

主語がない

毎日、夕方五時の晩酌に合わせてテレビをつけ、各局のニュース番組を拝見する。用があるのは、その日に起こった事件や国政の動き、災害などの事実報道だ。とはいえテレビは、スポンサーとの兼ね合いや局の思想、情報規制、尺の都合などによって、多かれ少なかれ作為的な演出が施される。そこに映る状況は、純粋無垢な事実とはとらえ難いため、事実を題材としたフィクション、あるいは「事実報道を望まれているのに、ニーズに応えられない虚構のジレンマ」をテーマとした「リアルタイム・ノンフィクション劇場」として鑑賞すると、見所満載で苦い酒が進む。

たとえば、ある人物が放火容疑で逮捕されたとき。その人は容疑者として取り調べを受けている段階にあるが、いかにも不穏な音響や、スローモーションの逮捕劇を作為的に投入することによって、犯罪者として印象付ける。キャスター・コメンテイターは「このような卑劣な犯罪を、社会は決して許すべきではない」と断罪する一方、数日後、容疑者が無罪放免で釈放された際には「警察のいい加減な捜査はいかがなものか。国民を困惑させる一方ではないか」と論旨のすり替えを軽やかに行う。あるいは、事後の顛末を無視する。とんだ茶番劇だ。国民を困惑させているのは、報道当事者の印象操作のほうだ。

ニュース番組には不要と思しき「芸能速報」コーナーでは、雑誌が報道した芸能人のゴシップを題材に、「先日、『週刊〇〇』にて、タレント〇〇さんとモデルの〇〇さんのダブル不倫が報じられましたが、真相は如何に」と問うが、この番組も同じく報道機関なわけだから、他人の取材した報道を棒読みでスルーパスしている場合ではないだろう。「真相は、如何様でありました」と、当番組の見解および取材結果を、責任をもって発表しろと言いたい。

つまり、メディアの報道には主語も主義主張もない。

そもそも事実報道には「私見」も「感想」も要らない。「誰が、何をしたのか」「何が起こったのか」を淡々と伝達してくれればそれでいい。

ただし、専門的な分野においては、視聴者に一層深い理解を促すために、その道のエキスパートによる「解説」を付与する必要がある。より多くの視聴者を獲得し、時事問題への興味を喚起させるため、人気タレントを司会者に配し、コメンテイターたちによるざっくばらんな意見交換を行う目論見も、媒体の成り立ちを思えば理解できる。

そのただの感想が事実に余計な印象の尾ひれを付けたり、事実の真偽が明らかではない状況にもかかわらず憶測や感情論をもって先入観を植え付けたりと、事実の根幹より視聴者の目を逸らす撹乱効果を発揮するようならば罪深い。

疑惑の人物がいたとして。メディアが『クロ』の印象を作為的に刷り込んだ結果、渦中の人は街場で、インターネットで、『犯罪者』として叩かれる。その騒動を受け、今度は渦中の人を差して、「今、もっとも世間を騒がせている人物」として取り沙汰するわけだが、率先して騒いでいるのも、世間を騒がせたのも、メディアである。

当事者としての言責を取らない「主語なし」システムに甘んじて事実を煙に巻く。これを、虚構と呼ばずしてなんと呼ぶ。

ライターの主語感覚

要するに、大勢の人間の目にとまる主要メディアの分際で、人間の扱い方が雑過ぎるのだ。

私がそうとらえるのは、自分も一応記者の端くれとして執筆メディアに携わっているからである。「誰が、何をしたのか」。事実を記事として認める際、他者を主語に断言する文章を、本人ではない私が執筆するわけだから、責任は重大だ。

まず、取材時に聞く「話し言葉」は、そのままテキストに起こしても「書き言葉」としては破綻する。規定文字数や読者の読みやすさを鑑みたうえでも、適切にまとめる必要がある。その際、対象者の真意とテキスト表現の間に齟齬が生じる事態は、なんとしてでも避けたい。

こだわりのキーワードを連呼する方もいらっしゃるが、極力反映しつつも、読者に届かない専門用語や、独自の創作単語だった場合、ご本人と読者の認識・解釈をスムーズにつなげる架け橋となるようなセンテンスを生み出さなければならない。

また、取材対象者が一言も喋らない無口な方である場合、当然ながら難儀する。なんでこの人は取材を引き受けちゃったのだろうかと思いながらも、口下手だからこそ、その人の思いを知る記事は貴重である。自らを鼓舞し、とにかく質問を連打して、「うん」とか「そう」とか「ちがう」といった二、三言を聞き出し、「後は上手いことまとめます」と約束した結果。「○○監督は、こう考えた」と書いた文章に対し、「いや、おまえが『こう、か？』と質問したことに、俺が『うん』と言った。これが事実だから、書き直せ」と怒られる。なんだよ、喋れるじゃん！

「ミュージシャン○○による本楽曲を初めて聞いた○○監督は、こんな映像イメージを浮かべ、カメラマンの○○氏とともにMVとして具現化するためのプランを綿密に練った」

このようなありきたりな一文においても、細心の注意を払う。人間は個々、想像の幅や言語化能力に相違があるため、対象者の言わんとする「こんなイメージ」をデリケートに、ほとんどイタコの精神で正確にキャッチし、本人の思惑との擦り合わせを行う作業が欠かせない。

その際、抽象的な表現を好む方もなかなか悩ましい。

たとえば「なんか、こう、光が、びゅーーーっと走っていく感じ。今回のMVのテーマは、ただそれだけ」とのことで、どう「びゅーーーっと」なったのか、ものの見事にわからない。いや、見ればわかるのだ。しかし、どう書けば読者に伝わるだろうか。そこで、「最初に思い描いたイメージは、夜の高速道路の車のテールランプみたいな感じでしょうか。それとも、雷が地上に落ちるような垂直方向のイメージでしょうか。または、彗星の軌道とか」などなど、想像し得る情景をこちらが言語化し、なんとか「びゅーーー」に近い状況を探り当てる。

この作業を怠って、「この人『びゅーーーっと』って言っていますけれども、どんな『びゅーーー』なんでしょうかねえ？　もうちょっと言語表現を身に付けたほうがいいような気がしてなりません」といった感想を述べているのがテレビ報道のコメントであり、それをそのまま公衆電波に乗せてしまうのは、私に言わせれば情報伝達者としての職務怠慢、責任放棄にほかならない。

言責表明

情報伝達者は、その主題が他人事だからこそ、自分事のようにいい加減には取り扱えないことを自覚しなければならない。それが必要最低限の礼儀であると心得る。

他方、私見や感想を語る際には、「この人は、こうだ」と他者を主語に据えた断定話法を避ける。「私は、この人のこの言動を、こうとらえる」と、あくまでも自分を主語に語る。次いで「なぜならば、自分はこういう人間であるからだ」と自分事の説明を行う。

実際に、記事とは異なる持論コラムでは、しつこいくらいに「私は」という主語を用い、自分事のみを書き綴る。なぜかといえば、言責の所在が私にあることを明らかにしたいからだ。

コラムの主語は「私」、主体はあくまでも「私の考察」。読者に「うざい」「誰もおまえの話なんかに興味がない」と笑われてもかまわない。しっかり自分を語ることくらいしか、人様の目に触れる文章を書く以上、責任の取りようがない。それが私にとっての「言論の自由」であり、主語なき空論で世をかき回すうえに責任を取らないメディア嫌いの要因でもある。

主語なき言説を真に受けない

「女はみんな」論調

女性向けの雑誌や書籍、テレビ番組、インターネットの言説にて、「女子はみんな〇〇が好き！」「アラサー女子の生態系はこうだ！」とする「女はみんな論調」に遭遇するたびに、具合が悪くなる。みんながみんな「〇〇」なわけがないという事実については、今さら言うまでもない。より個人的な観点として、自分事と他人事を識別しない「一括り感覚」「みんな一緒感覚」の粘着力が、子供の頃より苦手なのだ。

私は、主語を「私は」と明示し、自分事を語る論調を好む。他者の言説も同様に、自分事をしっかりと書くスタイルを好ましく思う。その内容が「結婚相手、恋愛相手、いずれも条件は高収入」

とか「携帯電話の履歴を見せない男が嫌い。絶対浮気している」といった、一寸たりとも共感を覚えない主張であっても、それが個人の意見である以上、他人事として尊重する。

その人が子供の頃にお金で苦労した経験の持ち主ならば、配偶者に裕福さを求めることは極めて自然な流れである。自ら年収一千万を稼ぐ女性が、現状の生活レベルを落としたくないという理由で、同額以上の収入のある男性を恋愛対象とすることも理解できる。浮気性のお父さんを見て男性不信に陥ったり、しかしどうしても女好きの男に惹かれたり、不安が嫉妬心を無駄に煽ったり。各々の主張が、各々の環境や事情に由来する精神性の顕現ならば、「私の価値観とは異なる」という主観を根拠に他者を否定することはできない。

それに対し、「感情と勘定をワンセットにすることはないだろう、生活費くらい自力で稼げ」とか「男の携帯見ても、いいことないぞ。昔、一回だけ盗み見したら、風俗嬢とメールしていやがって、『またお店来てね~。ぱっくん♡』みたいな一文が出てきて虚脱したものだよ」とか、私自身が個人的な感想を抱くこともまた、自由だ。自分の頭がとらえた印象が筆者の真実と等号で結ばれる道理はないし、共感を覚えないこと自体は批判にもならない。

他方、「デートでご飯をおごらない男とセックスしたい女はいない」といった主語使いを見かけると、「そんな女ばかりじゃない」といったつまらぬ指摘に加え、「そんな女、飯と愛と性を混同する愚か者である」とする個人的な感想が噴出する。何より、「私はそんな女です」とはっきり明言せず、自分事を女事の大枠に逃す語り口調に隔靴搔痒の感を覚える。「私はデートでご飯をおごらない男とセックスしない」と表現するならば、なるほど、まあ、そういう人もいるよねと受容するまでだ。超平和である。

真に受ける者たち

女性は共感性を好む動物といわれるが、メディア劇場における「女子はみんな〇〇が好き！」の言説に、「特に好きでもないけれど、『みんな』が好きなら私も乗っかろう」とする自己なき同調も、女性性の為せる業だろうか。男性はどうなのだろう。

巷で「負け犬」や「こじらせ」や「肉食系」といったキーワードがはやれば、「どうしよう、私も負け犬だ」「そうか、私はこじらせ女子だったんだ」「私、肉食系女子だから、がっつくよ〜」と、内容の精査は棚上げした状態で流行言葉を真に受け、便乗する女性が登場する。

そんな自称該当者女性たちを目の当たりにした男性諸君もまた、彼女たちの言い分を真に受け、職場や居酒屋で「負け犬」や「こじらせ」をいじり、「肉食系女子は怖い」と怯え、叩けそうな者にのみ高圧的に接する小物ぶりを披露する。

男女性というよりは、単純に素直な者が、メディアの言説を妄信しているだけなのだろうか。そう考えてはみるものの、私もまた、とびきり素直な人間である。人間を表層的に括る言説を一足飛びには妄信しない。自分の頭で咀嚼した結果、他者の持論が己の思想と異なるようなら無視。それが私の素直な思考である。

今となっては死語である「負け犬」が流行した約十年前、当方は「三十二歳、未婚、子ナシ」。がっつり条件に当てはまったが、だからどうしたとばかりに真顔でスルーした。「負け犬の定義」は、結婚も出産もしたくない私の幸福論とは異なるため、意に介さない。

「ナガコも負け犬」とからかわれても、「え？　なんで？　自己のニーズに自力でこたえる私、負ける気がしないんだけど」やら「未だに、結婚・出産の土俵のみで女全員を括るの、古い」やら「勝ち負けって結局、他者評価をベースに生きている人のみに通用する価値観でしょ？　だったら私、無視してもらって全然大丈夫。だって、私の敵、私だけだから」やらと、ひとりよがりの粋を極める持論を展開。結果、「それこそが負け犬の遠吠え！」と返されたものだ。

そう言われたところで、私は結婚も出産もしない幸福を求めて生きることをやめない。各々、自分の信念に基づいた幸福を選択・追求すればよいだけの話である。

自己のブランクスペース

未だに「どうしよう、もう三十だし、結婚・出産しなければ世の中に負け認定されちゃう」「結婚なんか全然したくないけれども、馬鹿にされたくもないから、しないといけない」「したいのにできない私はモテヒエラルキー最下層」と嘆いたり自嘲したりする女性に遭遇することは多い。「いや、人の言うことなんか真に受けるなよ。自分がやりたいようにやればいいじゃん」と一言申そうものなら、「ナガコさんには女子の気持ちがわからないんですよ！」と泣かれたりする。面倒である。

だいたい主語もなければ、言責も取らないマスメディアの空疎な流言飛語を、真に受けてどうする。しかし、主語も根拠も信憑性もない書籍や雑誌が、マーケティングを重視するメディア商売の結果論として書店の軒先に平積みされている事実は、それが人気と購買数を獲得している証拠である。行列を見かけると、その目的はわからないけれども、とりあえず並んでみようとする日本人の奇特な性癖を鑑みれば、内容よりも、内容はなくとも、認知度や人気、流行といった記号を消費することを重要視する者が多いのかもしれない。

つまるところ、マスメディアが定める女性ターゲットとは、自己意識にブランクスペースがある者ではないかと考える。自分の内部に拠り所がない。よって、外部情報に拠り所を求め、他者との同調に安堵を覚える。

翻って、明確な自己意識の持ち主は、巷やメディアで喧伝される情報を真に受けたり、自分事と他人事を混濁したりすることがほとんどない。有用な情報のみうまく咀嚼し、不要なものは傍観および無視を決め込む。

自己とは、自分の内部にあるもので、外にないことは言うまでもない。その点、後半であらためて言及したい。

「みんなに謝れ」～主客の倒錯が奪うもの

年末恒例、お騒がせ報道

毎年末、テレビはこぞって「今年、世間を騒がせた人物特集」を放映する。その恒例行事を眺める最中に湧く思案について記してみたい。

①言責放棄

「世間を騒がせた人々」のなかには、実刑判決を受けた犯罪者もいれば、世論に鞭打たれた無罪の人も紛れ込む。後者に限り、世間を騒がせている人は本人ではなく、メディアである。大騒ぎを喧伝した当事者の分際で、騒動の責任を対象者に背負わせ、己の責任は放棄する大メディアには、せめてもの誠意より「世間を騒がせて飯を食う我々が、作為的に担ぎ上げ易かった、脇の甘い人々十選」といった、事実に基づいた特集タイトルを率先して掲げていただきたい。

②演出

話題の事象は、犯罪行為か。犯罪と断定できないルール違反の範疇か。事実無根の冤罪か。善悪の定義も罪の真偽も明確化されない情報に対し、相槌要員のタレントが台本の指示に忠実に爆笑する。さらに笑い声を増すサウンドエフェクト、象徴的な言葉を作為的に抽出したテロップが加わり、バラエティ番組独特の賑やかし演出が誇張される。

他人の失態を餌に笑いを釣るバラエティ番組の、どこに、笑える要素があるのか。そもそもそれが失態であるか否かをろくに検証もせず、一足飛びに「いじる」メディアの在り方を、少なくとも私は面白いとは思わない。一笑い起こったところでいじられたほうも救われる双方向性の落とし所がないようならば、ただの「いじめ」である。

また、ある人物の言動を、多くの人々が報道やインターネットで見かけて笑っちゃったことと、その結果を受けたテレビメディアが彼らを「笑い者コンテンツ化」してバラエティ消費を企てることは、別のレイヤーの話である。多くの人々が笑っちゃったお墨付きをいじれば、お茶の間はつられて笑い、視聴率もあがると番組制作サイドが本気で思っているようなら、視聴者をなめるにもほどがある。もっとも、つられて笑ったり、予定調和のいじり芸を街場で真似たり、人の失態を見て「いい気味だ」と溜飲を下げる視聴者ばかりがテレビに齧りついているようならば、双方ともに陰湿としか言い様がない。

「みんなに謝れ」

次がもっとも不可解だ。

③謝罪要請

不正、犯罪、マナー違反自体は、決して許されるものではない。無論、報道による印象操作も許されない。濡れ衣を着せられた者や関係各位は、怒ったり、嘆いたり、あまりにも不毛だと泣いたりしながら、信頼回復や現状改善の対処に立ち向かう。その活動を目の当たりにした大衆は、「言い訳および自己弁護に必死」「こんなに世間を騒がせた分際で、社会復帰しようだなんて図々しい」「世間を騒がせたことを、みんなに謝れ」と断罪する。

罪を償うためには、刑事罰、賠償金、謝罪、反省、更生などの行動が必要となるわけだが、そもそも罪がない場合、謝りようがない。渦中の人物に罪も落ち度もない事実が伝達されていたとしても、「それとこれとは別の話で、世間を騒がせた事実は謝罪するべき」とする論調が当の世間より浮上する。

再三申し上げるが、「世間を騒がせた超本人」とは、メディアである。同時に、そのいい加減な情報操作の喧伝を受けて無駄に騒ぐ世間もまた、騒動の当事者である。よって、「世間を騒がせた者」として、自分自身こそがみんなに、騒動の主体をなすり付けた渦中の人に、謝ったらいかがか。騒動自体が嫌なら、自分が騒がなければいいだけの話である。

つまり、事態は「世間を騒がせたいメディアの情報に対し、ものの見事に世間が騒いだ」、以上。渦中の人物はただの「巻き込まれた被害者」にほかならない。言うなれば、ぼうっと散歩していたせいで轢き逃げされ、重傷を負わされた挙げ句、轢き逃げ犯は無罪放免、「ぼうっと歩いていた」点への謝罪まで要求されているといった状況だろうか。踏んだり蹴ったりである。

主語も主体性も当事者としての自覚もない者が、砂上の楼閣のごとくの空疎な「騒動」を創造する。メディアはそれを利用する。疑惑をかけられた者が、騒動の沈静化を図りたい一心で「世間をお騒がせしてしまい、申し訳ありません」と謝罪するや否や、それとこれとは別の話である疑惑の真偽を、「自ら嘘をついていたことを認めた」と勘違いさせる恣意的なタイトルをもって「謝罪」と報道する。または、とんでもない犯罪者が己の罪を悔い改めるでもなく、被害者に謝罪するつもりもなく、一応謝っている風のパフォーマンスを提供する常套手段として、世間への謝罪は都合良く消費される。

自由と規制

「みんなに謝れ」論調と地続きにあると想像するのは、国民的人気を誇るミュージシャンやタレントの発言に対する私的発言の抑止だ。いわく「国民への影響力を持つ者は『公』を重視し、『私』を語るな」。「公」を盾に、個人の解釈・意見の発表の「自由」を尊重せず、即刻「規制」を訴える方々は、未だ戦前の全体主義の世を生きていらっしゃるのか。それとも敬愛する人物が頭の中で神格化され、一人の人間であることを認められなくなってしまったのか。

それは「個アレルギー反応」だろうか。あるいは「俺は○○の言動に不快感を覚えた。俺に謝れ」とする主張を、そのまま社会に放るとただの言い掛かりとなる自覚があるため、自分事より切り離し、みんな事のクッションの庇護のもと自己正当化を企てようとするあざとい作為か。

自分を語ること、ひいては「個の自由」が、怖いのか。結局のところ、大きな力を持つ者の配下で、足並み揃え、右に倣えと言われるままに命令に従い、自己を放棄して生きることのほうが、己の体一つで大海を自由に泳いでよしとされるよりも、楽だと感じているのではないか。余裕で大海に泳ぎだす者が現れると、右に倣う癖のついている者は、自分も泳がざるを得なくなると考え、不安や不満を覚える。それまで主体性をもって自己を磨いてこなかった者は、「俺は海、嫌いだから浜辺で砂遊びする」とか「私は山に行く」といった、自分なりの正解を模索できない。できる言動は二択。自分に都合の良い環境に従うか、その環境に従わない者を「悪」として断罪し、思いっきり足を引っ張るか。そして、隠れ蓑である「みんな」を利用して主張の主客を倒錯させ、他者の言論および表現の自由を阻害する。

見たい表現があるなら、自分で表現すればいい。それができないから、できる他者に期待をかけると主張したいならば、気に入らないところも含めて黙って応援すればいい。何度でも言うが、自分と他人は別人だからこそ、自分の思うように他人は動かない。

誰もが発言者としての打席に立てるわけではないからといって、その打席に立った者は、自分の意見を代弁するための傀儡ではない。そもそも「表現の自由」には、他者の介入する余白がない。「すべての人が楽しめる表現」も存在しない。だからこそ、個人には表現・言論の自由と権利が認められているのではないのか。

〈回想録～勝手に仕事を作るロマン〉

未来も理想もない子供

子供の頃、私には夢がなかった。

「将来は、何になりたいか」と尋ねられようものなら、「何にもなりたくない。どうして私が何かにならなければならないのか」と真顔で返した。憧れの人物や尊敬する仕事は数あれど、自分も同じ道筋を辿りたいとは思わない。なぜなら、今、現在を生きている私が、すでに世にある職種・道筋の【型】を踏襲する、後攻の順番が気に入らないからだ。

いつ何時も、今、現在を生きている自分にしか用がない。

私は音楽が好きで、クラシックギター、ピアノ、チェロを弾き、自作の曲を弾き語りしたりもした。音楽と対峙する時間はとても楽しかったが、譜面通りに弾くトレーニングをこつこつと行うことが、どうしてもできない。今、聞きたい音を、好きなように放ちたいだけで、アルペジオやショパンを上手に弾けるようになりたいわけではない。ましてやその道のプロになりたいとも思わない。つまり、堪え性も計画性もない、遊びたいだけの怠惰な餓鬼である。

ただただ気分に任せて楽器をじゃんじゃん弾く私に、父は苦言を呈した。

「基礎もできないのにインプロビゼーション（即興演奏）を行いたがる若輩者の演奏とはつまり、ただの騒音だ。気分でアレンジがしたいなら、手足のように楽器を動かせるレベルになるまで基礎を練習してからにしろ。いいか、おまえの演奏は、下手なんだ。下手とはつまり、不快な騒音、迷惑公害だ。聞こえるもの、見えるものは、それを受容したくない者の耳目にも全自動的に届く。せめてもの誠意として、聞こえていい、見えていいレベルまで、アベレージを整えろ。それが渡世の礼儀というものだ」

仰る通り、私は「気分でアレンジ」しかしたくない。それを迷惑と説く父の指摘にも納得する。基礎鍛錬を身体に叩き込めば、いつかの未来、今よりは上手に、自由に、誰に迷惑をかけることもなく演奏を楽しめる日が来る。理屈はわかるが、当方は、いつかの未来には用がない。そう結論付けた日、音楽活動をすっぱりとやめた。

今を豪快に使い捨てる

音楽のみならず、読書好きが高じ、稚拙な創作文をたくさん書いた。欲しい洋服が売っていなければ、イメージを落書きし、古布を引っぱり出して自分でつくった。いずれも、その日、そのとき、やりたいと思ったことに没入する集中力が楽しいだけで、成果物の精度にはまるきり無頓着。つまり、楽器も文章も裁縫も破滅的に下手だった。

一事が万事、このような調子で時間を享楽的に消費し続ける私には、理想の未来像も将来の目的も何もない。友人は「好きなことを仕事にしたい」と将来の展望を語るが、こちらは、今、好きなことと、それ以降の時間軸が直結しない。迷惑公害のプロフェッショナルになるような眠たい夢を見るわけにもいかない。それでは、何を生業として飯を食うつもりなのか。将来のビジョンを思い描いても、豪雪地帯の銀世界のごとく真っ白で、夢も展望もない。

そう書くと、お先真っ暗な絶望感が漂うものの、当の私には不安も焦りもない。目標を定めて生きることこそが地獄の沙汰である私にとって、「いつか死ぬ」以外の予定が一つもない純白のカレンダーだけが、極めて清潔な希望の光だった。

右は思春期の若者が陥りがちな「今を生きる病」の典型例といえる。しかし、一過性の麻疹として一蹴することができないのは、四十歳を超えた今も本質は変わらないからである。

仕事の業態は個人営業、フリーランス。老後のことも明日の保証もまったく考えない。貯蓄もない。恋愛には刹那的な陶酔感のみを求める。明日以降の自分の感情に責任を持てないという理由で、結婚も出産も望まない。

ただただ今を豪快に使い捨てる。それが私のロマンである。ゆえに、行き当たりばったりの我が人生、いざ振り返ってみると、それなりに筋が通っているところがなかなか面白い。

世に「ない」仕事をつくるロマン

仕事のうえでは「映像」という主幹が逞しく根を張っている。

音楽や美術、映画の世界には、その文化を記録する専門ライターや評論家がいる。当事者と客観者、両者の視点が文化を活性化させるわけだが、私が二十代の頃に出会った先駆的な映像シーンにはつくり手しかおらず、つくらずしてシーンを支援する専門家、記録者が一人もいなかった。一人でもいれば、活性化する。いないから、停滞する。つまり、いたほうがいい。

「よし、じゃあ、それ、私がやる」

というわけで「映像ライター」活動を勝手に開始。


多くの映像制作者たちと交流する最中、「制作者同士が気軽に交流したり、お酒を飲んで作品について語り合ったりするサロンみたいな場所がない。あれば、シーンはもっと活性化する」といった意見が数多く寄せられた。確かに、ない。あったほうがいい。

「よし、じゃあ、私がつくる」

というわけで、サロンイベント「スナック永子」を設立。西麻布のスーパーデラックスにて、さまざまな表現者がパフォーマンスを行うと同時に、来場者同士の交流を促進するイベントを八年にわたって開催した（二〇〇五年─二〇一三年）。


音楽の権利上、映像制作者が手塩にかけて制作した作品を、個人および自社のＨＰにて動画掲載できない不遇に見舞われた時代には、そのストレスを解消するべく、日本初、監督別ＭＶストリーミングサイト「Tokyo Video Magazine VIS」を株式会社ライトニングと共に立ち上げ、日本の素晴らしい映像作家たちを世界に紹介した（二〇〇七年─二〇一〇年）。

これらの活動歴は、「映像文化を全方位的に支援する」一点において、終始一貫ブレがない。ブレないように整えたわけではない。その都度、今、自分がやりたいことを片っ端から実行した蓄積の結果論である。

自分勝手全肯定主義者

誰にも、何にもなりたくなかった私にとって、既存の【型】を目指して生きる方法論は後だしジャンケンであり、勝っても負けてもダサいと考えていた。自分の人生の先端には、常に【型】もジャンケンのルールも概念も存在しないような前人未到の荒野がある。そこで私は、ほかの誰でもない私として、私しか芽吹かせることのできない収穫物をせっせと拵える。そう想像する度に興奮し、「踏襲するな！　躊躇もするな！　先攻しろ！」と己を鼓舞したものだ。

生まれつきこのような開拓者気質を携えていた私だからこそ、世にすでに「あるもの」よりも、「ないもの」を生み出すことにロマンを感じる。【型】は破るもの。私らしい【型】をつくる気もさらさらない。振り返ったとき、私の荒野が、私らしく散らかっている。そんな状況に血湧き肉躍る者として、現在の来歴はそこそこ理想にかなったものといえる。

つまり、私とは、自分勝手を全肯定して生きる者。「みんな一緒」ではなく、「みんな異なる」多様化社会を、大手を振って歩く者。誰もが、何にも括られず、違いこそを尊重し合える平和な世の中を、筋金入りの自分勝手たる者、望んでいるのである。

第二章

映画を見る、自分を暴く

「感動」を疑え～『かぐや姫の物語』

映像信号の解体

ＭＶを見ているとき、いつも「私は今、それぞれに異なる『オーディオ信号』と『ビジュアル信号』を、同時に受信しているのだな」と、至極当たり前のことを思う。

秀逸なモーション・グラフィックス作品は、楽曲のグルーヴとビジュアルが絶妙なタイミングで同期する。見て、聞いて、ただただ、気持ちが良い。以上終了。潔い。

歌詞がない場合、言葉の意味が介入しないせいか、感覚的快楽への没入感も高まる。タイポグラフィーが登場したとしても、計算し尽くされたモーションデザインとして視聴覚信号に寄り添うため、無駄に意味を想像させる余白がない。何も考えずに浸れるあたり、万事何事も考え過ぎる自分にとってはありがたい忘我の癒しとなるが、「言葉では如何とも形容しようのない映像表現」をあえて言葉で説明する係としては、可愛さ余って憎さ百倍の心境に陥ることもある。

他方、歌詞があるMVの言葉のスタンスはどうか。

まず、歌詞は、声質、音感、感情を伴った聴覚信号として人間の脳に届く。そのとき、言葉は「音」であり、言語野で咀嚼してようやく意味合いを成す。同時に視覚信号がメッセージの情感を補強する。その際、推したい歌詞を視覚的に強調すればいいというものではない。

たとえば、歌詞にオレンジが登場したとして。映像にもダイレクトにオレンジが登場すると、視聴者の脳内で「音のオレンジ」と「ビジュアルのオレンジ」の両信号が重なる。このとき、「楽曲の言わんとするオレンジ」の一図像がより豊潤なものとなるよう演出するのがディレクターの腕の見せ所である。下手な者がそれをやると、「別々の信号を持ったオレンジが、二個ある。どちらに集中すればよいのか」と視聴者の脳を混乱させることになる。あるいは、文章でいうところの重複表現（ex.頭痛が痛い）同様、無駄に回りくどい。

映画を鑑賞するときも、大雑把に言って、視覚、聴覚、言語の理解、この三チャンネルをパラレルに受信する。すべてのバランスが絶妙に調整されている場合、没入感は高まる。どこかちぐはぐだったり、視聴覚表現のテンポ感がずれていたりすると、妙に気になって集中できなくなる。「いい感じの夕景と切ないメロディー」を背景に、つまらない台詞が登場したときも、そう簡単には感動しないどころか興醒めし、夕陽で泣けない身の上になってしまった己にがっかりしたりもする。また、理屈のうえでは不快感を抱く一方で、感覚表現が素晴らしすぎて感動を覚えるという、アンビバレントな感想を抱く映画にも遭遇する。

その一例として、アニメーション作品『かぐや姫の物語』(スタジオジブリ)を挙げたい。

アニメーションの生命

原作は『竹取物語』、古典である。

輪廻、因果、我執、死生観といった仏教観、月の神聖、神秘、人によってはキリスト教の原罪意識を筆頭とした宗教哲学、フェミニズムの倫理といったさまざまなテーマを見いだせる原作は、自らその正解、教訓、是非を明示しない。ゆえに現在まで謎めいた最古の本として知られる『竹取物語』に対し、高畑勲監督は「姫の犯した罪と罰。」という核心に迫るサブタイトルを配した。

まず、瞠目するのは、精緻かつエモーショナルなアニメーションの表現力である。その活き活きとした鮮度。水彩画の濃淡や手書きの描写力、圧倒的なスピード感。透明感溢れる空気の抜けの重厚さ。登場人物の感情の躍動。ほとんど神業というように相応しい豊かな表現力を前に、アニメーションとはこんなにも自由で、激しく、生々しいものだったかと、目を疑った。音楽はシーンを有り体に説明せず、観客の心に自然と情感を芽生えさせる、呼び水のような役割を果たす。観客の心とスクリーンの距離はどんどん縮み、境界線が崩壊する。気づけば自分事のように泣いている。笑っている。容赦なく感情移入させられる吸引力、その技、熱量、長年にわたって培ってきた精鋭のチームワークの英知に対し、心からの賞賛と敬意を表したい。

同時に、感情を容赦なく巻き込む圧倒的な映像美の魅力こそが、本作最大の罪であると考える。その理由を述べる前に、現象として面白いと感じたポイントを先に記しておきたい。

先述したように、『竹取物語』は、さまざまなテーマ性を見いだせるレンジの広い古典である。本作の感想を述べたコラム、ブログ、ＳＮＳのコメントを多数、拝読したが、各々が日頃より重視している物事の見方・精神性を投影する感想が、多岐にわたって噴出している。

人が生まれてから死ぬまでの間、自分の生き方について思い悩むという状態は、無情を生きる月の住人でもない限り、百％の確率で全人類に当てはまる。観る者全員に思い当たる節がある。しかし「節」は人それぞれ。個人の価値観が、賛否両論入り乱れる言説の中に紛れ込んだ結果、「高畑監督のかぐや姫の謎を解く」はずの各々の考察が、「かぐや姫の物語によって触発された自分暴き」の様相を呈しているところが面白い。

抑圧の物語

しかし、「愛と抑圧の物語」を私は嫌悪する。

竹取の翁が輝く竹から生まれた女児を姫と呼び、溺愛する冒頭から、いらいらする。翁が愛情を根拠に姫を抑圧する物語の顛末を、私はすでに知っている。しかし、透明な翁の目と声を務めた地井武男氏の熱のこもった台詞回しには感激する。ついでに死んだおじいちゃんを思い出して郷愁感を抱く。先に待ち受ける抑圧はひたすら不快。三つの異なる感情が同時に湧く。

下賤な地球に憧れた罰として、当の地球に落とされた姫は念願叶って野山をかけずり回る。後、翁の、本人は愛と信じているからこそややこしい一方的な幸福論の押し付けによって、都の豪邸に移り住み、姫として生きる罰を存分に味わうこととなる。

以降は、拒絶と忍耐、愛と抑圧の応戦だ。天真爛漫な姫は無作法で化粧を嫌い、野山に帰ることを願うが、「姫の幸せのため」という翁の呪いの言葉にねじ伏せられて従わざるを得ない。

呪いを、呪いたらしめるものが愛だ。「子のため」の事象が、明らかに「親のエゴのため」である場合、自分のエゴぐらい自分でどうにかしろ、迷惑だと冷静に考える一方で、親の期待にこたえたい、喜ばせたいという子供なりの愛情も発生する。「嫌だけど親に喜びを与えるために頑張る」という奉仕、忠誠、自己犠牲へと、愛の力点・作用点が入れ替わる。

本作の翁も、「姫のため」に、一点の曇りもない愛情を注ぐつもりで自己犠牲を強いる。この無邪気さ、悪意のなさ、素直さを、私は野蛮ととらえる。

姫も姫だ。葛藤の心中、お察しするが、嫌だ嫌だとは言うものの、「嫌」を打破する現実的解決を実行しない。せっかく地球に来たのに野山で遊べないことが嫌、でも翁の期待にもこたえたい、でも都の暮らしは嫌、嫁ぎたくもない、私のせいでみんな不幸になる、月に帰りたい、ついそう願っちゃったけれども本当は帰りたくないと、終始ぐずぐずし通しの姫に対し、「おまえが本当にしたいことはなんなんだ。ぐずぐずしている暇があるならとっととやれよ」と怒鳴りつけたい衝動に駆られる。

嫌なら、脱獄しろ。月から見れば豪邸も野山も同じ地球、いずれにせよ罰の牢獄だ。どうせ罰からは逃れられない宿命ならば、走りたいように走り続ければいい。

思考の速度

耐える姫への苛立ちが募るなか、血気迫る表情の彼女が十二単を脱ぎ散らかし、闇夜を疾走するシーンで、ふと、涙がこぼれ落ちた。それは姫の想像や願望の類いの幻であると知らされてがっかりしたところで正気を取り戻し、なぜ、泣いたのか、考える。

①抑圧時代にタイムトリップし、かつての涙を今、吸い上げるようにして泣いている

②その鬱屈を、豪速球で解消する爽快感由来の涙

③散々我慢させた後に解放を用意する演出コントロールにまんまと嵌まった悔し涙

④純粋に映像が美しかった。感覚刺激由来の全自動落涙システム

同じ涙でもさまざまな部位を刺激する、さまざまな味わいの涙がある。

月に帰る前に懐かしい野山を訪れた姫が、子供の頃によく遊んだ捨丸と再会し、「捨丸兄ちゃんとここで一緒に暮らせたら幸せだった」といった過去形の台詞を口にしながら抱き合い、空中遊泳するシーンでも、圧倒的な映像美の恍惚に導かれ、落涙した。その後、姫と共に空を飛んでいたはずの捨丸は、一人、野山で起き上がり、妻子と合流する。

再び、違和感をもって正気を取り戻す。

私は間違いなく感動しているが、理屈面ではかんかんに怒っている。姫は都で一度、泥棒一味となった捨丸と会っている。あのとき、二人で逃げて野山に戻ればよかったのに、ぐずぐずしているから悔恨を残すのだ。自業自得だ。姫は月に帰り、捨丸には妻子がいる、これが現実だ。幻想で憂さを晴らすな。欲しいものがあるならば、すべてをかなぐり捨てて、現実で獲得しろ。

と、考えてようやく違和感の正体を見つける。

それは、通常より遅れて立ち現れる「思考の速度」だ。

感情や感覚の反応・反射速度は、思考よりも速い。さらに本作の視聴覚表現は、途轍もないスピード感と吸引力で人間を支配する。その間、思考は停止する。否応なしに飲み込まれる。そんな破壊力を持った本作を、思考を捨て置いたところで、大いに「感」を動かされるままに「感動した」と言ってしまってよいものかと自問自答する。答えは断然、否である。

感動は目つぶしの罠

喜怒哀楽も愛別離苦もままならぬ人間の生を賛美する本作の主題は、「姫に与えられし罰」である。二〇一三年の世に放たれた古典劇を前に、姫の罰と自分のままならない人生を同調させた多くの女が、感動の涙を流した。その現象は、「古典の女の罰の物語」が、時流と共に廃れる価値観ではなく、現代女性にも有効な、普遍的な理であることを示しているのではないか。生命の喜びを非現実と思しき幻想として、現実を苦行として描いた本作の姫の在り方は、昔も、今も、この先も変わらぬ女の葛藤を意味するものではないか。

女は、いつまで罰のうちに喜びを語られ続けるのか。世界各国のフェミニストが古式ゆかしい悪例として参照しそうなこの女牢獄物語が、現代女性の感情に呼応する形で表現されたことに対して、女はもっと「理屈」を根拠に怒っていいのではないか。

しかし、「感覚」の美に丸め込まれ、思考を忘れ、泣かされてしまう。姫が着せられた無情の羽衣ならぬ、感動の羽衣を羽織らされ、誘われるがままに余韻に浸る。ある者は、過去の後悔や郷愁や無念、現行の悩みを相殺する代償としての涙を流し、すっきりしたと錯覚する。そこで満足を覚え、実際の悩みは手つかずのまま、放置させてしまうようなら、本作の感覚表現は罪であり、感動は目つぶしの罠だ。

姫のようにはならない人生を謳歌することが本作の教訓であると、私はとらえる。感動の余韻でぬくぬく思考停止し、代償の涙で鬱憤を発散したところで、根本的な解決は導けない。いつまで経っても古典の罰のうちに喜びを表現されてしまう囚われの身からも解放されない。幻想に感情移入して泣く暇があるならば、現実の問題をクリアする実行動の渦中で泣け。とっとと鼻かんで、自分の足で走りだせ。そして必ず、悔いを残さず、希望を勝ち取ってほしい。

ラストシーンで、無情の羽衣をかけられた姫は遠い宇宙より青い地球を振り返り、一筋の涙を流す。無情のはずがなぜ、泣いたのか。この謎解きに夢中になる方も多いようだが、私による私のための正解は「地球が美しかっただけ」。無心、無情でも、美しい視覚信号は人間の涙腺を刺激する。つまり、ただの人体メカニズム反応であって、意味などない。以上だ。

「愛」を強奪する、愛されたい「自己愛」〜『わたしはロランス』

映画から始まる、思索の旅

映画鑑賞中、何かしらのキーワードが心の琴線に触れるや否や、「何が、自分のどこに反応したのか。どう反応したのか。自分がそうとらえるのはなぜか」と、自分事の思索を盛大に開始する癖が、私にはある。

酷いときには、映画そっちのけで思索に耽る自分勝手な態度を、すべての映画制作者に陳謝したい。同時に、自問自答を許してくれるようなら、感謝したい。鑑賞後も、自分なりの答えを掴むまで、何日も、何カ月も、悶々と考え続けさせてくれる「潜伏型ウィルス」としての威力を持つ映画が、私は好きだ。

昨今見た映画より一例を挙げるとするならば、映画の神に愛されるアンファンテリブル、グザヴィエ・ドラン監督『わたしはロランス』（UPLINK）。

男性として生まれ、女性になりたいロランスが、恋人の女性フレッドにその思いを告白する。フレッドは苦悶しながらも、ロランスが女性になるために協力することを決意する。

以降、十年にわたる二人の愛の軌跡を描いた約三時間の超大作には、人間としての尊厳、自分に嘘をつかずに生きる勇気、恋愛と性別を越える大きな愛情、瑞々しくスケール観のある映像美、何より二十三歳の若さで本作を撮ったドラン監督の才能を称える賞賛の声が、多数、寄せられた。以下、その話題作を拝見する最中に湧いた思索を記してみたい。

愛と自己愛の試練

ロランスは、告白以前と変わりない愛を、フレッドに求める。

フレッドは、恋人であるロランスの人格を尊重し、女装を手伝い、社会に冷たく扱われて落ち込むロランスに寄り添う。しかし、恋愛感情やセクシャリティを越える大いなる愛情は、そう簡単に発動できる代物ではない。フレッドは、ロランスを愛そうとすればするほど戸惑い、泣いたり怒鳴ったり、動揺を隠さない。つまり、ロランスへの愛情がフレッド自身の自己愛を踏みにじる構造となる。

ロランスが自己を肯定して生きる道を選んだことは手放しに尊重したいが、それにまつわる苦悩をフレッドにも背負わせる活動は、果たして愛と呼べるのか。

そんな二人の愛のやりとりを見守る私の頭の中には、新約聖書『コリント人への第一の手紙』第十三章、聖パウロによる愛についての名文が、念仏さながらに繰り返されていた。

「愛は寛容であり、愛は情け深い。また、ねたむことをしない。愛は高ぶらない、誇らない、不作法をしない。自分の利益を求めない、いらだたない、恨みをいだかない。不義を喜ばないで真理を喜ぶ。そして、すべてを忍び、すべてを信じ、すべてを望み、すべてを耐える。

愛はいつまでも絶えることがない」（新約聖書 日本聖書協会より引用）

この愛を、フレッドは目指し、困窮する。ロランスはフレッド=他者に求める。

愛、壮絶！

私が聖パウロの愛の一節を初めて知ったのは、プロテスタントのキリスト教会堂に通っていた小学生の頃だった。牧師がこの一節を朗読したとき、酷い言い分があったものだと、暗澹たる気持ちになった。

寛容さも、情け深さも、大事。以下、言いたいことはよくわかる。できるものなら実行したい。だが、なかなか厳しい。自分は悪くないのに、悪者にされたら苛立つ。人を羨ましくも思う。人に勝るところが自分にあると、誇らしく思う。それを、忍べ、耐えろと、パウロは言う。実際にトライしてみるが、なかなかうまくいかない。つらい。苦しい。

世間や歌謡曲で取り沙汰されている愛は、心温まるイメージで、そこはかとなく良いものとされているが、もしかして、愛とは、本当は、ものすごく残酷なものではないか。

多くの人々が、「常に寛容である、慈悲深くある、耐える」という能動的な意志によって選択した自分の言動ではなく、人様にそれを求める受動的な期待を「愛」と呼んでいることに気づかされたときには混乱を来した。

愛されることは、愛ではない。いかなる攻撃も引き受けて耐え、怒りたいのを我慢して、罪を憎んで人を憎まず。誰も恨まず、恨みたくなる自分の気持ちをなだめ、すべてを信じ、望むが求めない。それが愛であり、簡単には実行できないからこその試練である。

そんな苦悩を伴う愛を人様に求めるということは、「私を許容するために血反吐はけ」と強要しているも同然である。そんなの全然、愛じゃない。好きな人に「私のことを愛して」なんて口が裂けても言えない。「愛されたいだけの人」は全員、相手のことを微塵も愛していない。そもそも愛は、何も求めない。愛はいつも自分と共にあり、惜しみなく与えるものではなかったか。愛とは、自分の手足、心同然の自分そのものであり、外部に存在するものは人の愛である。それを欲しがる心境は、他人の家に土足で入って「このテレビ気に入ったからちょうだい」と言って憚らない強盗と同じではないのか。

「愛されたい」という欲望は、もちろん私にもある。それは、自己愛に起因する願望である。自己愛は情け容赦なく、怒り、ねたみ、耐えず、求める、愛の天敵だから、大いなる愛情を獲得するためには自己愛を滅却する必要がある。

そうかなるほど、これがあの有名な自己犠牲か！

愛、怖い！

自己愛を根拠に愛を強要する人間も怖い！

有島武郎先生が仰る『惜しみなく愛は奪う』とは、まともに愛したことがないから気楽に自己愛を振りかざす愛の強奪犯に、苦悩して育てつつある愛を根こそぎ奪われる状況を差すのではないか。そんな泥棒を寛容に許容してしまえば、愛は絶えないどころか一瞬にして枯渇する。

「枯渇するようなら、それはそもそも、愛ではないのです」。牧師、黙れ！

「より、大きな愛情をもって人に接すると、絶えない愛があなたの内に生まれます」。さらなる試練！　愛、壮絶！

と、このように、愛について考える度に恐ろしくなり、人間をやめたくなった思春期の思案を、本作を前に想起する。

自己愛を諦める愛

ちなみに当方は、教会堂に通っていただけで、クリスチャンではない。むしろ、幼いつるつるの脳に「愛の壮絶」を刷り込もうとしたキリスト教が大嫌いである。

聖書物語のイエス・キリストは、聖書のどこをどう読んでも、ただの善人だ。そんな彼をただの善人として放っておかない奇跡や犠牲といった大掛かりな脚色も気に入らない。「人に見せるために善行を行うな」という彼の言葉を善と見せる聖書の偽善も、己の罪を祈って帳消しにしようとする図々しいシステムも、キリストの愛を根拠に紐解けば、すべて自己愛の権化である。その正当化のために、「人間は罪である」の一言をただの善人に背負わせる。そんな取り巻き集団の茶番に付き合わされているイエスが、気の毒で仕方ない。

もっとも、自己愛は、愛同様に重要で、自分を愛せない者は、人を愛せないし、愛されもしない。自分を粗末に扱うことで人への愛情を示そうとすると、そうしたパフォーマンスが偽善と映り、ますます粗末に扱われたり、自分はここまで譲歩したのに愛されないなんておかしいと逆恨みしてますます嫌われたりと、誰も救われない顛末が待ち受ける。自分を愛しすぎても、人の愛を利用して自尊心を満たす蛮行を理由に、誰にも愛されずに孤立する。

当のロランスは長年にわたって自己愛を蔑ろにしてきた。だから、これからは自己を愛そうとしている。フレッドのことも愛している。そもそもロランスは、正直で、逞しくて、やんちゃなフレッドの強さに触発され、素直に生きることを決意したのではないか。だが、自分が自分を愛するように、自分を愛してほしいと願う一方で、ロランスへの愛に痛めつけられるフレッドの自己愛を顧みない。つまり、自分を愛するようにはフレッドを愛さなかった。

二人はとても正直で、駆け引きも損得勘定も嘘もなく、素直に気持ちをぶつけ合う。フレッドは、すぐ泣くし、怒るし、逃げもする。ロランスの欲張りも、嘘がない分だけ、清々しい。

そんな二人には、サスペンションがない。衝突すると、もれなく傷つく。

お互いを尊敬し合う二人なら、清潔な距離を取り合いながら、相手を愛するのみで求めない、かけがえのない大親友としてのパートナーシップを築けたはずだ。しかし、どうしようもなく惹かれ合う恋愛の吸引力が、適度な距離感をクラッシュさせた結果、二人の愛は破綻した。

暴かれた「無関係」

元より恋愛感情は、愛と自己愛の両者がせめぎ合うエネルギー質を持つ。

大いなる愛を獲得したいなら、惜しみなく奪う種の恋愛感情を捨てる必要もある。愛されたいと願ったとしても、人様の愛は人様のもの。他人事ゆえに、強要はできない。人に許された愛にかかる活動は、能動的に「愛する」以上である。

そうとらえる私は、自分で思うよりもはるかに根深く、パウロの呪いに囚われているかもしれないと、改めて内省する。

恋の衝動を察知するとき、いつも、オートマティカルに「自己愛への警戒」が鎌首をもたげる。マニュアルコントロールで「愛」を発動しなければ、自己愛をもって他者の領域に侵入する強奪犯に成り下がる。要注意だ。しかし、自己愛をまるきり蔑ろにするつもりはない。生きる喜びは実感したい。適宜に妥当な距離間で自他を愛したい。

そこで、実践してきた方法論が、ご縁と時間が合えば恋愛を楽しみ、特定の関係性は求めないという中和策である。恋人同士という約束をしない。立場の保証を必要とするのは、恋愛感情とは異なるベクトルの保護欲求や自尊心に由来する。恋愛にまつわる自己愛は恋愛のみで満たされているわけだから、それ以上の欲求は全部、手放す。

そもそも保証がなければ愛せない損得勘定には、愛がない。保証がなくても、私は愛する。無論、不安にもなるし、淋しいが、愛しているという理由につき、屈しない。愛してくれたらうれしいと望むが、求めない。すがらない。関係性のうちに擁護されたくはない。

このような調子で、黙々と愛してみたところ、気がつけば、愛する人と私は常に「無関係」であるという、透明感溢れる事態に発展しているのである。

『わたしはロランス』の、素直で壮絶な愛のぶつかり合いを鑑賞し、ようやく、考えを改める。

相手を傷つけようとして傷つけるのではなく、損得勘定もなく、正直に自己をぶつけ合った結果、負う傷は、自分の所有する傷ではなく、相手の所有する傷でもなく、二人で培った二人の尊い愛なのではないか。与えたり、奪ったりするうちに、お互いの愛と傷を引き受け合う共有の場所が生成される。

「無関係」は、その場を、信頼と呼ぶのではないか。

ぶつかり合いを放棄する。何も求めないから、何も生まない。

『わたしはロランス』が、愛の思案の分裂、増殖の末に、私にもたらしたものは、互いの心にまさしく潜伏し、増殖する愛の尊い共有を前に、「無には何をかけても無と言わんばかりの愛など、独りよがりの自己愛の産物でしかない」という、あられもない実態の暴露であった。

この途轍もなく恐ろしく、尊い体験こそが、映画とその思索の醍醐味である。

「恋愛」と「約束」は反目する

恋愛の引き算

『わたしはロランス』潜伏後、己の恋愛観の内省が止まらない。

どうして私は好きな男性と特定の関係性を築きたくないと思うに至ったのか。よくよく考えてみれば、パウロの呪い以前に、二つの趣向性がその原因に深く根付いていることに気づく。

一つ目は、恋愛を「脳内ホルモン分泌促進活動」としかとらえていない点である。

音楽を聞いて高揚したり、絵画を見て陶然としたり、美しい感覚刺激を与えられると、快楽物質ドーパミンが大放出する。恐怖や怒り、悲しみによって感情が昂った際にはアドレナリンが放出され、心拍数と血圧が上がる。このように、己の感情が激しく動き、脳が反応し、心身が活性化する種の「毒にも薬にもなる刺激」を、私は恋愛に求めている。

恋愛は生命同様、始まったら必ず終わる。甘美な高揚感と共に感受性を鋭く研磨する一方で、寂しさ、儚さ、苦しみを内包する。どうせ終わるのだから、有終の美に向かって全速力で、感情と脳内ホルモンを燃やし尽くして果てることに意義がある。

右の持論は、そもそも「今という時間を、豪快に使い捨てたい」と考える刹那主義者ならではの価値観である。恋愛も、始まりの時点がガソリン満タンの状態で、あとは燃焼し尽くすのみの「引き算」ととらえる。その際、用があるのは、消耗の速度、熱量、および脳がひりひりするくらいのホルモン大量分泌だ。翻って生活や安定は、明日以降も続く日々の蓄積、つまり「足し算」の概念でできているととらえる。それらが何やらほっこりとした穏やかなエネルギーを携えているとするならば、消耗運動の疲労に対して発生する恋愛の高揚感を、生活感でほっこり食い止めるわけにはいかない。よって人生より除外する。

約束ノイローゼ

二つ目は、「明日の私が何を思うかわからないし、責任も取れないから、今、明日以降の約束はしない」とする、通称『約束ノイローゼ』である。

今、やりたいように生きたいだけの怠惰な私の生活には規則性がない。朝、目が覚めたときに起きる。お腹がすいたと感知してから、ご飯をつくり始める。食べたくなければ、食べない。夜、飲みたいだけお酒を飲み、気がついたら寝ている。

仕事や遊びのスケジュールを詰め込まない。むしろ、その日、起床したときの気分や天気に流されるようにして一日を好きなように過ごし、好きなだけお酒を飲める勝手な日を、週に何日設けられるか、この点にスケジューリングの焦点を絞る。金にも無頓着なので、最低限生きていける額を稼いだら、すぐ休む。よって労働形態はフリーランス以外、あり得ない。

時間の束縛が苦手な私には、毎日定時に出勤して退社し、決められた時間にランチを食べ、明日に備えてお酒を我慢したり、無理に眠ったりすることが、どうしてもできない。いや、不毛だとさえ思うのは、人間は必ず死ぬからで、時間の制限と束縛を背負って生きる運命の大枠には抗えないからこそ、生きている間くらいは自由にさせてくれと願う。

勝手気ままだからこそ、かえって人様との約束事には敏感になる。自分の時間を一人で勝手に消費する分には、誰に文句を言われる筋合いもないが、他者と時間を共有するともなれば、自己都合を押し付けるわけにもいかない。時間とはつまり生命だ。人の命を自分の都合で摩耗させるわけにはいかない。

よって、遅刻はしないよう努める。それが人付き合いのマナーというよりは、ただの時間恐怖症である。遅れてはならない、人様を待たせてはならない、約束を反故にするわけにはいかないという強迫観念に駆られ、とにかく約束を死守しようとする。

俗に「よく遅刻する人は、遅刻されても平気な人」と言われるが、そんな鷹揚とした構えが一切ない当方は、よく遅刻する人にがっかりする。この人は、私の貴重な時間を、命を、なんだと思っているのだろうかと憤慨するのだが、しかし一方でその人は私が遅刻してもまったく意に介さず、笑って許してくれるので大助かりだ。結局のところ、自分を苦しめるのはいつも自分の価値観だ。それをもとに人様をジャッジしようとする自己嫌悪の苦さは筆舌し難い。

清潔な孤独

一事が万事このような調子で、約束に怯えては己の首を絞める性癖が、誰とも交際しない、結婚もしない、子供も産まない、会社に属さないといった単独主義の粋を極める要因となっている。大好きな男性とは、お互いの気が向いたときに会えたらとてもうれしいが、私の精神論、感情、都合に、好きだからこそ巻き込みたくないので関係性を結びたくない。いや、おそらく私は、それを恐れているのだろう。ただの臆病者である。

無論、生涯を共にしたいと思える男性に巡り会えたら、嬉しい。ふと気づけばずっと一人の男性を愛し続けていたという状況をとても美しいと思うが、そんな生涯をまっとうしたわけでもない段階で、先だって生涯を誓う順序が気に入らない。

明日のことなど、明日になってみなければわからない。だからこそ、約束を求めることが人心地だとしても、守れると断言できない約束は、私はしない。

何より、約束できないからこそ、恋愛はとても寂しくて楽しいものだと心得る。どうせ終わるから美しく、儚く、獰猛で、胸をひりひりと痛めつける毒にも、抱擁の安堵を味わう薬にもなる。

また、約束ノイローゼにとって、家族・親戚を巻き込む重大な契約事である結婚は、恐怖以外の何ものでもない。出産は人間の命にかかわる。私は自分が超気分屋でその日暮らしを好み、その自由を阻害されることに過剰なストレスを覚える堕落者であることを、嫌気がさすほど知っている。責任が取れない以上、私は産まない。

男との生活も望まない。生活は、お互いの境界線をだらしなく緩和し、恋愛の鮮やかな高揚感を退色させる。恋愛感情を燃やしきった後、夫婦愛や家族愛、パートナーとしての信頼が新たに構築されたとしても、私は惚れた男と共に跡形もなく消滅したい者。パートナーシップを築いて子孫を繁栄してどうする。

このようにして「恋愛（感情）」と「約束（契約）」が反目し合った結果、「結婚は地獄の沙汰である」いう結論に落ち着く。より軽薄に言い換えるならば、「恋愛が好きすぎて全然結婚したくない」。ほとんどちびっ子である。

こうして書いているうちに、もしかして消滅思考の私の恋愛観というものは、男に「一緒に死んでくれ」と言っていることと同義ではないかと考えるに至る。我ながら怖いうえに酷い観点だが、ゆえに巻き込むわけにいかないと、懸命に「無関係」を貫こうとするのではないか。

最終的には、単独活動を、自ら「清潔な孤独」と呼ぶ始末である。その日、そのとき、反射した感情の揺れを堪能し、泡と消えるひらめきをひたすらに甘受する。恋する人と、再び同じ気持ちで会えるかどうか、わからない。だから、瞬間を慈しみ、永遠に循環しない有限の人生を燃やし切って死のうと思うのだ。

それが、若干のストイシズムと表裏一体化している己のアドレナリン至上主義の正体であると自認するに至る。

産まないセックスで消えたい〜『パリ、ただよう花』

「少子化対策」の錆びた鉈

政府による「少子化対策」のニュースを見聞きする度、人間としての尊厳に刃を突き刺される。そんな気分になるという比喩ではない。実際に容赦なく刺されている。

その刃物は一瞬で命を奪う、鋭く真新しいナイフではなく、長年にわたって物置に放置されたまま錆びて刃の欠けた鉈だ。切り口の鈍さゆえ、致命傷には至らない程度に皮膚をかえって醜くえぐり、いっそ今すぐ殺してくれと懇願したくなるほどの痛みと不細工な傷跡を残す。

少子高齢化は国にとって悩ましい問題だろうが、その一因として挙げられる結婚率・出産率の低下や独身女性の増加は、結婚・出産および社会的役割において女性個人の自由意志を蔑ろにしてきた前時代の反作用だ。家長制度、家族信仰、母性信仰、結婚・出産にまつわる女の幸福論等々は、男性性のエネルギーを持つ国政に金と勢いと信頼があった時代の産物であって、それが失われた今となっては、もはや幻想である。

経済事情はもちろんのこと、子供の頃より「女とは、血縁を結び、子を産み、育むためにのみ生まれくる機能である」と断言するかのごとくの肌馬扱いを男尊女卑と同じ地平で見せつけられた女性の中には、結婚・出産を無条件には受け入れ難い者もいることだろう。かく言う私自身も非婚・非出産を望む。

現在、結婚・出産は、それぞれの事情や意志に拠る『個人の自由』に委ねられる選択肢のひとつに過ぎない。子供を求めない夫婦や、求めたとしても結婚制度には乗らない男女はいくらでもいる。子供を産む・産まないの選択は、個々に幸福を追求し、豊かな人生を願う点において、対等である。その選択の多様化、散らばりを少子化の一因として問題視しているようならば、個の尊厳をなめてもらっては困る。

「個」の幸福に焦点を当てた制度を整えるからこそヨーロッパ諸国では婚外子出産が盛んなわけだが、未だ非嫡出子を差別視しがちな日本の風潮を前提に、婚外子出産は「国」の対策として有効か否かと議論している以上、その論点は国民個々の幸福度を重んじるものとは言い難い。

セックスの感受性

ただの制度や傾向は、しかし、気に入らないだけで私を傷つけることはできない。世など自分の気に入るようには設計されていない。「おまえは女だから結婚して子を産め」と言われた際には、棒読みでお断り申し上げればいいだけの話である。自分らしく生きるために、女の役割を強いる社会と闘うことなら慣れている。上手に勝てたためしはないが、不格好でもいい、私は抗う。ずっとそうして闘ってきた。

痛みをもって苦悶するのは「性愛の感受性」が棚上げされた状態で、消費税やセンター試験撤廃とともに少子化が「対策」として取り沙汰される点である。

出産には当然ながらセックスが必要不可欠だ。それは子を産むための作業であると同時に、ただの肉欲のせめぎ合いでもある。人間個々の精神性や、感受性の影響も反映される。トラウマやコンプレックスに紐づく性癖が暴走した際には、暴力や犯罪に発展することさえある。

性のメカニズムは本来複雑だ。セックスに対して拭いようのない嫌悪感を抱いたり、乱暴なセックスにほの暗い快楽を覚える己を嫌悪したり、女性として得る肉体の快楽と出産して母となる喜びをうまく結び付けることができず、出産・母性を拒絶したりと、個々にさまざまな心理反応が生まれる。

そうした心の機微や感情・感性を度外視して、「おまえの気持ちはどうでもいいから、セックスして、子供を産め」と言われて、まったくためらいなく「はい、そうします」と即答できる女ばかりならば出産率は低下しない。

かく言う私は、性愛に感覚・感性の陶酔感、高揚感のみを求める。一つ屋根の下で夫と子供と仲睦まじく暮らす温かい家庭像を羨ましく思う反面、性愛の情緒が、安定とぬくもりの「家族愛」のうちに軽減される可能性が一％でもあるなら拒絶したいと考える。そんな自分の感受性が、本来子供を産むために備わった己の子宮をえぐる。

セックスで消えたい

愛と欲の快楽は常に多角的かつ不安定な恍惚の情感を生む。肉の摩擦。抱擁の安堵。二つの個体は溶解する。とめどなく高揚する。どこまでも深く引きずり込まれる。生きている実感を得る。互いを傷つけては癒すその多幸感、罪悪感、恥辱。セックス以外では味わえない芳醇な感覚を生き、目眩にも似た多感覚の渦に溺れる。私は空っぽの筒になる。何ものでもないただの女として恍惚に浸る。肉欲はアンビバレントな夢幻の情感に撹拌されながらうねりをあげ、ついに果てたとき、途方もない喪失感と共に、自己が消滅する。つまり死ぬ。死にたいわけではない。切実に生きたいからこそ何度でも死ぬ。生のきらめきの渦に巻き込まれたまま消滅したい。粉々に砕け散っても構わない。

おそらく、私は私であることを忘我したい。愛情の伴わないセックスはただただ虚しく、忘我も没入もできず、自己嫌悪に陥るばかりでつまらない。そんなセックスに意味などない。ただの性欲解消ならば自慰で事足りる。

死ぬほど好きな男とは、その肌に触れただけで全身の神経が痺れ、初めての抱擁であったとしても、探し求めていた自分と対になるピースを見つけてようやく落ち着くような安堵を覚える。私たちは一つになる。密着する性器を起点に男の身体や命に取り込まれたい。取り込んでもいい。はかない夢はかなわない。性器をつなげたくらいでは二人は溶解しない。我々が他者であることを容赦なく知らしめる摩擦の快楽が辛い。性器が満たされる分だけ哀しい。二人が真に融合し、一体化する唯一の方法が新たな生命の出産であるならば、絶望を覚える。新しい命に用はない。私はあなたと溶け合いたいのだ。そして消滅したいのだ。じきにこのセックスは終わる。いつかあなたとの恋愛も終わる。人生も呆気なく終わる。ならば、今、死んでしまいたい。いっそあなたに、殺してほしい。

と、ここまで書いて、手を止める。殺してほしいと書いている。

誰が書いたのか。無論、私だが、思ってもみない願望の現出に驚かされる。

これまでセックスは快楽ゆえにひどく哀しく、醜いから美しいと感じていたが、私の性衝動はどうやらタナトス（死への誘惑）に由来するようだ。

実際のところはまだまだ全然死にたくない。死ぬのは怖い。その恐怖を意識する情念が代償として、何度でも生まれ直すことが可能な小さな死を得たがる心象を呼び覚ますのだろうか。それとも恐怖（アドレナリン）によって快楽（ドーパミン）が増幅される性癖の持ち主なのか。

そうか、なるほど、己の約束過敏や時間の使い方の概念を根拠に考えてみると、私はそもそもちょっとしたタナトフォビア（死恐怖症）なのかもしれない。それが性愛と合致した際に倒錯が起こり、タナトスへと変容するのではないか。

死と大上段に構えずとも、「空っぽの筒」となることを性愛の快楽ととらえる点を鑑みれば、ささやかな自己破壊や自傷願望の手前にある「忘我」が、自分の性の情緒と強く紐づいていることは確かだ。

空っぽのただの筒状態が気持ちよいくらいだから、私はおそらく、自我を持て余している。だから私は、私の遺伝子を継承しない。私として終わらせようとしているのだろう。

そろそろ妊娠が難しくなる年齢ゆえに、急に出産したい願望に駆られたとしても、ひとり気ままに酒を飲む時間が持てなくなることを憂慮する母の元に産まれてくる子供が気の毒だから、やめておく。一生、一人だろう。寂しいが、だからこそ美しい情感をひたすらに愛でて生きていきたい。死ぬほど好きな男と長年連れ添って空気のような存在になるくらいなら、死ぬほど好きな状態で瞬殺されたい性分だから仕方がない。空疎な二人より、熱烈な一人がいい。

底のない筒を持つ女

そう結論付けた矢先、正真正銘の「空っぽの筒」である女性に遭遇した。ロウ・イエ監督の映画『パリ、ただよう花』の主人公、花（ホア）である。

彼女は、恋人を追いかけて北京からパリにやってきた。だが、捨てられ、傷心のまま街を彷徨う道すがら、建設工のマチューと恋に落ち、暴力的なセックスに身を任せる。

ホアは、儚げで、そこはかとなく陰気で、とらえどころがない。セックスには夢中で耽溺する。そんな彼女をマチューは「おれの可愛いあばずれ」と呼ぶ。

二人の恋愛は、愛なのか。セックスの快楽のみの結び付きなのか。どちらともつかない性愛の狭間で二人はどうしようもなく惹かれ合い、寄り添いながら互いを打ちのめす。マチューの言動に何度も傷つき、別れを心に決めたにもかかわらずセックスにのめりこむホアは、喘ぎながら、泣きながら言う。「どうしよう、愛している」と。愛とセックスを完全に乖離させたいと願う葛藤を伴う快楽ほど苦しく甘美なものはない。まさしく、どうしようもなく切ない。

私にはホアが底なしの「空っぽの筒」に見える。彼女には、男性による愛とセックスを受け入れてようやく一個体としての存在を確立するための空洞が備わっている。男たちは、空洞の女を放っておかない。そこに俺を注ぎ込むスペースがある以上、懸命に、惜しみなく俺を注ぎ込む。彼女はそこに、支配的なマチューによる暴力的なセックスを詰め込み、愛と傷で隙間を満たす。無論、満たされない。なぜなら、底がないからだ。

マチューと別れ、北京に戻ったホアは、元恋人からプロポーズを受け、了承する。その直後、別れたマチューのもとを訪れ、再びの激しいセックスの最中に結婚を告げる。呆れたマチューは「本物のあばずれだ」と呟く。肉欲として割り切れない愛情に傷ついた二人だが、マチューの愛の葛藤はようやく消え失せ、ただのセックスだけが無惨に残る。

ホアはどうか。

ただのセックスも、恋愛の不安定な機微も、大いなる愛情も、信頼も、結婚制度も、男性との関係性のなかに生まれる何もかもが、彼女にとっては「底なしの空洞」を通過するだけの代替え可能な物資なのではないかと想像する。例えるならばビールの炭酸のように、味わいと共にちょっとした退屈を相殺する喉ごしの刺激。あるいはパチンコ玉のような重みと密度をもって通過していく質量。満たされるための筒ではなく、通過するものたちの響きに酔うための空洞を持つ女は、常に実体のない浮遊とも喪失ともつかない静寂の気配を身に纏う。

実際にホアはさまざまな人種、男性との間を、波に身を任せるように、ただよう。

私はホアの流浪を、頼りないから美しく、儚いようでいて図々しいものとして感受する。ただよいたいなら、結婚契約も恋人同士の約束もするな。自由気ままな一人として、単独で、ただただ、ただよえ。

愛とセックスの分断

ホアのセックスの情感は、日本人の目にはどう映るのだろうか。

彼女は明らかに日本人に嫌われる種の不貞を犯すあばずれである。日本人の好きな記号を持ち出すと、ヤリマンとなるが、そうカジュアルに茶化していいものか。


日本といえば、世界各国にミステリー案件扱いされている「夫婦間はセックスレス＆お家の外で不倫大国」である。家族となった男女は「身内」ゆえに恋愛感情もセックスもなし。恋愛とセックスを補うのは「他者」。いわく「妻は愛している。彼女には恋している。それぞれの『好き』は別物」「家族とはセックスする気持ちにならない」「結婚生活の中心はあくまでも子供。夫婦間の愛は冷めている」。こうした「セックスと恋愛と結婚と家族愛の分断」が行われているこの国で、男女ともに貞操観念を貫いている者は、どれくらい存在するのか。

もっとも、性欲が淡白なパートナーに業を煮やした者が、浮気や性風俗に走る気持ちは、理解はできる。性欲ごとき無感情のままさくっと処理したい者が、それなりのサービスをさくっと利用することもあるだろう。性愛よりもずっと尊く、大きな安定と信頼をもってお互いを慈しみ合う男女もいれば、お互いの不倫を容認し合う夫婦もいる。事情はそれぞれ異なるので、各々好きなようにすればいいと思う。

最悪なのは、恋愛とセックスと結婚を一人の人間に捧げる貞操観念を持つ者が、いざ結婚してみたら分断の憂き目に遭い、セックスレスや相手の浮気に苦しめられるケースである。「妻は生活のパートナー。性愛の対象とは別」と宣う夫の妻が、「夫は私を子供の母としてしか見ていない。女として見てくれない。しかも最近、私よりも二十歳年下の小娘と浮気している」と泣く状況に遭遇する度、胸を痛める。

同時に、セックスレス・不倫に次ぐ「ロリコン大国、ニッポン」で生きる四十代の中年女性として、性愛対象として選ばれる若年層女性の根強い人気に気圧されたりもする。

また、カジュアルかつ安価に性風俗サービスを利用できる「ファスト風俗大国、ニッポン」の大らかな環境も、分断化および性愛の感受性の欠落を助長させる要因として、一役買っていると考える。性の効率化・経済化が、愛の感性を淘汰する。男女の交流が即物的かつ簡略化されたファストシステムに侵食されていく。風俗店のみならず、性産業は街場の若い女性をも巻き込み、搾取した挙げ句、本人の人間性や感性、将来性をも破壊する。

結論、国会議員になりたい 90

そんな「セックスレス・不倫・ロリコン・ファスト風俗大国、ニッポン」の国政が、「少子化」を問題視した結果、「女性が安心して子供を産み、さらに自立して働ける環境を整えようではないか」「独身女性の婚活を政府で応援したらどうか」と宣っているわけだから、おまえらいい加減にしろと言いたい。この社会をきっちり俯瞰で見てみろ。女を制度の駒扱いする以前に、性愛にまつわる「現代の女性の幸福度」を凝視してみろ。

今、「制度」よりも早急に必要なものは、性愛に対する柔らかい感受性や愛の強度を、一から学び直す、教育および環境整備ではないだろうか。

恋と性欲の直情にのみセックスが結び付き、愛はまた異なるベクトルにあるハートウォーミングな温もりと分断する風潮を今一度省みて、すべてを大いなる愛のもとに統合する情操教育こそを国策として推進するべきなのではないか。心の痛みをも抱擁する芳醇な愛情としてのセックスを、国や教育機関やメディアがきちんと伝達していかなければ、恋人や夫婦間のセックスの意欲は希薄だが性風俗はオープンで盛んという、トルシエもびっくりの日本の性意識はいつまで経っても変わらず、かえって退化する一方なのではないか。

危機感を感じる者として、冗談でもなんでもなく、セックス担当大臣として性愛教育を推進するべく、国会議員になりたいとさえ思い始めた今日この頃だ。

〈ベティ・ペイジの清々しい裸〉

大好きなベティ・ペイジのドキュメンタリー映画『Bettie Page Reveals All』（二〇一三年アメリカ公開）が二〇一五年、日本に上陸。プレミア上映会が行われると聞き、駆けつけた。

ベティ・ペイジといえば、一九五〇年代に活躍した伝説のピンナップガールである。トレードマークは眉上で整えられた前髪。肉感的な肢体にハイセンスなボンデージ衣装や拘束具を纏い、豊かな表現力でポーズを取る。そんな彼女の写真やアートワークを、その名を知らない若い世代の方々も一度は見たことがあるのではないだろうか。

本ドキュメンタリーでは、関係各位のコメントに加え、ベティ・ペイジ本人が自らの人生を振り返る構成となっている。彼女は残念ながら二〇〇八年に他界したが、それ以前に人気絶頂期の一九五七年、突然、消息を絶ち、人前から姿を消した経緯を持つ。後年、再びメディアに現れた際、インタビューには応えたものの、「かつてのファンを失望させたくない」という理由で姿を見せることはなかった。本作も音声のみのご出演となっている。

ヌードモデルとしてキャリアをスタートさせたベティは、大勢のモデルたちとともにカメラクラブ（モデルを撮影したいカメラマンや愛好家を募集し、撮影会を行う）に所属。海辺では、ワンピースのスイムスーツ全盛期だった時代に、稀なビキニ（ほとんど自作！）を着用し、後に天才と謳われる奇跡のポージングの数々を惜しげもなく披露した。

ベティは、「もっとこうしてほしい」と指示する隙をカメラマンに与えない、完璧なポージングを瞬時にとった。それは完璧とされるポージングをつくることが上手なだけではなく、「ポーズを取ることも、写真を撮られることも大好き」と公言する彼女の喜びが満ちあふれた結果、ベストな角度でカメラに映り込む、天才的な引力が導いた自然現象のようなものだった。

太陽の下、四肢を大胆に伸ばし、無邪気な笑顔を爆発させるベティのポーズは独創的で、全身を使って生命を喜んでいるように見える。時にコミカルで、やんちゃな姿も見せてくれる。その表現はとても健康的で、時代の流れを感じさせない「普遍的な美」としての鮮度を維持し続けている。

彼女は本作で子供の頃に父親から性的虐待を受けたこと、施設暮らしを余儀なくされたこと、最初の結婚に失敗したエピソードなど、男性や性に対するトラウマとなり得るエピソードを語っている。しかし、そうした体験が彼女のモデル活動に与える影響は、ほとんどなかったのではないかと想像する。

なぜなら、彼女の表現には「男性に消費されなければ生きていけない女の性の悲哀」または「開き直り」「媚び」といったネガティビティも作為も商売根性も見当たらないからだ。この人は「好きだから」というシンプルな理由のみでカメラの前に立っているのだろうなと、安易に想像してしまうほど、その表情は純粋無垢で、いっそ清々しい。

また、ベティは日常生活において、一糸まとわぬ全裸で過ごす「空気浴」の時間を取り入れていると説明している。失踪後も、「彼女はよく屋上で、全裸で空気浴を行っていた」と、かつての結婚相手が証言している。つまり、ベティは裸の解放感をデフォルトで愛する女性で、解放された彼女の喜びを多くのカメラマンが愛したことになる。非常にヘルシーである。

五〇年代以降は、ボンデージや拘束具に身を包むフェティッシュなスタイルが人気を博す。腰の位置が高く、ウエストは細く、胸もお尻も肉感的な彼女の身体にコルセットはよく似合う。ピンヒールも美脚を強調する。小道具使いや、エロスとユーモアを両立させるポージング表現も話題を呼び、その道のマニア以外の人々をも魅了した。

縄に縛られた苦悶の表情を前に、「普通のモデルはここまでやらない。彼女こそがその道のマニアなのではないか」と噂する声も聞こえたようだが、本人は「ボンデージは仕事だから着たのよ」と一蹴。元恋人も「ベティのセックスはノーマル。床上手だったよ」と証言している。「マニアでもないのに、そこまでやるなんて」と思う者のなかには、次いで「すごいホスピタリティーの持ち主だ」「ボンデージマニア以外にも受け入れられるのは、エンタメスピリットの為せる業だ」と考える人も多いのではないだろうか。実は私もそう思っていたのだが、考えを改めさせられた。

衣装のビキニやランジェリーを手づくりし、美しい肢体をメディアにさらけ出したベティに、人を喜ばせたり、驚かせたり、元気を与えようとするエンタテインメント精神があったことは間違いない。しかし、その活動の根源にあるものは常に「ヌードもモデルも大好きな自分の喜び」であり、そのぶれない主体性の軸こそが多くの表現者や女性に支持される説得力として機能しているのだ。

一九五五年、州議員によるポルノ追放キャンペーンが起こり、ベティは槍玉に挙げられる。屋外でのヌード写真撮影時には公然猥褻の罪で逮捕されるに至る。そのとき、彼女は「私の身体は猥褻ではない」といった台詞を残した。確かに彼女はポルノを売っていない。ベティ・ペイジという肉体と生命の喜びを世に放ったまでだ。

そんな彼女を「ジェンダー解放運動の先駆け」と呼ぶ者もいるようだが、私の想像では、彼女は特にジェンダーの「解放」に努めた意識はないだろう。そんなことより、自分の裸をオープンエアーに、カメラに、メディアに「開放」することが彼女の無上の喜びだったと推測する。

逮捕によって自らの活動を省みた彼女は、「しばらく人前に出たくない」という理由で消息を絶った。自らの罪を思い悩み、キリストに過剰に傾倒し、統合失調症を長年煩った。その苦渋の顛末も、行方も知らされないフォロワーたちは、元より刺激的だった彼女の失踪劇により「偶像化」に拍車をかけた。

彼女に魅入られた多くの表現者が、ピンナップをモチーフとしたグラフィック作品や雑誌等を創作。七〇年代には本格的な再評価の機を迎え、ベティを題材とした音楽、映画、ファッション表現が登場した。肖像権を無断使用した便乗商売を行う不届きものも大勢いた。女性ミュージシャン、モデル、女優、ダンサーのなかにも彼女の信奉者は多く、マドンナもビヨンセも、彼女へのオマージュをMVやスタイリングに取り入れた作品を残している。

本人不在のなか、フォロワーたちによるアイコンの継承によって実存し続けた結果、ベティは一過性のポルノとして消費されることなく、「ポップカルチャーのカルト的アイコン」としての不動の地位を築き上げた。

なぜ、彼女は多くの人々を魅了し続けるのか。それは、自分のピンナップを消費する誰かのために、運動のために、自己を犠牲にして闘う気負いも媚びもないからではないかと考える。常に自分の喜びに忠実だった素直さ、純真さ、ただそれだけが、ベティをボンデージやポルノの枠に埋没させず、総じてポップなアイコンへと昇華させたのだ。

セックス産業、グラビアの舞台で安易に女性が経済消費されてしまう風潮が、今も昔もあるとして。しかし裸とは、人間にとって、ただの生まれたままの姿である。山間の露天風呂にて、仁王立ちで下界を見下ろすとき。途轍もない解放感とともに、矢でもドローンでもかかってこいと思わず絶叫する、無敵トランスに陥るのは私に限ったことではないだろう。

裸は、人間のプリミティブな状態であり、社会のルールとして敢えて着た衣服を脱ぐ行為が商品として消費される筋道を、改めて「ややこしい」と思うに至るのだった。

第三章

性と身体、その表現

性商売が隠匿されない街

故郷は人種の坩堝

人間は、異なる。互いの違いを尊重しなければ「共生」は成立し得ない。
性は、命だ。ゆえに性愛を蔑ろにするべきではない。
そんな私の価値観を育てたのは、故郷である新宿区大久保の文化だ。

実家は百人町一丁目、ＪＲ総武線の大久保駅から徒歩三十秒の立地にあった。幼稚園は大久保通り沿いに、小学校は戸山方向に向かって新大久保駅を越えた先にあるロッテの工場の裏手にあった。十四歳で東京都下の郊外に引っ越しするまで、毎日のように大久保通りを往復した。

街は、活気に満ち溢れていた。おつかいに出かけると、よく行くパン屋さんや精肉店のご主人が「ナガちゃん、いらっしゃい！」と歓迎してくれた。中国人、台湾人、朝鮮人の経営するお店もたくさんあった。そのほか、さまざまな国籍の人々が大久保の地で共生していた。ヤクザの抗争や白昼の発砲事件も時折起こった。反中、反朝の右翼の街宣もやかましく、街の喧噪に一味違ったざわめきを提供した。だが、ヤクザも右翼もチンピラも、女子供や老人には優しかった。一番注意しなければならない存在として知られていた麻薬中毒患者が子供に危害を与えそうになった際には、怖いヤクザのおじさんがどこからともなく飛んできて、「ガキは離れてろ！」と怒鳴りながら異常者を容赦なくぼこぼこにした。

路地裏を歩けば、売春婦が立っている。友達の家の文房具店の隣にノーパン喫茶があり、その隣にはファストフード店と連れ込み旅館と交番とソープランド（かつてはトルコ風呂）と神社が建ち並ぶ。

ともかく雑多な街だった。そこには、人間の生きるむき出しのエネルギーが渦巻いていた。国籍も、商売も、生活も、暴力も、性風俗も、イデオロギーも、多種多様にもほどがある包容力で何もかもを飲み込む坩堝を前に、幼い私は自らを「この喧噪のアジアの共同体の一員」と認識していた。

子供の言い分

そうした環境の面目躍如か。小学校低学年くらいの頃には、水商売と性商売の違い、加えて性行為にまつわるさまざまな用語とその意味を知っていた。街角に立っている「たちんぼ」と呼ばれる女性は売春婦であり、それが一般的には差別用語であること、その人がセックスを売って金を稼いでいること、セックスはしないが性欲処理を行う性風俗店があること、売春は本来犯罪だが、なぜか地元では堂々行われている状況をはっきりと理解していた。

性への好奇心が早熟だったわけではない。普通に生きているだけでいつの間にか事実を学んだ。家業の実態を知って衝撃を受ける子供もいれば、いじめられる子供もいる。「おまえの母ちゃん売春婦」という悪口を連呼する者もいる。学校の先生はもちろん怒るが、その根拠は差別と侮蔑の二点であり、「売春婦という単語を口にしたこと」ではない。当の売春婦がそこかしこにいる環境では、誰かの母ちゃんが売春婦である事実も当然ながらあり得る。

子供の私は、その悪口を窘める大人の言い分を、精肉店も文房具店も会社員も性風俗店も、大久保の地で営まれる商売はみな対等であり、商売にも人種にも貴賤はないとするメッセージとして解釈した。

とは言え、街頭に立つ売春婦はやつれていて、派手な衣服も薄汚れていた。顔色も悪く、生気を欠いていた。精肉店や文房具店のおかみさんのように、好きで溌剌と商売を営んでいるようには見えない。生活のために、子供のために、祖国や地方に住む親兄弟のために、やむなく性を売って金を稼いでいる女性がいる事情を知るや否や、ほかに売り物はないのか、働く手段はないのか、私は大人になったら何を売るのかと、あれこれ考え事を巡らせた。

そもそも性欲は食欲、睡眠欲に続く人間の三大欲求のひとつであると聞く。つまり食におけるレストラン、食材店。睡眠における寝具店、旅館。性については売春および性商売。それぞれは、人間の快楽を満たす商売として、対等ではないのか。料理も布団も女房も、家庭なりの良さがある。外食、外泊、外セックスにもそれなりの良さがあるとするならば、どうして売春婦に限って侮蔑されるのか。彼女たちが全然気持ちよさそうではないのはなぜか。

男が金を払い、女がサービスを行うセックス商売は、男女の快楽を満たすものではなく、「男」のためのものなのか。女の性器はそのための道具なのか。本分は出産のための機能らしいが、男と女がセックスをして子供が生まれると、知人も他人もこぞって祝福するくせに、一度商売に落とし込まれると、ほの暗い印象と共に侮蔑、差別が生成されるのはなぜか。犯罪だからだろうか。ならば、取り締まればいい。嫌々売春するよりほかに生活する術がないようならば、労働の選択肢を、行政は増やせないものか。ただの自堕落なら、がんばって更生してほしい。

自分の生きる選択としてそこに立つと決めた女性にしてみれば、世の中の道理も逆風も知らない十歳くらいの子供が何を思おうが大きなお世話である。「ガキは黙っていろ」と叱られるに決まっているものの、当の本人が生気を欠いた表情で呆然と街角に立ち尽くす様子を眺めていると、なぜかこちらの心まで潰されそうになった。

売春婦の味方を気取る処女

頭でっかちな子供ならではの思索は続く。

産むセックスは祝福で、売るセックスは背徳なのか。金銭取引のあるなしが女のセックスの幸と不幸の命運を分けるのか。ならば日本人の子供を産んだはいいが当の男に捨てられ、一人子供を抱え、青い顔をして街角に立つ異国の女性のセックスは、幸か不幸か。男は一体、何をやっているのか。産ませて捨てるな。そこに彼女を立たせるな。買いたい放題買ってすっきりしている分際で、侮蔑するな。お世話になっておりますと頭を下げて敬意を示せ。自分の欲望を満たしてくれた売春婦を、お気に入りの食堂のおばちゃんのように、布団を干しておいてくれた女房のように、丁寧に扱え。

その女房だが、結婚契約の一部には性と金銭の取引が含まれているのではないか。つまり、一人の男性との専売契約を交わした者が女房、複数の男性と取引する小売り業者が売春婦であるならば、いずれも変わらず、女性は男性の支配によって食い扶持を稼ぐ生物なのか。女性を売春婦にさせない契約が結婚なのか、あるいは愛なのか。たとえ犯罪であっても、侮蔑されても、自活するために街角に立ち続ける売春婦の方が、性と金に愛のバイアスをかけてごまかさない分だけ、きれいではないだろうか。ならば、愛は、セックスは、とても哀しい。

この時点の幼い私の思考には、セックスを起点とした出産・結婚と商売の対比ばかりが先立ち、肝心の男女の恋愛、性愛、家族愛を思うファクターが抜け落ちている。どうやら実情を知りもしない分際で「セックスは、哀しい」と捉えた己の感想が、強烈なインパクトをもって胸中を鷲づかみにしてしまったようだ。

転じて「セックスから生まれる人間って哀しい。女って哀しい」とまで思い詰め、大真面目に絶望する。そんな頭でっかちな処女など、当の売春婦にも多くの女性たちにも「とりあえず、セックスしてみてから考えようか」と諭されること請け合いだが、当時の私は、人間を産む性、肉欲としての性、性の売買を、「一言では括れないセックス」として考える度に悲哀ばかりに焦点が当たってしまい、泣けて泣けてしかたがなかった。

気づけば、「私だけは売春婦の味方だ」とする謎の決意を固めていた。売春と性風俗と水商売の違いを重々理解しているのに、出で立ちがド派手、ただそれだけの理由でパン屋さんのおかみさんを「売春婦」とからかう同級生男子には、「おかみさんに謝れ。売春婦にも謝れ。女全員に謝れ」と真顔で迫った。

ナンバーワンの「とんちゃん」

性には悲哀のみならず、ぬくもりがあることを教えてくれたのが、近所のトルコ風呂に勤める「とんちゃん」だった。

ある日、その店にドラマの撮影で長渕剛がやってきた。友人と共に駆けつけ、サインを貰おうとしたのだが、子供は正面から入れない。どうしようかと右往左往しているとき、私たちを裏口に誘導してくれた女性が、トルコ嬢の「とんちゃん」である。

彼女は小柄な相撲取り程度の肉感を備えていた。胸のうえで「とんちゃん」と書かれたネームプレートがたわむ。迫力の風体とニックネームに凄まじい説得力を感じた。また、とんちゃんは超主観的な視覚センスより申し上げれば、ブスだった。

当時、不思議だったのは、女性の華やかさを売るホステスのお姉さんたちはみな美人で、きれいに着飾っていたが、セックスを売るお姉さんたちは、そうでもなかったことだ。現在は風俗嬢もAV女優も、モデルやタレントなみの美女だらけだが、当時、当地では水商売の女と性商売の女の間に線引きがある気がしてならなかった。

とんちゃんは、性風俗のお姉さんともまた異なる、地味な容姿だった。そこにたまたま通りかかった黒服のおじさんが「とんちゃん、さすがうちのナンバーワン、子供たちにも大人気！」と言ったところで、とんちゃんが掃除のおばさんではなく、この店に勤める女性従業員であり、さらにナンバーワンであることを知る。

私はとんちゃんに向かって恐れを知らない直球を投じた。

「ここは太っている女の人が好きな男の人が来る店なの？」

彼女は大きなお腹を豪快に揺すって「そうかもね」と戯けて笑っていたが、黒服のおじさんは

「いや、いろいろなおじちゃんが来るよ。みんな、とんちゃんのことが大好きなんだよ」と説明する。おじさんは私の手を取り、「とんちゃんのお腹、触ってごらん」と言って、その大きなお腹に当てた。触れた手のひらが急に暖かくなる。熱と共に彼女のお腹と私の手の境界線が溶けてなくなっていく。埋没とも溶解ともつかないその錯覚に多幸感を覚える。

「暖かいでしょ」と言うとんちゃんの笑顔を見上げると、どうしたことか、満月のようなまんまるの優しい笑顔が、着飾ったホステスのお姉さんたちの数倍美しく見える。どこか崇高な佇まいのようにも思えて、後光さえ差していると錯覚する。ブスでデブなおばちゃん扱いだったとんちゃんは「触れ合い」を介した途端、菩薩の風格を漂わせる。

「気持ちいいだろ。とんちゃんに触ると、おじちゃんたちはみんな癒されて、元気になるんだよ」というおじさんの説明を聞いて思わず首を何度も縦に振る。

性は、哀しいばかりではない。ぬくもりがある。

新解釈に感動した私は、調子に乗り、またしても率直に尋ねる。

「とんちゃんは、知らないおじさんとセックスするの嫌じゃないの？　悲しくないの？」

彼女は「嫌じゃないよ。おばちゃんに触って、気持ちよくなってくれるおじちゃんがいっぱいいるの、とってもうれしいんだ。だから一生懸命おもてなしするんだよ。ちなみに、時々セックスするの、みんなには内緒だよ。捕まっちゃうから」と言って悪戯っ子のように微笑んだ。

カルチャーショックと言おうか、エモーショナルショックと言うべきか。ともかく衝撃を受けた。性商売は悲哀の産物であると思い込んでいたが、とんちゃんには陰鬱な雰囲気も不健全な影もない。いや、おそらくとんちゃんも悲哀を抱えている。そうした暗部を取り込んでようやく形成された結果としての「円」の丸みを持つとんちゃんに、癒しの凄みを見いだした。

性と生活は分断できない

風俗嬢、店員、子供のやりとりは、教育上あってはならない不適切なやり取りではないかと指摘する方も、当然ながらいらっしゃると思う。

しかし、私は、敢えて断言したい。良かったのだと。

水商売、性風俗、売春、それぞれに赴く女たちを、この目で見て、交流した自分事の経験をもとに、セックスは、人と時と場合によっては哀しみであり、喜びであり、ぬくもりであり、生活であり、商売であり、犯罪であり、苦痛であり、快楽であり、恋愛であり、出産のための活動でもあることを学び、答えは一つではないという正解を得たことが、何より良かった。

無論、売春犯罪、女性蔑視の歴史的背景、確かに存在する悲哀、セックスワークの搾取等の問題点を鑑みれば、個人的な思い出話のうちに、それもとびきり幼稚な感性をもって語って良しとされる議題ではない。

私が子供の頃は、性商売に赴く女はいわゆる「プロ」が多かったが、現在、貧困にあえぐ母親が生活と育児のために性風俗店で働き、若年層の女性がカジュアルに性を売ってお小遣いを稼ぐケースもあると聞く。行政には即座に改善策を実行してほしいが、同時に、性職を、愛と誇りをもって天職ととらえる女性たちに限っては、その意志を、私は尊重したい。

歓楽街に子供を近づかせるな。文教地区に性風俗店を誘致するな。子供に悪影響を及ぼす性情報のすべてを規制しろと主張する保護者の方々も大勢いらっしゃる。ご自身が子供の頃、そうした性の風景とは無縁の環境で暮らしていたようなら、確かにそう考えるだろう。

しかし、臭いものに蓋をしたところで、そこにあるのは臭いものと蓋だ。臭いものはなくならない。隠されたせいでかえって「見えないのに在る」という異様な存在感を強調した結果、中身を見たことのない者がその内容を知らぬまま、「中身は異様に臭いもの」と認識する。

そもそもセックスは、人間を産む尊い行為である。愛であり、生活である。欲望ゆえに、罪にも暴力にもなる。その明暗、濃淡のグラデーションを街場で知った者としては、実状を晒したほうが、性に対する感受性のレンジが広く育つと考える。
罪の臭気を理由に偉大なる愛にまで蓋をするから、いつまで経っても女子供を対象とした性犯罪がなくならないのではないか。今こそ蓋を開け、セックスの何が愛で、何が罪か、どうすれば愛として、生活としてセックスを慈しむことができるのか、欲望の情操教育を大々的に行うプログラムを小中学校の授業で展開してみたらどうか。

性商売も、人種差別も、私たちは子供の頃からオープンにもほどがある丸出しの現実として目の当たりにしてきた。人々の共生や触れ合いのなかで、実感をもって心で感じ、自分の頭で考え、個々の価値観を研磨した。そんな自分の経験を根拠に申し上げれば、実状をオープンに知らしめる環境こそが、人間個々の思考・感覚を豊かに鍛え、理性の土壌に「性犯罪の問題意識」を植え付ける効果を育むのではないだろうかと、考える。

以上、大人になった今、自分の売り物は「文章である」と意志をもって選択した者として、ここに意見を記す。最後に、女子供の人権を蔑ろにする性犯罪が根絶され、世界からセックスにまつわる不幸と暴力が消滅することを切望する。

私の身体に、私の許可なく触るな

郊外の白昼夢

十四歳の頃、我が家は喧噪地帯より、東京都下の閑静な住宅街に引っ越した。近隣には大型スーパーが一つあるのみで、商店街も性風俗店もない。街に活力がない。国道沿いにはいわゆるファスト風土を象徴するファミリーレストランやコンビニエンスストアが点在する。ぱっと見渡した視野に複数名の人影が見えても、広い道路を走行する車やバスの中に人間の存在を確認しても、その群像に人の気配を感じない。確かに人がいるのに、いないと感じる状況を「白昼夢みたい」と傍観しては、故郷のネオンを恋しく思った。

新居の周囲は夕方五時以降、人通りが途絶え、夜間ともなれば人っ子一人通らない。いや、実際には一人、二人くらいは歩いているのだろうが、広くて暗い道に片手で数えられる程度の人数しか存在しない過疎感が、誰もいない「無」を印象づける。寂しいというよりは、ただただ怖い。「夜道の一人歩きが怖い」と考えたことなど生まれてから一度もなかったから、まさしく生まれて初めての恐怖に戦きながら帰路を辿る。「痴漢に遭ったら嫌だなあ」と怯えていると、本当にやつらは来た。

以下、「実録 私と痴漢の格闘史」をお届けするにあたり、現在、性暴力の深刻な被害によるＰＴＳＤに悩まされている方々には、安易に「読んでね」とお薦めできない内容であることを前もってお伝えしておく。また、度々被害に遭遇した後、最終的にぶち切れた私の対応は「正解」ではなく、かえって犯人を逆上させる可能性の高い危険な方法論である。絶対に真似しないでいただきたい。あくまでも私的な回想録として、事実と感情をここに記す。

総武線の痴漢

初めて痴漢に遭ったのは小学生の頃、場所はＪＲ総武線の車内である。お尻や胸を触られ、あまりの恐怖と恥辱により身体が硬直し、棒立ちを余儀なくされた。

どうして見知らぬおっさんの性的欲求を、たまたま電車で隣に居合わせた小学生の私が満たさなければならないのか。性の欲求を満たしたいなら、きちんとお金を払ってプロに身を任せればよいではないか。私は大久保にある素敵なトルコ風呂を知っている。その店のナンバーワンのとんちゃんを、給料日に訪ねるといい。

小学生の私でもわかる道理を、このいい歳をしたおっさんはなぜ、わからないのか。嫌がるアマチュア小学生の胸や尻をただで弄ぶ目的が、性欲解消、弱者いじめのストレス発散、嫌がらせの興奮、出来心、貧乏、いずれであっても全部であっても、醜悪すぎる。

鉄道会社も周囲の人々もどうかしている。街中であれば、転んで膝を擦りむいただけでも、手を差し伸べてくれる人が必ずいたが、車内では、完全にスカートがめくれ上がり、毛糸のパンツの中に手が入っているというのに、誰も助けてはくれない。

大きな声で「この人、痴漢です」と言いたいが、勇気が出ない。身体の位置を変えたり、停車する度に車両を変えたりして、逃げるより術がない。

親にも言えない。「痴漢に遭った」ということは、「あなたたちの小学生の娘は性的な子供だ」と子供自ら宣告することになる。その頃、早熟だった私はすでに初潮を迎えていた。要するに、セックスをすると妊娠する身体である。なかなか気まずい。言うに言えない。それは無論、失策である。以降、何度も電車内で痴漢に遭った事実を思えば、犯罪行為なのだからしっかりと親や大人に報告し、然るべき対策を練る必要があった。

路上にて

中学は電車通学だったが、車内で痴漢被害に遭うことはなくなった。というのも、小学生の頃の我慢が大爆発した結果、「醜い痴漢ども、私に気安く触るな」と書いたプラカードを掲げるかのごとくの殺気を放ちながら、車中に居合わせた男性全員を睨みつける、攻撃的防御の姿勢を維持していたからである。やつらは弱さにつけ込む。被害に遭いたくなければ、なめられない強い態度で接するしかない。

私の作戦は、無防備な者を狙う電車内の痴漢撃退には有効だったが、人っ子一人通らない閑散とした路上においては無効だった。そこには、つい出来心で女児のお尻を触ってしまう痴漢とは異なる、性犯罪者が潜んでいた。彼らは「女性に性的暴行を加える」という目的で、周到な準備と共に犯行に及ぶ。

引っ越し後間もなく、目深にキャップをかぶり、大きなマスクを付けた男に襲われた。やつはいきなり家の近所の暗がりから、おちんちん丸出しで飛び出し、私の胸を揉むというよりは握りつぶすような勢いで掴み、おちんちんを指差して「触れ」と言った。頭がまったく働かない状態だったが、私は反射的に「触らねえよクソ野郎！」と怒鳴った。彼は走って逃げた。

お尻まるだしで疾走する男を眺めながら、「ものすごい白昼夢感」とぼんやり考えながら立ち尽くしているうちに、遅れて恐怖がやってきた。次に、女子中学生に怒鳴られて逃げる露出狂に獲物扱いされた悔しさが募る。急いで帰宅するなり警察に通報し、激怒しながら事情を説明すると、「大事には至らなかったから良かったが、今後、痴漢に遭ったら、挑発的なことは言わないように。相手を下手に刺激すると、大事に至る」と忠告された。仰る通りではあるのだが、「そうならないように、おまえらがきちんと取り締まれ」と、心の中で唾を吐いた。

以降、防犯ブザーを持ち歩き、夜道は極力走るよう心がけた。しかし当方は五十メートル走で優に十秒かかる運動音痴であり、体力も壊滅的にない。自転車を導入し、登りきれない急勾配のみ手押しで進むと、後ろから余裕で自転車をこいで坂をあがる男に追い抜かれる。キャップを目深にかぶり、マスクをしている。男は急にきびすを返し、私のほうに向かってくる。来たなと思い、防犯ブザーを取り出すが、間に合わない。自転車ごと体当たりされ、防犯ブザーは手の届かない場所へ飛んだ。

しばらくの格闘の後、奇跡的に通りすがりの車のヘッドライトが見えた。照明に当てられた男は慌てて自転車に乗って逃げた。私の制服は破れ、足は擦り傷だらけだった。当時は携帯電話がなかったので、その場から警察や家に電話することもできない。公衆電話も見当たらない。ハンドルの曲がった自転車と共にしばらく路上に寝そべり続けた。

本件についても通報し、駆けつけた警察官に事情を伝えると「前回の痴漢と同一犯の可能性もあるから、夜は出歩かないように」と言われるが、納得できない。当方は普通に学校から帰宅しただけだ。それだけで何度も被害に遭うなら、通学どころか、家から一歩も出られない。このときばかりは「どうして被害者が行動を制限させられなければならないのか。加害者をとっとと捕まえろ。それが警察の仕事じゃないのか」と苦情を述べた。やつらは笑って「頑張ります」と言った。その日、下手なギターで「無能警察」というタイトルの曲を作った。

婦女暴行犯に告ぐ

それからしばらくは、父に車で送り迎えをしてもらったため、被害はなかった。父が車を出せないときは、学生の分際ながらタクシーを使った。

ある夏の日、ハイヒールにミニのワンピース一枚という軽装でコンビニに行った。犯せと言わんばかりの出で立ちだが、家とコンビニを往復するだけだし、今ならそんな格好で歩いても大丈夫だろうとたかを括っていた。なぜなら、真昼だったからだ。

道で、フルフェイスのヘルメットをかぶったバイクライダーに駅への道を聞かれた。嫌な予感がするものの、今はお昼だし、犬の散歩をする老人や買い物に出かける主婦等、人通りはわずかながらにもある。大丈夫だと己に言い聞かせながら駅の方向を指差し、買い物を済ませ、小走りに家を目指す。周囲を見渡す。誰もいない。そこに、背後より迫りくるバイクのエンジン音が聞こえてきた。

まずいと思った瞬間、バイクに行く手を阻まれ、鬱蒼とした森に引きずり込まれた。路上であれば人や車が通る可能性がある。この森の中に連れ込まれたら、完全に人目には触れない。声を出すしかない。だが、口を塞がれる。鞄の中の防犯ブザーを取り出す余裕もない。ものすごい握力で森の奥へと引きずられる。抵抗すると、男はフルフェイスのまま頭突きしてくる。軽い脳しんとうを味わいながら、おそらく自分は鼻血を出しているのだろうと察する鉄分の臭いを己の鼻腔より嗅ぐ。レイプどころの騒ぎじゃない、このままでは殺される。必死に抵抗するうちに、偶然、男の腕時計を私のこの手が引きちぎる。

そのとき、これまで味わった痴漢や性暴行への怒り、悔しさ、大久保で見た性の悲哀とぬくもり等、「女と性」にまつわる思案・感情の蓄積が、引きちぎった腕時計を握りしめる手に集結した。私は時計を高く掲げ、婦女暴行犯相手に演説をぶちまけた。

「おいクソ野郎！　おまえのこの時計、おまえが犯人だっていう証拠だからな。この安物の腕時計、どうせ量産品だろうから購買者を割り出すのに時間がかかるかもしれないが、待ってろ、必ず探し出す！　警察に指紋を取ってもらって役所とかコンビニとかファミレスとかで指紋照合しまくって、必ずおまえがどこのどいつか割り出す！　警察のクソ野郎どもは、おまえみたいな卑劣漢をのさばらせ続けるあたりが猛烈に無能で愚鈍だから、私は自力で、絶対におまえを探し出し、出刃包丁でめった刺しにしてやるからその小汚い性根と腐ったちんぽこ抱えてお布団かぶってガタガタ震えて待ってろ！

やりたいんだろうが！　じゃあやれよ！　わざわざフルフェイスのヘルメットをかぶって女を犯そうとする、おまえみたいな腐れちんぽこ野郎にそもそも用もなければ相手をして差し上げる義理もない！　ただの通行人の私に頭突きまで食らわして、ほら、ここに、この誰も来ない森の中に無理矢理引きずり込んだのだから、とっととやれ！　もちろん用意周到に顔を隠して女子供に暴行を働く腐れフルフェイスレイパーなんかにそう簡単にやられるものか！　舌噛んで死んでやる！　おまえよかったな、死姦できるぞ！　おまえごとき卑劣で愚鈍で醜悪な婦女暴行犯には、死体損壊罪で死刑がお似合いだ！

嘘だ馬鹿野郎！　おまえごときのせいで私が己の尊い舌噛むわけねえだろ！　死ぬのはおまえだ！　死ね！　今すぐてめえの舌噛んで死ねよ！　てめえの汚ねえ面なんか見たくもねえし、もげた舌見るのもグロいから、きっとおまえのフルフェイスはそれを私に見せないために神様がくれたプレゼントだな！　ナイス、神！　ほら、死ねよ！　死なないならとっとと犯せ！　ダイ、オア、レイプ！　好きなほうを選べ！　あるいは今すぐ貯金はたいてプロのいる店に行け！　いや行くな！心優しいプロが汚れる！　やっぱりおまえ死ね！

言っておくが、おまえごときに犯されたくらいでは、私の命は汚れない。絶対に屈服しない。おまえのような男が地球に存在していることを私は絶対に許さない。誰も助けてくれなくても、たった一人でも、おまえを必ず殺しに行く。地獄へ落ちろ。いや、地獄を待つな。てめえから地獄に出頭しろ。

私の身体に、私の許可なく触るな。触っていいとでも思っているなら大間違いだ！　女をなんだと思ってんだ！　おまえみたいな匿名希望のフルフェイスレイパーに安くやられていい女なんか地球上にいねえんだよ！　女をなめるな！　私をなめるな！　私はおまえに犯されるための性器じゃない。女はただの性器じゃない。おまえみたいな下衆野郎にはわからないだろうが、女には、私には、誇りも意地もある。私を誰だと思ってる！　林永子だ馬鹿野郎！　逃げも隠れもしない！　どっからでもかかって来い！」

たった一人の聴衆であるフルフェイス腐れおちんちんレイパーは、私の演説を棒立ちで聞いた後、おちんちんのほうの棒がすっかり萎えたのか、こちらが一呼吸おいたところであっさり逃げ出した。今度は私が棒立ちのまま、しばらく森の中に佇んだ。日が暮れかかる頃、ようやく、「そうだ、帰ろう」と思い立ち、森を抜けた。鼻血はとっくに乾いていた。

女は愛の源である

不特定多数の女性を狙う婦女暴行犯には、標的が「誰か」ではないほうが好都合だ。ゆえに誰でもない、見知らぬ女子供を探しまわり、危害を与える。そんな卑劣漢に対し「私とは性器ではない。人間であり、アイデンティティがある」という憤怒を込めてつい、名を名乗り、罵倒の演説をぶってしまったわけだが、この抵抗策は無能警察の言う通り危険極まりない。相手が逆上した場合、命に危険が及ぶ。

まさか真似する人はいないとは思うが、ここに改めて念をおしておきたい。私の軽率な自殺行為を絶対に真似しないでいただきたい。私の目前に現れた犯罪者どもがたまたま「簡単に性欲を満たせると思ったらそうでもなかったから、すぐ逃げる」浅はかな外道だったせいで、無傷ではないにしろ暴行を未遂で止めることができたのだ。不幸中の幸いというよりは、ただの奇跡としか言い様がない。

どうすれば男性による女性への性暴行を防げるのか。私は未だ正解を持たない。

十四歳まで暮らした大久保の街は「性と犯罪の温床である治安の悪い場所」として知られていたが、私自身にとって圧倒的に治安が悪いのは、品行方正とされる郊外の閑静な住宅街のほうだった。恐ろしいのは、性商売でもヤクザでも右翼でもない。人通りの少ない暗がりに潜伏し、女子供を襲う「普通の人」だ。

右の経験を根拠に、私は「生活と性が分断された場所で、愛と性欲の分断が起こり、暴力が生まれる」という持論を得るに至る。もちろん、相対的にそう断言することはできない。あくまでも実体験をもとに導いた私なりの思案である。性の見えない生活環境で性犯罪が起こるようならば、性の喜びも罪も明部も暗部も根こそぎオープンにしたうえで、「だからこそセックスの愛が、ぬくもりが、慈悲が、人間には必要不可欠である」と訴えたい所存である。

世界には、性被害・差別・暴力に苦しむ女性がたくさんいる。元来気も強ければプライドも高く、顔から「なめるなこの野郎」と書かれた吹き出しの見える私でさえ再三の被害を防げなかったくらいだから、性犯罪被害女性の数はかなり多いと推測する。被害より、何年経ってもトラウマやPTSDに苦しみ続ける女性も大勢いる。

だからこそ、何がなんでも、女性が性愛を明るく、尊く誇る社会を、私は望む。私の被害が深刻ではないからこそ、そう断言できるととらえる方もいるかもしれない。言える身であるならば、ますます、大声で言う。セックスは命であり、女とは愛の源であると。

執念で勝ち取ったポジティビティ

「どや乳」元年

度重なる痴漢被害を経て、また弱者虐待や性差別の報道を受けて、自分を含めた多くの女性が不条理な思いを抱えて生きる実状を知る。その恐怖より家から一歩も出られなくなったり、性交を拒絶したり、己の身体を嫌悪したりする事後エピソードを知るにつれ、「私は性のネガティビティと如何に向き合うか。解決策はあるのか」と自問自答するに至る。

胸中には、恐怖も嫌悪もある。しかし何より強いものは、怒りだ。

私は性器ではない。Eカップまで育った己の胸は、嫌だというのに遠慮なく痴漢に揉みしだかれるために存在する性具ではない。神と親が私に与えたもうたチャームポイントであり、私自身がそれを誇りに思えないだなんて、冗談じゃやない。

私のおっぱいは極上品だ。例えるならば、武士の甲冑。いや、守るな。攻めろ。名刀正宗。菊の本山。全長九十三センチの大刀、二本差。

このお宝を、腐れ外道が侮辱しに来るようならば、斬り捨てる。いや、むざむざ刃を汚すまでもない。いっそ、気高すぎて近づけない国宝の仏像のごとく、圧倒的な後光を放ち、目潰しして差し上げろ。

なるほど。私はこれから、現状、痴漢ごときに気安く扱われている己の心身を、自ら国宝級に磨き上げる修行に赴くのだな。心得た。その際、刀には精神が宿る。よって、己の精神こそをぴかぴかに磨き上げ、腐れ外道をやっつける。

いや、それも違う。修行の動機や目的のうちにやつらを取り込むことは、共存関係の成立を意味する。尊い己の精神の内にやつらがいると考えると、虫酸が走る。やつらとの関係性こそ斬って捨てたい。

つまり、恐怖、怒り、悔しさ、憎しみ、報復といったネガティビティに焦点を合わせている以上、やつらとの共存関係は解消されない。被害に遭った事実は泣いても嘆いても変わらないわけだから、踏み台として思う存分足蹴にし、ネガティビティこそを斬って捨てろ。

そのために必要なものは、ポジティビティだ。外道のせいでも、誰かのためでもない。私自身が、他の誰でもない己のために、努めて陽気に、明るく、元気に「私の巨乳、なかなかいいでしょ！」と言わんばかりの「どや乳」をもって、己の性を、身体を、命を、全力で誇るのだ！

かくして我が人生のテーマは「どや乳強行軍」と定まった。

『Sex and Violence』

当時身に着けていた洋服は、大好きだった初期パンクロックの影響下にあるものだった。私はジョニー・ロットンのファンだったので、髪を短くし、細身のパンツを穿いてみたりしたこともあるのだが、身体が女過ぎて、ボーイッシュなスタイリングがまったく似合わない。敬愛するパティ・スミス先生は爆乳だが、ロバート・メープルソープの撮った写真では、ものすごく格好のいい男装を決めていた。憧れる一方、彼女の佇まいは性別を超越した偉人ならではのポテンシャルであり、痴漢に安く扱われる自分には到底真似できない。

ファッション的にも存在意義的にも、丁度良い「安さ」を体現していたのが、シド・ヴィシャスの恋人であったアメリカ人グルーピー、ナンシー・スパンゲンである。ハイヒールに破いた網タイツ、ミニスカートにライダース。巷で有名なバンドマンに擦り寄る女の媚。この心身ともにエッチでビッチなスタイルが、子供の頃から散々痴漢に遭い、路上で制服をびりびりに破かれた私に最適な「エッチ」であると考える。

というわけで、極限まで足を出し、網タイツを破り、胸を強調し、ファミリーレストランで一生懸命アルバイトして購入したライダースジャケットをはおり、街に出る実験を開始する。テーマ曲はThe Exploited『Sex and Violence』だ。

タイツを破けば破くほど、通行人は私に注目する。同時に、避ける。一度思い切ってブラジャー一枚にライダースジャケットを羽織り、ジッパー全開でJR南武線に乗ってみたところ、そこそこ混んでいるにもかかわらず、見事に私の周りにのみ空白ができた。痴漢どころか、誰も寄り付かない。大成功だ。

車窓に映る自分の姿を見て、「これは完全に痴女だ」と思うと同時に「痴漢どもに制服を引き裂かれるくらいなら、自分で破いてやる。それが私の正解であり、やつらへのアンチテーゼだ」とも考える。この姿は暴行を受けた後、呆然としながら電車に乗って帰る女にも見える。「そんな、哀れとも思わせる姿を公共の場に晒すことで、性被害の無念と根絶を訴えるパフォーマンスとなる」と勝手に位置づける。今思えば、襲われるどころか、公然猥褻罪で逮捕されなかったことが不思議でならない。

さておき。集合においては、隠すより、出したほうが性被害に遭わないという個人的な実験結果を私は得た。重要なポイントは、露出面積の多寡ではない。意志だ。「私は、能動的に、出しております」と言わんばかりの無言の主張が周囲に伝播することが肝要である。

しかし、人通りの少ない夜道では、相変わらず効力を持たない。半裸はかえって危険きわまりない。最初からびりびりの場合、ますますびりびりにされた際の被害がなかなか伝わらないだろうし、何より、みすみす犯されてなるものか。だからといって全部隠すのも癪に障る。必死に考えた結果、おとなしくタクシーを利用するという無難な選択に落ち着いた。無念である。

生と死とエロスで大爆笑

大学生にもなると、抵抗、武装、攻撃、反逆といったアンチの要素が目出たく成仏し、持って生まれた性と身体を明るく誇るための自己表現として、「攻撃的エッチ」スタイルを楽しんだ。

昭和のエロスにも心酔する。映画『肉体の門』でかたせ梨乃師匠が演じた誇り高きパンパン、関東小政のおせんは米兵とは寝ない。なんと格好の良い売春婦だろうか。「主張がある」から「客を選ぶ」という強いアイデンティティに感動する。敬意を払うと共に、その美しい心意気と衣装を真似、派手なドレスとメイクとピンヒールとフェイクファーという出で立ちで、せっせと大学に通った。

いろいろと勘違いし放題の私に、またしても盛大な勘違いを抱かせたのが、ジョルジュ・バタイユ先生の一言だ。

「生と死とエロス、これを笑わずにいられるか」

皮肉なのに、どういうわけか読み違え、「死んだことがないから死についてはわからない。さておき、生と性は、そうか、苦しんでいる場合ではなくて、笑いごとにすればいいんだ」と考えたその日より、エロスとユーモアのケミストリー実験が開始される。

ブラジャー一枚で、学食でラーメンを食べる行為を私のアートと呼ぶ、寒々しい活動を展開。河原で行われた宴会では、お椀で胸を隠したり出したりして笑いを取るという、身体を張ったいたずらを山と仕掛ける。ヒョウ柄のブラジャーとヒョウ柄のホットパンツとヒョウ柄のフェイクファーを着て真面目な顔で授業を受ける。みんなが大笑いしたりどん引きしたりするなか、勃起している男は、誰一人としていない。

これだ、この平和で明るいエッチな感じを私は求めていたのだ。ようやくわかった、私は多くの人々に、私の性を笑顔で歓迎してほしかったのだ。私の「どや乳」で、半裸で、みんなが笑う。誰も傷つかない。私も傷つかない。私が能動的に、積極的に、笑わそうとしている限り、笑われてしまうこともない。怯える者こそいようとも、見下す者など一人もいない。この時点で私は、性の暗部に怯まず、引きずられるがままに萎縮することなく、真夏の太陽のような明るさで、我が肉体を誇ろうと、改めて決意を固める。

執念のポジ変

右記、勘違いも含めて半裸の獣道を歩いてきた者として、何が言いたいかといえば、洒落にならない事態を洒落へと進化させるポジティビティの重要性である。

私の挑戦は危険であり、不健全であり、非常識であり、どん引きであり、公然猥褻であるため、絶対に真似してほしくない。というよりは真似したい者などいないだろうが、それでも、ネガティビティをなんとか自力で乗り越えて、ポジティビティに転じさせようとするエネルギーは、我ながら凄まじいものがあった。被害を上回るショックを自らに与えて治癒を促すような、セルフショック療法のようでもあった。

肝心なことは、負を負のまま捨て置かず、必ず笑顔を勝ち取る執念である。

洒落にならない事態に見舞われている方々が多くいるなか、私の意見・言動ともども、軽率、軽薄だと指摘する方々もいらっしゃることと思う。しかし、悲哀も不幸も丸ごと抱きしめて笑う洒落の柔軟さを体得しなければ、私自身、救われなかったことは事実だ。

私は、とても強い。繊細で健気な女性たちには「ナガコは強いからそれができるんだ。みんな強くないからナガコのようには言動できない」と、事あるごとに言われるが、冗談じゃない。私はとても弱く、弱いままでは生きられなかったからこそ、努力して強くなったのだ。自力じゃできないこともある。他者の助けが必要なこともある。しかし、誰もなんとかしてくれないことだってある。そんなときは自分の足で強く立つしかない。ほかの誰でもない自分の正解を、自力で模索し、獲得すること以外に、自分を生き抜く術はない。

私のファッションは、かけがえのない身体とともに、長年かけて乗り越えてきた万感の思いを込めたアイデンティティの体現、つまり自己表現である。私は自分の生を、身体を、臆面もなく誇る。ほかの誰でもない自己を全力で愛でる。四十代も、明るく愉快な半裸道を突き進みたい。

〈見せようとしなければ、見えない、私たちの女性器〉

先日、浅草の「ロック座」にて、初めてストリップを拝見した。
ドキドキしながら門をくぐり、レモンサワーをがぶ飲みしながら、拍手のポイントや応援マナーを同行者に教わっているうちに、開演。以降、七名のダンサーが代わる代わる登場し、個性豊かなパフォーマンスを披露するのだが、そのダンスの精度、豊かな表現力、表情のつくり方等、総じてクオリティーが高いところにすっかり魅了された。

ダンスは言うまでもなく身体表現であり、表現を可能とするまでには相当な鍛錬の積み重ねを要する。この日登場したダンサーのみなさまのポージングも、強靭な体幹と柔軟性がなければ到底成し得ない芸当であることが素人目にもわかる。コミカルな演出もあれば、ロックに合わせた激しい動きもある最中、ついに女性器が開放される際のポージングが、指の先から足の先までしなやかで、とにもかくにも美しい。

昔、ストリップを見に行ったじいさんが、大股開きのご開帳を前に涙を流し、有り難いと呟きながら拝んだという小咄を聞いたことがあるが、気づけば私もじいさん同様、拝みたいような心境になっていた。陳腐な言い方をすれば「神々しいもの」を見た。

プロフェッショナルなダンサーたちの見事な仕事っぷりに拍手喝采を送った後、ホッピー通りでもつ煮込みをつつきながら、基本的に女性器は「本人が見せようとしないと、見えない」（他者による強要は除く）という、ものすごく当たり前のことについて、考えた。

たとえ友人とお風呂に入っても、敢えて「見せよう」「見てやろう」としない限り、互いの女性器は見えない。トイレで放尿しているところを間近で目撃したとしても、相当開脚しないと全容はお目見えしない。人様の女性器をプリントや映像媒体で見ることはあっても、ストリップのように実物をこうも連続して見る機会は日常にない。ステージ上にいるダンサーの性器は、「見せる」ための角度まで開脚したうえにスポットライトで煌々と照らされるから「見える」のである。

私自身の性器も、本人より、私と性交したことのある男性のほうが見た回数は多いのではないか。そう言えば思春期の頃、自分の性器を、人体の構造上、肉眼で確認できないことが納得いかなかった。超軟体の女性は可能かもしれないので、納得いくまで前屈の特訓をしなかった己の努力不足ということで片づけるが、人間全員が出てくる大事なところが備わっているというのに、本人が目視できないのはどういうわけか。お隠れになられているのは、大事だからこその神の采配か。いずれにせよ、鏡を当てて確認するときの情けない格好や、一見グロテスクな佇まいの造形を前に、「神、もっと工夫の仕様はなかったのかよ」と愚痴をこぼしたものだ。

男性は、ぶらぶら外装されている自分の性器も見えるし、日常生活において人様の男性器を見る機会も多い。翻って女性は、自分や同性の性器を、異性のぶらぶらのごとく肉眼視する機会が少ない。見える性器と見えない性器の在り方は、古より男女の性の意識差を映す鏡として機能してきた。いわく男性は性に近く、女性は生理に近い。

視覚で受容する情報は、本人が考えている以上に、その精神性に影響を与える。田舎の田園風景を眺めて育ったものが都会の雑踏に嫌悪感を覚えるように、見慣れないものが近くにあると拒絶反応を示すように、自分から見えない自分の性器の在り方より、「自己と性器の距離が遠い」と感じる女性もいるのではないかと考える。

「自己と性器の距離が遠い」女性のなかには、人間本来に備わる性欲を嫌悪したり、性行為に苦手意識を覚えたりと、性意識を排除したくなる者もいるのではないか。よって男性の性欲や性風俗、性表現を理解できず、「女の裸、汚らわしい」と紛糾したりするのではないか。「距離が遠い」からこそ、かえって性を自己外のものととらえ、気軽に援助交際に応じてしまう若い女性もいるかもしれない。

ストリップダンサーは、「自己と性器および性の距離が近い」。だからこそ、自己受容を通過した表現として、性器を介した芸事を成立できるのだろうと想像する。その点が整っていなければストリップティーズとしての肉体の鍛錬もできないはずだ。

また、ろくでなし子氏の女性器をモチーフとした一連の「表現」も、女性たちの「マンタク」を綴じた五所純子氏の『copyvaginas』も、オルセー美術館で女性器を露出したアーティスト、デボラ・ドゥ・ロベルティスのパフォーマンスも、個々に異なる「開放」や「抗議」や「問題提起」といったメッセージ性を内包するものの、いずれも「性器と女性の距離の近さ」を受容している者、あるいはそれを題材とした者でなければ成し遂げられない表現である。

それらが「芸術」か「猥褻」か「犯罪」か。私にはわからない。私は自分の裸を開放することで生命の喜びを爆発させる女性の身体表現は大好きだが、その先の女性器のパフォーマンスに関しては、「美」や「喜び」のエネルギー以外の、別の意味が生じてくるので「芸術」としてはなかなか没入しづらいととらえている。

「猥褻」以前に、「芸術とは何か」という畏れ多い命題への解答もまったく把握しきれない。

個人の表現の自由は認めるが、それが社会にどのように受け入れられるかについては、社会や多様な価値観を持つ人間各々が決めることであり、表現者サイドが決められるものでもない。

自由には常にリスクがつきまとう。性には暗部や偏見がつきまとう。それらはいつの世も、時に犯罪行為としても認識される諸刃の剣だ。

私は、ゆえに革新的なメッセージを多くの人々に伝える表現者その人を尊重し、応援する。

とはいえ、実は「美しい女性器表現」は存在しないのではないかと考えていたので、鮮やかな身体表現に導かれた女性器を眺めて、「なんてきれいなんだ」と心酔できたことがとてもうれしかった。

もしかしたら私は「自己と性の距離が近いようでいて、性器とは特に近くもない」者なのかもしれない。そう考えて、久しぶりに自分の女性器にコンパクトミラーを当てて覗き、そっと鏡を閉じた。美意識とは、何か。

第四章

自分を愛でる

私のための最高の肉体

真顔で自画自賛

夜中の三時、仕事仲間と居酒屋で泥酔していたとき、隣に座っていた恰幅の良い若い娘が焼うどんを頬張りながら、無邪気に尋ねてきた。

「ナガコさん、なんでそんなにスタイルいいんですか」

反射的に「夜中に焼うどんを食べないからに決まっている」と返し、宴席がしーんと静まり返る。うどんを口にくわえたまま固まった娘には申し訳ないが、事実なのだから仕方がない。夜中の炭水化物摂取は是が非にも脂肪を育てたい猛者のみに許された特権行為である。

場が凍ったのは、しかし、焼うどんのせいではない。スタイルにまつわる社交辞令の褒め言葉に続くはずの「いやいや、そんなことないよ?」の儀礼的な合の手を却下し、「当然だ」と言わんばかりの返答を口にした私の「臆面のなさ」のせいである。

容姿を褒められるとき、とりあえず一度、否定しておくという慣習が定番化しているようだが、私は即座に「なかなかナイスな仕上がりでしょ」と返す。否定する構えが一切ないため、かなりの確率で失笑を買う。今にも「あいつ、お世辞を言っただけなのに、真に受けやがった」とからかう声が聞こえてきそうだが、ひいき目に見ても「そこそこ」スタイルが良いことは事実である。私は生まれつき、膝から下が細い。腕も長い。さらには胸が大きい。こう明記してしまうとなかなか嫌味だが、本当のことだから仕方ない。

とはいえ当方は仕事柄、尋常じゃないほど美しい女性タレントやモデルたちと頻繁に会う。そうした「本物」と比べて自分の容姿がいかに凡庸か、よく知っている。もともと極端に筋肉の少ない痩せ型肥満で、体脂肪率が高く、肉質がだらしない。おまけに運動してもちっとも痩せない体質で、ちょっと動いただけですぐ熱を出して寝込む。日々の生活習慣で太らない努力を義務づけなければ納得のスタイルを維持できない。

デスクワークばかりで動かない日は、炭水化物を抜く。朝・青汁とフルーツ、昼・シラタキのチキンスープ、夜・野菜と魚とめかぶといった、全部で五百キロカロリー未満の食事を摂る。食物摂取は十九時まで。お酒はスタイルフリーと焼酎と赤ワイン。外出時は何を食べてもよいが、炭水化物は一日一食まで。ほかにも、オイルマッサージ、塩で揉み出し、週二回はヨガ、睡眠は八時間を死守。寝るときはメディキュットと足裏スッキリ爽快シートと蒸気でアイマスクを装着したうえで、心臓より高い位置に足を置く。

毎日これだけ努力しているのだから、「ナガコさん、脚、キレイですね」と褒められたら、それが嘘だろうが社交辞令だろうが、そう言ってくれた人の手を取り「褒めてくれてありがとう!」と言いたくなるのが、がんばる者の素直な心情ではないだろうか。

在り方を誇る

なぜ、そこまでスタイルにこだわるかといえば、自分を好きでいたいから。さらにもう一歩踏み込んで、「自分の肉体が大好きだ」と臆面もなく誇ってしまいたいからである。

奥ゆかしい「いやいや」の謙遜も大事だろうが、

①人に良い印象を与えたいがために、自分の容姿を過小評価して公言する

②過大評価とみなされた末に馬鹿にされる状況を恐れて、己を過小評価する

③自信のない女性が他者をも巻きこみ、ハードルを下げあう同調圧力

④自己愛を健全に育成することができなかった怠慢を卑屈に曲解した「どうせ私なんか」

このような「ネクラな自己評価」が溢れる世の中は、とかく鬱陶しいものである。いっそあっけらかんと突き抜けて「私の身体、最高！」と肯定してしまったほうが、よほど清々しく生きていけるのではないかと思のだ。

「そこそこ」の者がこれをやると顰蹙をかう一方だが、だからといって、ネクラの沼でぬくぬく暖を取る時間があるならば、自分の肉体を誇るに値するレベルまで磨きぬく活動に精を出したい。実際のところは「まだまだ」でも、照れずに臆することなく、敢えて「なかなかいいでしょ」と断言し、メンタリティのハードルを最大限に引き上げたい。何より肝要なものは、自己の「在り方」に準じて心身を整えることであると、私は考える。

敵は己のみ。他者からの「見え方」ごとき、どうでもいい。

外見を磨く女は全員、モテを意識していると思ったら大間違いだ。

男に媚びるためにのみ洋服や言動を選ぶ女の無個性主義、従属意識、個性を度外視したモテメソッド、それらくだらないとしか考えられない他者評価重視に対するアンチテーゼを、中年となった今だからこそ、自分の肉体と人生をもって表現してみたい。巨乳やスタイルやファッションが「モテ」という小さな評価枠を越え、人間の魅力を雄弁に語る象徴と化すことに、大いなるロマンを求めているのである。

「どや乳」上等

もっとも、「肉体に自信がある」と断言すると、必ず「おまえはどれだけ自分のことをいい女だと思っているのか」「実態はそうでもないのに、自己評価が高すぎる傲慢な女」「そもそもブス」と実際に非難されるわけだが、自信と、万人に「いい女」として承認される他者評価とは、本来、関係がない。

自分を肯定するに至るまで努力した鍛錬の達成感を、自信と呼ぶ。諦めずにやり抜いた事実が自信、誇りであって、その成果が万人に認められるか否かは、まったく別のレイヤーの話である。自己と向き合って得た自信は、他者になんと言われようが、自分の土壌を確かに豊かにする。

よって、どや乳上等！　盛大に己を誇る活動に邁進している次第である。

そんな私が、まるきりモテないかと言えば、正直、そんなこともない。自分の好みの外見を女に強いる男には「小さき生物」と、女子供に媚びてもらわなければ自尊心を満たせない者には「餓鬼」と、真顔で言い放つどや乳の中年など万人受けするわけもないが、「小さき生物」も「餓鬼」も含む万人にモテる必要性を微塵も感じないため、何も問題はない。むしろ、万人が寄り付かない自分を全世界に誇りたい。

女性の自己鍛錬を良しとする男性は、個人の自由や世界観を何より尊重してくれる、大きな器を持つ。私の生意気発言にも「どや乳」にも動じない。私の身体が、生の表現であることをきちんと理解したうえで、人間として愛でてくれる。

つまり、私は、いい男にモテる。自画自賛もここまで来ると本格的に軽蔑されそうだが、これも本当のことだから仕方ない。己のために黙々と努力し続ける自負を根拠に、臆面もなく「私、最高」と誇ってみると、いい男の賛美が待っている。そんな男たち、最高。褒めてもらえる私の「なかなかの仕上がり」も最高。

そう惜しみなく公言する半裸の女道、努めて元気に、爽快に突き抜けたい。

他者評価を捨てる

パンティを巡る考察

誕生日や折々のプレゼントとして、パンティを頂戴することが多い。

総レースや紐Tバックなど、ゴージャスかつラグジュアリーな一品をその場で掲げ、「わー、全部透けてる」とか「紐が細過ぎて、はみ出る」とか「テンションあがる」とか、女同士はキャッキャと盛り上がる。

同席していた男性陣にも「どう？ こんなパンティ」と感想を尋ねてみると、なぜか反応がよろしくない。いわく「元気なときはいいけど、仕事で疲れているときに、妙にはりきった下着を着けられていると、どうしたらいいかわからなくなる」とのこと。

気持ちはわかる。体力が消耗しきっている際の「やる気満々の可視化」は、男女ともに相手をますます疲れさせるだろうし、下手したら性欲を減退させる。

雄の力がみなぎっていた戦後の復興期やバブル絶頂期は、国民全員が血気盛んな時代性に熱狂していたためか、ド派手で仰々しいもの・こと・パフォーマンスが好まれていた。女のエッチな下着も、闘牛と真っ赤な布の関係性のごとく、男たちの性的活力を鼓舞するアイテムとして有効利用されていた節がある。

現在は、過剰な熱狂を「わざとらしいもの」として静観する時代。自然体の男性たちが女のエッチ武装を劇場型・演出過多ととらえるようならば、さぞや興ざめであろう。ユニクロや無印良品のカジュアルな下着のほうが、セックスしなければならないプレッシャーを与えることなく、カジュアルにさくっとセックスしたり、無理矢理セックスしなくともよい選択の余白があったりと、何かと気楽かもしれない。

つまり現代における「エッチなランジェリーどん引き」の不幸は、女のランジェリーをセックスへの誘導と考える男と、男の性欲を駆り立てる正攻法ととらえる女の、「ランジェリーと性行為の直結」によって生じる。

その価値観自体、すでに時代錯誤も甚だしい。女のランジェリーは男のためにあらず。男がどう思おうが、誰かに見せる機会があろうが、なかろうが、身に着けたいものが明確にある女は、勝手に着るのだ。

誰がためのファッション

ランジェリーは、自分の精神と肉体を愛でるための「己へのエール」。時に疲れた自分を優しく包み込み、時に弛まぬ気合いを注入する、固く締め上げた褌としても機能する。下着を選択する際には、己の裸に最初に密着する物質として、肌との馴染みや本日の精神性とのフィット感といった、自己との関係性の近さを重視したい。服装もヘアスタイルも、自分のためだけに存在する。

そう断言する当方は、男にモテるために洋服や言動を選ぶ気概が微塵もない。モテどころか、おっぱいが半分出ているような洋服を着て歩いていると、大抵の男はどん引きして目も合わせてくれないので、出し過ぎも考えものである。しかし、当方の軸はモテではなく、「私、最高」と自ら宣う自己肯定活動である以上、まったく問題はない。しかし、世間的には問題があるようで、さまざまな『他者評価』との攻防戦が繰り広げられる。

「ナガコのどや乳は、勢いがありすぎて、見ていて疲れる」

知るか。点滴でも打ってこい。

「もっと謙虚に、出すより隠したほうがセクシーだよ」

それは、あなたの好きなセクシー観であって、私には関係ない。

「ナガコの丸出しを許容できる男は、日本人にはいない。ラテンの男を捕まえろ」

地球から男が消滅しても、出したければ、私は出す。

「そんなに男の気を引きたいのか」

どん引きしている分際で、何を言っているのか。

俗に「露出度の高い服を着た女は、すぐセックスできる」と言われるが、それはセックスに誘われたいという理由につき露出度の高い服を選んだ女に限った方法論である。当方は、女のおっぱいやファッションを、安直にモテや性にのみ結び付ける単細胞に向かって「男だろうが、女だろうが、老人だろうが、赤ん坊だろうが、すれ違う者すべてに、持って生まれた肉体を誇って何が悪い」と怒鳴り散らしたいがために、当のおっぱいをフル活用している。
よって「こちらの眼中にあんた入ってないから、心配御無用、大丈夫！」と明るく声を掛け、背中をばんばん叩く。すると安直単細胞はどん引きする気力も失い、ぐったりする。御愁傷様である。

他者評価を捨てる

全体と平均と右に倣えが好きなこの国には、社会的な「見え方」に準じて自己を整えようとする者がとても多いと感じる。自分自身の選択や意志を棚上げした状態で、他者評価をベースに外見や言動をコントロールするうちに自分を見失い、「見え方」に翻弄され続けるサイクルより抜け出せなくなる。好きで振り回されているようなら、何も言うことはない。嫌なら、ほかの誰でもない自分のために、いかなる評価にも翻弄されない己の「在り方」の強度・重心を鍛えろと言いたい。それができれば、無駄に他者評価に振り回されることなく、かえってより良い自己の熟成を促すための貴重なご意見として、評価を受容することも可能となる。

余談だが、納豆の旨味、栄養を効果的に引き出すためには、まず、タレや芥子や薬味を入れずに掻きまぜ、ねばねばの白糸を存分に生成することが肝心だそうだ。掻きまぜる前に薬味を入れると、ねばねばの糸が出ず、旨味も栄養価も半減するとのこと（『美味しんぼ』調べ）。

これを人間に例えてみれば、「自己を整える前に、余計な雑味を投入すると、潜在能力を引き出せない」「先に自己を鍛えておけば、雑味もまた旨味として有効利用できる」となる。

「在り方」の成熟なくして「見え方」の旨味はない。

とはいえ、当方は「タレも芥子も薬味も不要。私という納豆はそれ単体で成立する」と息巻いた結果、おいしく食べていただけないことが多々あるため、もうちょっと人の言うことを聞こうと自戒する今日この頃だ。

経年劣化を歓迎する

年齢の制服

ファッションへの苦言の定番には、年齢由来の揶揄もある。

「もう四十歳超えたんだから、極力、隠そうよ」

「諦めて楽になろう。ふわっとした服、中年のお腹回りを隠せて便利だよ」

「BBAの若づくり、みっともない」

大きなお世話だ。

四十歳だから、なんなのだ。

もっとも、年齢や立場によって装いのＴＰＯを考慮することは、大切にしたい観点ではある。若くはない者の、若く見られたい欲望による若づくりは確かにみっともない。ふわっとしたワンピースが楽なことも知っている。

ところで、もう一度言う。だから一体、なんなのだ。

「だいたいの四十歳が着そうにもない服を選ぶ」という平均的基準値を根拠に己の服装を窘められても、当方は、十代の頃より「だいたいの十代が選ばない服」を着ていた者である。ファッションはアイデンティティ、いわく【個】の領域に属する。よって、それを全体平均的価値基準のもとに取り沙汰されること自体、不可解だ。さらには、平均基準値や個々の年齢観を前提に、他者を年齢でジャッジしようとする視点こそが、そういう人間個人の主観的価値観である以上、お互い様ゆえ、「放っておいてくれ」と言いたい。

そんなに総体と平均が好きならば、年代別・男女別の制服を拵えて国民に強制配付・着用を促す「平均基準的制服法案」を通すべく国会議員に立候補し、【個】を蔑ろにしているという理由より選挙で惨敗すればいいと考える。

経年劣化を歓迎する

そもそも、いかに日本が「ロリコン大国」とはいえ、「加齢」を悲観し過ぎではないか。経年劣化は、ただの生命のデフォルトである。よって年齢いじりは、生命に対する不自然な難癖であると言える。

日本人女性の平均寿命は約八十六歳。当方は現在四十歳。人生の後半を意識する年頃である。明らかな劣化、心身・ホルモンバランスの変化、加齢を悲観する世の風潮にも翻弄され、不惑の異名を与えられた四十代を戸惑いとともに過ごす女性も少なくない。

私自身も、悪天候や低気圧によって自律神経が乱れ、無駄に落ち込んだり、仕事がまったく手につかなくなったりと、制御不能な困難に陥る機会が増えた。外見的にも、劣化した顔や身体を鏡で見る度に「なんじゃこりゃ」と落胆し、慌てて美容液をすり込んだり、たるんだお腹にぶるぶるする機械を宛がったりもする。

しかし、深く刻まれた目尻の皺は、これまでの人生、よく笑ってきた証拠である。内面的には幸福が蓄積されていて、その愉快な毎日を雨の日も風の日も守ってくれていた壁の外装が劣化しているわけだから、悲観するよりも、まずは、感謝するべきではないだろうか。
むしろ「いろいろあったけど、結局大爆笑して生きている素晴らしき人生の勲章が、こちらの皺となります」と、「どや皺」の姿勢を誇りたいものだ。「若く見られたい」という理由で勲章を捨てるのはもったいないないし、自分に失礼であるとも思う。

人間は生きているだけでくたびれる。懸命に生きれば、より、くたびれる。生き様は現状の集大成として、顔や身体に顕著に表れる。ちなみに当方、目尻よりも、眉間の縦皺のほうが数段深い。怒りすぎである。

くたびれた外見を鏡越しに凝視しながら「眉間、なんかごめん。目尻は、でかした」と声をかけ、「みんな、よくがんばってくれた。これからもよろしくね」と挨拶しながら、労いの日本酒一升を投入したお風呂に浸かる。

我が人生、紆余曲折の連続だった。やること為すこと正解がない未開の荒野を、身体一つで匍匐前進して生きて来た感がある。当然ながらエラーも大怪我も葛藤も生じる。そのとき、なんとか持ちこたえてくれた自分の心身に、ありがとうと言わずにはいられない。

また、いつも支えてくれた多くの友人や仕事仲間にも感謝する。袖触れ合ってくれたすべての人々、彼らとの日々こそが、私の誇りだ。それを栄養として生きる現在の自分を、私自身が誇らないわけにはいかない。よって私は現在の自分の年齢を、くたびれた経年劣化を、全肯定とともに大歓迎する所存である。

自分に寄り添う

つまり、「加齢悲観」は、これまでの己の人生の蓄積を否定する者の声明である。それが現代の風潮として幅を利かせているようならば、自分の半生および等身大の己を肯定的に受け止められない当の「加齢者」が一定数いる不幸な証明にほかならない。

そんな人々が同族嫌悪として「老い・劣化」を蔑むのか。反射的に若さや幼さを美徳・悪徳ととらえるのか。ただ単純にマスコミの喧伝するアンチエイジング信仰を世の正義として妄信しているのか。「ロリコン大国ニッポン」における女性の年齢市場を憂いているのか。

いずれであっても、中年による「加齢悲観」が、経年劣化への揶揄を増長させる一因であるならば、その呪縛より、まずは自らを解放し、等身大の自分を愛でる活動に赴くよりほかに、解決策はないと考える。

無理矢理、楽観する必要もない。ただただ現状の自分に寄り添えばいい。そのとき、もっとも重要なことは、「他者評価」を用いて自己をジャッジしないことに尽きる。

そもそも、誰かが自分をどう思うかは、その誰かが決めることなので、気にするだけ無駄だ。他者に愛されるための努力はしたとして、同様に自分を愛さなければ、取り立てて愛されない。

世に蔓延るモテメソッド（たとえば「男を潤んだ目で下から見上げろ」、「自己主張は控えろ」、「あまりに個性的すぎると男に引かれるから、個性はセーブしろ」等々）は、気楽に馬鹿にして大笑いするためにのみ存在するネタに過ぎない。

【個】がない者など人間ではないわけで、ましてや、どこの馬の骨が考案したかもわからぬ価値観に、自ら嵌まって差し上げる義理はない。そんな暇があるなら、じっくり、ゆっくり、自己を愛でるほうが幸福を獲得するための効率が良いと考える。

自意識と自己認識

真性自意識過剰

「自意識過剰」という悪口を耳目にする度、いつも妙な違和感を覚える。

辞書によると、

①他者に対する自己を意識しすぎること

とある。要するに、私である。次に、

②自分が他人にどう見られるか、人の目・評価を気にしすぎること

ここで、合点がいかなくなる。

当方は①を、自分は自分、他人は他人としてすっぱり割り切って尚、自己を強く屹立させる者の特徴であると解釈する。他方、②は他者評価に翻弄される者の特徴である。自意識にかかる「過剰」とは「自己の強度」を差すととらえる私にとって、「他人にどう見られるか」を気にする者の自意識は、かえって「希薄」なものと感じる。

自意識過剰と嘲笑される際、「人はおまえが思うほど、おまえのことを気にしていない」「おまえの自己評価、他者評価に比べて高すぎ」等の揶揄が常套句として挙げられる。

極めて凡庸な例を記す。少女がスカートを強風に煽られ、パンツ丸見えになったとき、後ろにいた少年に「もう！　パンツ見たでしょ！　エッチ」と怒る。少年は「見たくて見たわけじゃねえよブス！　おまえのパンツなんか見たくねえんだよ！　自意識過剰すぎ！」と怒る。

この不幸は誰のせいか。正解は強風であり、二人はその被害者だ。

しかし、少女は、たまたま居合わせた少年にパンツを見られた恥辱を、「男は女のパンツをエッ

チな目で見る」という固定観念由来の怒りへとすり替えて、少年を断罪する。自尊心を傷つけられた少年は、ブスだろうが絶世の美女だろうがスカートがめくれたら恥ずかしいという平等性を忘れ、脊髄反射的にブスの自意識を罵倒する。

少女は、男がエッチだからスカートがめくれたわけではないこと、自分の怒りが当てこすりであることの自覚による気まずさと、男のエッチに自分のパンツは該当しない、曰くブスだからという評価にますます傷つき、無解決のやり切れない思いを倍増させる。

がんばれ、少年少女。

いずれにせよ、両者、そこそこ自意識過剰ということにはなるのだろうが、私に言わせれば、それは脊髄反射に振り回される程度に軽やかな自意識である。

真の自意識過剰とは、風にスカートをめくられるまでもなく、パンツを見せたいという確固たる意志により、パンツ丸出しで歩いている状況を差すと心得る。誰になんと思われようが動じない。被害者にも加害者にもなり得ない。当事者として、パンツ丸出しの勢いで生きる。そう腹を決めている者が、真性自意識過剰者ではないだろうか。

自意識と自己認識の違い

私には尊敬している人物がいる。時々テレビで見かける「全裸で無人島暮らしをしているおじさん」である。文字通り丸裸の生き様に対し、「超かっこいい。彼こそが自己に忠実な覇者」として憧れを抱いていたのだが、よくよく考えてみると、彼の日々には、撮影時以外、他者の目が存在しない。

集団で生活している際、人の目・評価は避けて通れない。パンツが「丸出しになっている」のではなく、出し方、色、柄、ＴＰＯを想定したうえで「出している・見せている」場合、辞書が示すところの②の「見え方」を相当意識していることとなる。

そもそも「自意識」とは何か。

再び辞書を引いてみると「他者や周囲より区別された自分の意識、自我意識」とある。よって、全裸おじさんは自意識に忠実な者だと考えるが、区別するべき他者や周囲が「ない」状況では、自意識自体も存在しないのではないか。むしろ、全裸おじさんの無人島暮らしは、人間関係のなかに生じる自意識を放棄する、開放活動ととらえられる。

もう少し調べてみると、「自分の内面で確立されるものが『自己認識』、対人コミュニケーションの際に露呈するものが『自意識』」と区別する説に遭遇し、ようやく合点がいく。

これまで私は自意識を自我そのもの、または自分の持ち物であると解釈していたが、本説によるとそれは「自己認識」である。つまり、私のこだわる「在り方」は自己認識。集団における「見え方」は自意識。よって、先例の少年少女の反射に現れるものこそが「自意識」。全裸おじさんの無人島暮らしに、自意識は存在し得ない。

私はその道の専門家ではないし、説の正誤を判別し難い不勉強者だが、「自己認識」と「自意識」を区分する言い分を大いに気に入ったため、これを前提とした素人考えを記してみたい。

執筆者の矛盾

「自己認識」を重要視する者は、やはり、外的解釈である「他者評価」など気にしないのではないかと考える。気になったとしても、「自意識」は自分そのものではなく、自他間のただの反射だ。そう割り切れる潔さが、「自己認識力」の強度の証ではないだろうか。

ただそこに在る路傍の石のごとく「自己認識」を社会に放る行為に、【承認されたい・かまってほしい・ほめられたい・驚かせたい】といった、関係性の反応・他者評価を欲する心情が混在すると、エネルギー質量が「自意識過剰」へと傾く。【嫌われたくない・悪口を言われたくない・自意識過剰と指摘されたくない・だから言動を周囲に合わせる】といった自己なき同調傾向も、顕著な特徴のひとつである。

時に【みんなが自分のことを見ている・いや、見ていない・もっと注目されたい・いやだ、注目しないでほしい・どうせ私なんか・でも、多くの人に承認してほしい・いや、承認欲求をひけらかすのは恥ずかしい・でも】と思案した結果、何も生まない無解決地獄を彷徨う者もいる。いずれも、自己認識が希薄ゆえに、自意識が過剰となるバランス采配となっている。

と、書くにつれ、ささやかな自己矛盾が生じる。

私は、「自己認識」の重要性の説明とともに、「己の『見え方』を整えるな。『在り方』こそを愛でろ」とする主張を、社会に放りたい。そのメッセージを、身をもって証明する具体例として、私による、私のためだけのエールである「こんな私、最高。どや乳、最高」等の言説を持ち出すわけだが、多くの方々の目に晒される状況を理解して書いている以上、他者への「己どやアピール」として機能する可能性がある。

また、「言責を明らかにしたい」という理由で、主語を「私は」と明確化する自分語りも、自己顕示欲のはしたない露呈、承認・評価を求める種の「自意識過剰」の最たるものとして人の目に映る。自分語りはとかく疎まれる。当方の主張も、「誰もおまえなんかに興味ない」「承認欲求きもい」「うざい」といった予定調和のお叱りを頂戴する。

私はそれを「気にしない」。自分勝手の極意は、「自分にとって都合の良い反応を人に求めるにあらず」。反応は人様のもの。他人事なので口出しも期待もしない。いちいち気にしているようでは、己の「自己認識」もまだまだ手ぬるい。

とはいえ、気にはなる。が、「気になる」という自動詞は、ある状況に際して文字通り自動的に芽生えるただの反応である。己の意志を介在させるためには、他動詞である「気にする・しない」を能動的に選択し、実行する必要がある。

当方は、他者の反応が「気になる」から「見え方」を整えようとする人に、「意志をもって気にするな」と言いたい者である。よって自らはりきって「気にしない」を選択し、実行する。「いや、いや、気にしたくて、している」という人には、何も言うことはない。大切なことは「気にする・しない」を己が自覚的に選択することだ。自己不在のまま「気になる」状況に翻弄されるなど馬鹿馬鹿しいと、私は考える。

と、説明しようものなら、強い意志をもって「気にしない」と書く自分の「見え方」を「気にしている」状況が露となる。つまり社会で「そんな己アピール」を確信犯的に行っていることにほかならないため、「『見え方』を整えるな」とする己の主張が自己矛盾の矢と化し、己の背中を刺す。

結局、真の自意識過剰者

書けば書くほど、矛盾に苛まれる。大いに自戒するとともに、整合性を鑑みる必要はあるのか、ないのか、己に不備があるならば克服するポイントはどこかと考える。矛盾とはつまり、「自己認識」の土壌をがんがん耕す鍬であり、肥やしである。

元より当方は、人様の反応を気にするがあまりに、言いたいことの一つも言えなくなる抑圧社会の閉塞感を嫌う者である。ひとりよがりの矛盾と内省はさておき、その主張に嘘偽りはないのだから、俄然はりきって、「私は『見え方』より『在り方』を重んじる」と書いてしまえ。

と、大変手前勝手かつおめでたい結論を強引に導いたところで、改めて、確信をもってここに明記しておく。私こそが、辞書の二点の意味合いにおける真の自意識過剰者である。

図々しいついでに申し上げれば、自意識過剰には、メリットもある。自意識を過剰に取り扱う者は、他人の自意識にも敏感だ。そこで牽制し合わず、相手に、自分事のように丁寧に寄り添う想像力の工夫を凝らすことができるようなら、自他を共に尊重する関係性の活路が開く。自己認識が明確で、他者受容の理解力にも長けている者同士が寄り添えば、たとえ両者の意見に反発があろうとも、素直にお互いを称える良質なディスカッションを展開することが可能となるはずだ。

人間は他者を知らなければ、自己を知ることができない。異なる価値観を持つ人々と大切な自己を交換し合う活動によって、未熟者は自他の違い、距離感、さまざまな視点を学ぶ。よって、自意識は、過剰と続く悪口や揶揄とともに、厄介な問題として小馬鹿にしてよいアイテムではないと考える。自他の豊潤な関係性を約束する重要な人間の学びとして、また己の人生をより豊かに開拓する栄養素として、丁寧に育ててやらねばならない感性ではないだろうか。

こじれたら、とっととほどく

こじらせおじさんとの闘い

かつて、「童貞・中二病の業をユーモアで成仏させるカタルシス芸」や「童貞をこじらせろ」といったメッセージが街場に浸透した頃。それを芸もエンタメスピリットもない一般男性が下手に踏襲し、ただの失敗や不備に対する免罪符として「俺、童貞だから」「中二病だから」と説明する度に、「うるせえな」と思ったものだ。

「童貞でも中二でもない己が自覚している冴えなさを、正当化したうえで公言できる免罪符に依存するな。こじらせる暇があるなら、とっとと改善しろ」

右を実際に口にすると、「おまえは男をわかっていない。おまえみたいな女が俺たちの童貞ルサンチマンをますますこじらせる」と反発を食らったものだが、ちょっと待て。「おまえが、俺たちを『こじらせる』」と受動態の表現を用いるということは、まさかの被害者気取りか。「童貞をこじらせろ」とするメッセージは、「自ら」こじらせてなんぼの、自主的な開き直りを楽しむ言説ではないのか。他者がその一因を担ったとしても、問題の焦点は「我にある」わけだから、論点をすり替えるなと言いたい。

右の流行やその他童貞ブームを通過してきたおっさんによる、「俺、サブカルこじらせてるから」にもうんざりする。亜流の武勇伝か。「俺、馬鹿だから」と吹聴してハードルを下げた状態でみんなに優しくしてもらおうという魂胆か。なんだか知らないが、言いたいことは以下だ。

「情けない。思春期に『こじらせた』ものを、一体、いくつになるまで大切に放置・温存しておくつもりだ。大した意味もなくその言葉を使っているのだろうが、あなた、もう初老でしょうが。いい大人の分際で『こじらせている』いわく『こじれをほどく』解決能力のない己を吹聴して歩くな。絶賛葛藤中の若者たちに『解決方法』の一つや二つ、伝授して差し上げろ。中年の頼もしい背中を見せてやれ。できないだろう。じゃあ、もう、喋るな」

ちなみに私はこの手のおっさんに、「ナガコも結構こじらせてるよね！」と言われることが多い。

その際、真顔で「こじらせてねえよ」と言い捨て、場を凍らせるという得意技を持つ。

頭で考えすぎる思考癖や、言語説明過多な点など、確かにそこそこ「こじれている」とは思うものの、一緒にされるのは心外だ。というのも、当方はこじれが生じる度に、放置せず、必ず、解決してきた者だ。その工程のややこしさ、面倒くささを差して「こじらせ」と言われようとも、こちらの目的はそれを「ほどく」ことである。

こじらせ女子の共感覚

自己肯定型の男性の「こじらせアピール」に比べ、女性のそれには異なる趣がある。自己否定、自嘲、卑屈な解釈など、笑い事カタルシスとは真逆のネガティブなエネルギーによって自らを追いつめていく罪深さを感じる。

雨宮まみ氏の『女子をこじらせて』（ポット出版）発売以降、「こじらせ女子」というフレーズが一世を風靡し、主に自意識について悩む女性たちの共感と賛同を獲得。街場には「私もこじらせ女子だ」と名乗りをあげる女性たちの声が溢れた。

その社会現象に対し、当方は、対おじさん同様、まずは冷ややかな眼差しを向けていた。男も女も、人間である以上、無傷では生きられない。思春期の悩み、内外が衝突する際の自意識の捻れ、性の意識・体験などなど、そこで戸惑うことは全人類共通の通過儀礼である。みな普通に、自己と社会と格闘しながら、誰でもない個人を生き抜いている。

その誰もが経験する葛藤を「こじらせ」と呼んでいるようなら、人間全員が該当する。よって、わざわざ「こじらせ女子」という特定のネーミングを掲げる必要性がいまいちわからない。

しかし、多くの女性が共鳴する様子を鑑みるに、己の曖昧模糊とした内的な葛藤に、「集合」としての外的な名前がつけられたことに安堵する女性が一定数存在するのかもしれないと推測する。「それは私だけの悩みではなく、みんなの悩みであった」。そんな共感覚を欲する女性に与えられし特別なネーミングおよび場が「こじらせ女子」ということなのだろうか。

改めて「こじらせる」という言葉の意味を辞書で引いてみる。

①物事をもつれさせ、処理を難しくする。めんどうにする。「問題を―・せる」

②病気を治しそこねて長引かせる。「風邪を—・せる」

要するに、「悩みを自ら深刻化させ、長引かせる」という意味である。

幼い自己像と容赦ない現実がハプニング的に衝突して「こじれた」のではなく、自らややこしく「こじらせる」当事者性が、男性のケース同様の特徴となる。

被害者面をする人がだいたい加害者だったりする世道において、責任の所在は自己にあると判明している点は小気味良いが、長引かせる時間と労力があるならば、とっととほどけばいいのではないか。そう考えるのは、解体・解決ファンの発想というものだ。面倒を長引かせることに喜びや楽しみを見いだす者にとっての正解は「解決放棄」。そんな状況を楽しく共有している人間に対し、いかに他人が「いや、解決しない以上、悩みの共有は一時的な痛みの緩和でしかなく、根治には至らない」と指摘したところで、見当違いである。

特に女性は「共感」の生き物。同じ悩みを持つ女性同士が「集合」に傾倒していくことはとても自然な現象だ。翻って「解決」は男性性の行動エネルギーである。どちらが良い、悪い、という話ではない。両者は異なる役割を与えられているからこそ、補い合って一つの世界を形成する。

この俗説を下敷きとして考えてみれば、「解決好き」な私は、おそらく男性性のエネルギーが強い。また、私という一つの人格の中で男性性と女性性が統合された結果、自己完結的な思考癖が定着したとも考えられる。

なるほど、だから私は、男性であるおじさんの「無解決こじらせ」に違和感を覚えるのだ。男性性のエネルギーが欠落し、仲間との共感を楽しみ、自己を肯定するおじさんとは、つまり井戸端会議をエンジョイするおばさんである。

卑屈の自給自足システム

「こじらせ女子」は、自意識過剰を根拠に、自虐・自嘲・自己批判を過剰に繰り出す。途轍もないエネルギーで自己に集中する一方で、自己の置き所を他者評価の内に求め、翻弄される。逞しい想像力によって「世の中はモテと非モテの二層でできている」等の勘違いおよび妄想の他者評価のなかに、自己をどんどん埋没させる。同時に、本来の自己が弱体化する。

自己認識が未成熟ゆえに、自他の距離感・識別を混同する。思考と言動がうまくリンクしないお年頃の場合、浅慮ゆえ、反射神経で言動し、自らを傷つける。こうした蓄積が自縄自縛の「少女の重力」を生成し、卑屈の底なし沼より抜け出せなくなる。

ここで注目したいのは、卑屈な自分が創造した「他者の目に映る自分α」を、「自分」が傍観し、その過小評価を根拠に絶望したり自嘲したりする、卑屈の自給自足システムである。その視点の切り替えは、本来、集合の中の己を知るためには、とても有効な方法論ではある。

自分のことがわからない。自信がない。不安に思う。過小評価しがちだ。

そんな遠慮がちな方々のなかには、自分自身と向き合い、問題点や不安要素を具に凝視することを恐れる者がいる。見たくもない自分の醜さ、弱さ、不備を、自分で暴いてしまうことが怖い。よって目を背ける。人の目・評価を借りて全体の中の一人としての「自分α」を遠目に見る。結果、ポジションやランクを嘆くわけだが、「世」という広い視野より「自分α」をとらえる想像力があるならば、自分を悲観する発想からの脱却も可能なはずである。

たとえば、東京都新宿区に住んでいる自分が、何者なのかわからなくて戸惑ったとき。自分の目のカメラには、自分が映らない。そこで、カメラを自分より切り離して天空に放り、自分も映り込む小さな街を俯瞰よりとらえさせる。そのカメラワークに映り込む「自分α」は、小さな街で生きる小さき者。ヒエラルキーや格差はあれど、上位も最下位も共にゴミのような存在だ。

もう一歩盛大に、東京都、日本、地球と、より広い視野でとらえていくと、「自分α」は小さいどころか、もはや見えない。ヒエラルキーも差別も見えない。すべての【個】は平等に地球に埋没する分子。我ら地球の子。というわけで、自他評価も自意識もポジションも、どうでもよくなって、「己はあってないようなもの。どうせないようなものだから、まあ、自分らしく、楽しく生きていこう」と脱力したうえで、自己を愛でる種の浄化にたどり着く。

つまり、こじらせ女子の自己批判は、「自己に対するミクロ視を拒絶。マクロ視点の舞台に立つ己をようやくミクロ視して、やっぱり拒絶」という、結局のところのミクロ感に集約される種の自縄自縛である。だったら最初から自分と向き合っておけばよいのではないか。それができないからこじらせるとしても、マクロ視できる能力があるのだから、ミクロ視観の集中力より逃れ、肩の力が抜ける地点まで到達してしまえばいいのに、もったいないと考える。

しかし、このようなカルマ落としをものともしないのが「卑屈ウィルス」である。

卑屈パンデミック

主に思春期に繁殖する「どうせ私なんか」に代表される「卑屈」とは、人間がもって生まれた性格や潜在意識とは無縁の、ただの「ウィルス」である。それは本人の知らない間に人の精神に巣くい、悪意を増殖する。

世の中は、善と悪と偽善と偽悪と鬱屈と魑魅魍魎と妬みと嫉みと嘘と建前と汚泥と細菌でできている。男尊女卑も、人種差別も、スクールカーストのような集団ヒエラルキーも歪んだ性質を持つ。素直で無防備な女子の自己像は、社会との摩擦により、先に「こじれる」。このとき、心に傷がつき、ネガの核が形成される。

世に溢れるネガウィルスは、自己像がまだ固まっていない若者の心に芽生えたネガの核を住処とし、定住する。ネガの餌はネガである。宿主には、どんどんネガを増やしてもらいたいので、本来ポジティブなことにも、ポジでもネガでもないことにも、仮想敵にも、餌食であるネガを見いださせるべく誘導する。

ネガは、「卑屈も悪意も、自分だけのものではなく『みんな』のもの」として全体受容する女子の安堵を介して感染する。個人に悪意はなくとも、群れると同時にネガは増殖する。人の悪口が楽しいのは、「悪意を体外に逃す」浄化作用一点のみ。悪口を言う活動自体を楽しみ始めるとき、女子は、ネガがウィルス生存のために散布した「ネガを正当化することが悩みの解消方法」と勘違いさせる幻覚に酔い、喜んで心の澱を培養している状況下にある。

悪意を共有する際、日本人は、悪口も憎悪も「悪いこと」と教育されているため、罪悪感が発生する。「私は嫌な女」と認識し、自分を責める内罰思考が生成される。「悪口を言ったり、コンプレックスに執着したりする自分は、ネクラでネガティブで卑屈な自意識過剰人間」と誤認して鬱々とする。これがネガの大好物であり、宿主にはもっともっと無尽蔵にご馳走を放出してもらいたい。「こんな自分は嫌だ、変わろう」と思わせないために、同様のネガを飼う者同士を引き寄せ、楽しく、気楽に、安心してネガを繁殖させる互助作用を発動させる。

かくして、特に「ネクラで、ネガティブで、卑屈なこじらせ女子」ではないただの女子の群れが、凄まじい繁殖力を持つ「こじらせパンデミック」に翻弄されていく。

卑屈をアイデンティティ化するなかれ

ただの作用としてのネガウィルスに翻弄されるということは、「自己を放ったらかしにしている」状況を差す。そもそもネガは【個】の整っていない者のブランクスペースに侵入し、巣を拡大し、「自己の空疎化」を促進するウィルスである。

最悪のケースは、宿主が「ネガティブで卑屈、それが私のアイデンティティだ」とし、誇りに思い始めることである。こうなったらもう一生、ネガ安泰。宿主は、ネガに自己認識を乗っ取られた状態で、ネガの傀儡として生きていくしかない。いかに理屈をこねくりまわして自己正当化を企てても、そこには自己が存在しないため、机上の空論はあっけなく破綻する。

己の精神を淀ませる「卑屈」を長引かせるのは、シロアリの存在に気づいているのに放置し、屋台骨の消滅をのんびり待つような自殺行為である。人間はどう足掻いても、どうせ苦しいので、楽になるための苦しみのみ引き受けて、無益で生産性のない「苦しみのための苦しみ」など駆逐してしまえばいい。過剰なポジティブ思考も時に露悪的だが、卑屈ウィルスはそれよりずっと重力も引力も強い。


よって、こじれてもいい、いたずらにこじらせるなと言いたい。

複雑な要素が絡まる毛糸の玉のような状況となった自分の中身の詳細を、自分事なのに把握できない者が、「それは一つの大きな毛玉である」と全体受容し、「こじらせる」という一言に単純化させて落とし込む。この毛玉を、如何にしてほどくか。解体方法には個人差がある。アスリートなら、運動しろと言うだろう。私なら、書く。

思いつく限りの曖昧模糊とした悩みを、①、②、③、と箇条書きにして書き出す。なんとなく、もやもやっと考えていたことを解体してみると、多岐に渡る要素を含んでいるとわかる。書いていくうちに、②と⑧が連鎖していたり、⑤が③の類型だったりと、分類と系統による全体像も見えてくる。そこで、吸収合併させたり、掘り下げたりしながら整理し、原型を掘り当てる。途中経過は捨ててよい。この手順を踏むことで、真の要因を把握できる。

つまり、掃除をしろと言いたい。

物質の整理およびレイアウトが下手な者は、思考回路も混然としている。何が自分に必要か、不要かを的確に把握できないため、取捨選択が遅い。

お腹がすいた時、「何を食べるか」を考えず、「お腹がすいた、ご飯を食べに行きたいけど、お金がない。家に何があったつけ。食器はどこだつけ。面倒くさいから食べるのやめようかな。でもお腹すいた」と、空腹、金欠、どこに何があるのかわからない混沌、怠惰を、掃除するにもどこから手をつければよいのかわからない部屋同様に持て余す。その間、問題の焦点付けが得意な者は、とっととご飯を食べ終え、食器を洗い、所定の位置に戻している。

最後に、女子の抱える鬱屈は、自己と社会を単純化する世の中によって、そもそも複雑なもの・こと・ひとを、うまく咀嚼できなくなった者の悲鳴であると考える。いわく人間の精神性をより軽薄なものとして茶化す文化のツケから生まれたネガティビティのシンボルである。

大人はいい加減、社会全体を覆う停滞感、閉塞感に当てられたまま、いつまでも子供に交ざって幼稚のぬるま湯ではしゃいでいる場合ではない。

人間の精神を軽視して、のんびり笑って生き延びられた裕福な時代はとうに終わった。今こそ、精神の胆力をもつ者が矢面に立ち、強く社会に屹立し、正々堂々、傷だらけになりながら大切に磨き上げた命と自己を、まっすぐに誇るべきだ。

〈朝、起きたら、アンダーヘアが消えていた〉

初夏のある朝、水槽で飼っていた大量の熱帯魚が全滅している不穏な夢から目を覚ますと、ベッドに横たわる全裸の下腹部より、アンダーヘアが消えていた。

魚の夢といえば、ユング心理学が解くところの太母元型、無意識、コンプレックス等の象徴である。シーンの前後の脈絡を参照したうえで、夢の示唆するメッセージを解読してみようと考える余裕は、毛頭ない。考えなければならないのは、毛頭すら窺い知れない「無毛」についてである。

当方はお酒が大好きで、ほとんど毎晩飲酒する。その際、度々記憶を喪失する。

若い頃は二十四時間飲み続けるなか、二十三時間分の記憶がなかったり、珍プレーの数々を引き起こし、後日ひとづてに聞いて冷や汗を流したりと、アルコール性記憶健忘にかまけた失態を何度も犯したものである。

中年となった現在は、体力・気力・内臓力とともに低下しているおかげ様で無茶な飲み方はできなくなったが、かつての経験より耐性がつき、記憶ごときを失ったくらいでは反省しない、もはや当たり前すぎてなんとも思わないという無の境地へと到達している。

しかし、記憶とともにアンダーヘアも失う状況には、さすがの私も驚愕し、思わず、「どこ行った」と独り言をつぶやきながらシーツの上を真顔で捜索した。


冷静になって考えてみれば、なんてことはない。その日は脱毛サロンでデリケートゾーンの施術を行う予定があったのだ。

私はこれまで体毛を自己処理していたのだが、中年になってホルモンバランスが崩れたせいか、毛の生え方が奇妙奇天烈になってきた。怪我をした箇所やデリケートな場所に限って毛量が増えたり、濃くなったり、どうでもいい部分の毛がこぞってなくなったりと、自生林に生息する植物のような自然淘汰が、我が体毛にも適用され始めているのである。そこで「あまりにも野性味溢れる。なんとかしなければ」と思い立ち、サロンへ直行した。

サロンのお姉さんいわく、「脱毛希望箇所を自己処理してから来てください」とのことだったので、「そういえば、明日だ。直前にきれいにしなきゃなあ」と考えながら焼酎のヘルシア緑茶割り、通称ヘルハイをがぶ飲みした記憶の、次のビジョンが朝で、三十年ぶりくらいに「無毛地帯」を目撃して驚いたというのが事の顛末である。

酔ってフライング処理しただけなので特に問題はないのだが、指二、三本分くらいは残す心積もりだったのに、全剃りするあたりに酒の勢いを感じる。おそらく途中で「全部いらない」という極論に達したのだろうが、今ははっきりと、そのときの自分に向かって断言したい。「いる」と。暖簾、大事。

さて。友人女性のほとんどが、二十代より脱毛サロンや医療機関で体毛の処理を行うなか、当時の私がそうしなかった理由は、「私という女にとって、毛とは何か」をものすごく真剣に考えていたからである。

というのも、私は小学生の頃に眉毛がつながっていて、男子に「一発貫太くん」とからかわれていた。それが嫌で、つながりの部分を剃っているうちに二度と生えてこなくなった。

そんな私に衝撃を与えたのが、メキシコの画家、フリーダ・カーロである。濃いつながり眉を強調する肖像画・ポートレートの逞しさたるや。つながり眉を臆するでもなく、恥じるでもなく、堂々と誇る勇姿に感銘を受けた。女性が体毛を気にし、排除することは、女性として当然の身だしなみだと思っていたが、自然な自分を誇れずして何が身だしなみだ、世の美醜の既成概念に騙されるな、持って生まれた裸の自分を信じろと叱咤激励されているような気持ちになった。ならば私もと、追随したいが、眉間の毛は二度と戻らない。取り返しのつかない失敗を犯したと落胆した。

当時は、イギリスのパンクロックも好きだった。エナメルのボンデージスーツに身を包んだ、眉毛のないキャットウーマンの写真を一目見るなり、「そうだ、中途半端にあるよりも、眉毛などいっそないほうが清々しい」と思うや否や全剃りした。その後、眉頭はばらばらと再生したものの、眉尻のほうは二度と生えてこなかった。改めて、眉毛を剃っている場合ではないことを思い知らされたのは、パティ・スミス先生がアルバム『Easter』のジャケットにて披露した脇毛である。さらには、グレイス・ジョーンズ先生の角刈り！

女性である以前に私は私だ、私という人間で何が悪いといわんばかりの「毛」アピールは、既成概念への強烈なアンチテーゼとして思春期の私に衝撃を与えた。そうだ、私が命と性を誇るためには、毛だ、毛こそがくだらない価値観に反旗を翻すための武器となるのだ！

こうして「毛」について切実な思いを馳せた十代の純情を、突然現れた「無毛地帯」を前に、久しぶりに思い出す。その後、施術台で「うわ〜、ツルツル〜」と大はしゃぎするサロンのお姉さんとともに大爆笑した四十歳の自分の仕上がりを、かつての自分に陳謝したい。

とはいえ、長い人生、「まあ、そんなこともあるよね」。肩の力の抜けた大人に仕上がった自分を、生まれたてのヒヨコ並みのふわふわのヘアとともに愛でて生きたいものである。

と、薄らぼんやり考える二日酔いの朝、コーヒーを入れ、ソファーに座って一服しようとしたところ、ソファーがない。

ソファーとは、ご存じの通りけっこうな重量とともに場所を取る、存在感の大きな家具である。それがないとは、一体、どういうことか。あたりを見渡してみると、木屑と細かい布切れが散乱している。ベランダには、ぱんぱんに膨らんだ大きなごみ袋が十数個、積み重なっている。中には木材とともに、ソファーを覆う合皮布が皺を寄せている。

棒立ちのまま昨晩の記憶を模索する。確か、家で黙々と仕事をして、夜の訪れと同時にヘルハイを飲み始めた。次いで頂き物のワインのコルクを開けたところまでは覚えているが、そこから先の記憶がない。この珍事を友人に伝えるべく、SNSを立ち上げると、昨晩の自分のタイムラインに「満月だからという理由につき、ソファーを解体したい」という謎のコメントを発見。以下、本当に解体し始めた一部始終の実況中継が写真付きで延々とアップされている状況を目の当たりにし、コーヒーを盛大に吹き出した。


解体思考癖の持ち主とはいえ、いくらなんでも家具まで解体することはないだろう。

こうした珍事を起こすとき、ふと夜空を見上げると、必ず満月が煌々と輝いているのである。

なるほど、満ちるとは、失うことと見つけたり。

第五章

同調圧力を切り裂く

「みんな脳」のユートピア

「みんな」別人

ただの私見・主観を「私は」とは語らず、「人間は」「日本人は」「女はみんな」の全体主語を用いて発表する者を、「みんな脳」と呼んでいる。

人間は全員別人である。自分と他者が完全一致することはあり得ない。

自分の目に映る他者像とは、あくまでも己の価値観を通過した己の解釈に過ぎない。自分も、異なる価値観を持つ他者の解釈を通過する。自他には常に距離が生じる。その距離を、自分の解釈のみを根拠に詰めようとする活動は「自他の境界線侵略」。想像力や理解をもって、差異を有り体に認め合う活動こそが世道のマナーであると、私は考える。よって、「みんな一緒」が大好きな方々の価値観こそを率先して尊重するとして。

その「みんな」に乗れない私まで、同様の価値観に取り込まないでいただけないか。と、お願いしようものなら、「そんな女、女じゃない」「おまえも『人間は全員』って言っているから同類」「自分だけ特別意識を持ちすぎている。異常者」「全体を重んじる日本における、非国民」「同じじゃないって否定するなんて、酷い」「みんなを馬鹿にするな」といった全体的な返答を畳み掛けてくるあたりが、「みんな脳」の特徴である。

真性「みんな脳」

「みんな」の差す意味合いが、集合を表すただの名称や、「一人では到底できないことも、複数の人々と協力・団結し合えば実現できる」「一＋一が三以上の力になる」とする共同作業の相乗効果を差しているようなら、歓迎する。自分勝手を自認する私自身も、多くの方々と協力し合う仕事やイベントを通じ、チームワークの素晴らしさを噛み締めながら生きてきた。自分のよく知る「映像」こそが、チームワークの妙技によって構築される作品である。

他方、自分の意見もなければ主体性もない、自己が空疎な者同士の付和雷同であるならば、手放しに賛同することはできない。それが好きなこと自体に文句はない。各々好き勝手に生きていけばいいいし、我が強ければ良いというものでもない。

文句があるのは、空疎な自己を根拠に、他人の自己をも「ない」も同然の空疎な代物として雑に扱う種の干渉である。順を追って説明したい。

① 自分一人として在る状態が心許ない者
・「みんな分の一」である自分に安心感を得る
・不特定多数の「みんなの森」に「自己の木」を隠し、森を矢面に立たせる
・同時に、個人としての主語を放棄
・心許ない自己を強化するトレーニングも放棄
・各々の責任も「みんな分の一」として分散化
・分母が増えるに連れ、責任の数量は縮小化
・結果、責任自体を「ない」も同然のものとして無効化

②　みんなは全員、みんな分の一
・主体を喪失。総体に依存
・同時に、自他の境界線認識力が欠如し、他者に同一化を求める
・他者はみんな、「みんなの森」に身を隠す「みんな分の一」仲間
・他者本来の総数「一」を分子に据え置き、その価値を縮小化・簡略化
・みんなは自分。自分はみんな。
・尊重するべき自己が見当たらない＝他者の自己も「ない」
・自己認識力が希薄＝他者認識も希薄
・自己を雑に扱い、尊重しない＝他者をも雑に扱い、尊重しない

③　みんなのユートピア
・「みんな」がマジョリティーを獲得していると妄信
・特に主義主張も根拠もなく、仮想の多数決の正義を盾に「民主主義」を名乗る
・同時に、「みんな一緒感覚」を正当化
・「みんな」に乗れない他者を断罪する、外罰傾向が暴走

・「みんな一緒」を強要する同調圧力も並走
・時に、他人の家に土足で上がり込む無遠慮な干渉・プライバシー侵害も横行
・自分のものも他人のものも「全部みんなのもの」
・「みんなのもの」は「自分のもの」
・搾取と平等分配による共産主義的ユートピア思想

思案を整理しながら書くうちに、なぜか、最終的にユートピア思想にたどり着いてしまった。どうしよう。想定外のキーワードの現出に我ながら面食らうが、しかし、あながち外れた着地点でもないと考える。ユートピア思想は非現実的な管理主義として現代に捨てられた思想であって、そもそも主義も主張もない者が担ぎやすい幻想の理想郷であると、私は認識している。理想を叶えるために人間を統括する活動がリンチへと発展した歴史的事実を鑑みても、飛躍的ではあるが、平場の「みんな（自分）と一緒感覚の強要」が暴力に近しい効力を発揮することは大いにある。

その統括だが、「みんな」の話ではなく、己単体の自己鍛錬という意味合いにおいて、重宝することがある。自己には、一長一短も、矛盾も、感情の反射と言動の齟齬も、自己像とペルソナの距離も混在する。そうしたいろいろな面を持つ自分を一人、黙々と内省し、不要な面を反省したり、厳しく更生したり、許したり、肯定したりする「己統合会議」を行うことにより、自己は強化する。

あくまでも精神論ではあるのだが、その作業をさぼって「みんな」を取り込み、全体統括しようとする者に限り、「己を整えてから出直してこい」と言いたくなる。

自力なき他力本願

自分の意見・価値観は「みんなと一緒。受け入れられて当然」とする者が、「他者だから異なる」とする至極真っ当な理由によって拒まれるや否や激高する。その精神性の発露にあるものは、他者に対する自己都合の押し付けである。いや、都合を押し付けるというよりは、他者の領土に土足で踏み込み、自己を満たすものを勝手に奪取せんとし、窘められて逆ギレしている状況に近しい。他者を利用しなければ満たすことができない自己とは空疎そのものであり、押し付けるに足る内容自体、存在しない。よってこの場合の自己都合とは、他者による自己の補填欲求を差す。

そのような人物は他者の目に、ただの「自分勝手な人」と映るわけだが、正真正銘の自分勝手者である当方は、断じて認めない。真の自分勝手者たるもの、自己ごとき、自分で満足させると心得る。いわゆる「自己満足」とは、自尊心を自分で満たす「自力本願」なくして成立しない。前記、しつこいくらいに「自」の字が登場するからこその自尊心である。自己はそっちのけのまま、他者で補填する「他力本願」な「他者満足」など、自尊心がないからこそやってのけられる芸当である。自己が「ない」のに、いや「ない」からこそ、自他の境界線を気楽に乗り越え、他者より奪取し、同一化を求める。すなわち、侵略者である。

そうは言っても、人は一人では生きていけない。人様の協力を仰がなければ乗り越えられない苦境もある。よって、ありがたく拝んで心根をお借り受けし、そのご恩をいつか必ず返す者となるべく、自分を成長させることが何より肝要ではないだろうか。「みんな」は、もっと「みんなと自分」を尊重しろと言いたい。

会話が噛み合わない女たち

女と女のキャットファイト

「みんな脳」は、女性性に由来する共感性質を持つため、男性よりも女性のほうが「女はみんな一緒感覚」に親しみを覚えやすいのではないかと考える。

男性にも未だ全体思考を強要する者がいるが、それは国に体力・勢い・牽引力があった時代の「男性的な雄力」に夫唱婦随する概念である。牽引される喜びへの陶酔が「右に倣えと言われたら瞬時に従う」順応性の屋台骨となる。いわく「夫に命令されたら全部従う」従順な嫁のごとくの女性性のエネルギーを示すと推測する。

よって「女を前時代的な役割の型に嵌めるな」と怒る私のような女と、「女はみんな結婚して子供を産め」と宣う男の小競り合いは、雌同士のキャットファイトのごとくのかしましさを醸し出す。

さておき。以下、「女はみんなこうなのよ」とする女性と、「私は違うのよ」と否定する私という女に、頻繁に勃発する会話の齟齬を記してみたい。その際、独身・未出産の私においては、「結婚」「出産」にまつわる話題の最中にすれ違いが起こりやすいため、そこに焦点を絞って進めていきたい。

悪意のない齟齬

出産を望まない私が、嫌悪・拒絶の意志をもって「母親になるのは無理」と言ったとき、既婚者・母親より、以下のお言葉を頂戴することが度々ある。

◎「心配しなくても大丈夫、ナガコはいいお母さんになるよ」
◎「今は四十代でもどんどん普通に産んでいるから、諦めるのはまだ早い」
◎「ママ友になってあげるから、産みなよ～」
◎「そんなに頑に女の幸せを拒絶しないで」

これらの激励、慰めは、拒絶の意志を表明した私と、「本当は母親になりたいのに、なれない・

できない・自信がない・自分には困難だ」とする、可能性上の諦観・謙遜としてとらえた者との、『無理』の解釈の齟齬である。

誤解を放置するわけにもいかないので、素直に説明を続ける。

「いや、私、本当に母親になりたくないんですよ。『無理』という幅の広い解釈を持つ一言を安易に放った私も悪かった。ちゃんと『母親になりたくない』と言えば良かった。そう、嫌なんです。意志です、能動です。年齢も関係ない。結婚しなくても、子供がいなくても、女として充分幸せに生きている自信なら満々です」

すると、「そんなに気にしなくても全然、大丈夫だよ」「自信を持ちなよ」「強がり言っちゃって」等々、真意を汲んでいただけない返答が、再び怒濤の勢いで押し寄せる。

「大丈夫」と慰められるということは、私はその人に大丈夫じゃないと思われていることになるが、私のどこに大丈夫ではないポイントがあるのか。なぜ、心配されているのか。何がどうして私は、負けたうえで負けに抗い、強がっていることになっているのか。

齟齬のパターン解析

これらの返答を整理して解読してみると、概ね四つのパターンが浮上する。

①「大丈夫派」＝母親になることが女全員の喜び

「結婚・出産が女（自分）の幸せだから、現在、何一つとして幸せの条件を満たしていないナガコは不幸」「かわいそう」。よって、悪意なき心からの優しさとして「大丈夫。ナガコだったら、いつか必ず幸せになれるよ」と慰める。それが私の幸せであるか否かは度外視。

②「意固地派」＝負けず嫌いゆえに虚勢を張っている

「ナガコは、本当は結婚も出産もしたいのに、四十歳を超えて、両方無理だと諦めた。しかしプライドが高いから意地を張り、『結婚できない』現状を『結婚しないのは自分の意志』と主張し、『できない恥』を自ら牽制している」。だから「強がらないで、素直になりなよ」。私の素直は度外視。

③「自虐ギャグ派」＝テレビのバラエティ番組の見過ぎ

「ナガコは、子供も夫もいない己をいじり、独身女性芸人のごとく『結婚できない自分』を題材に自虐ギャグを披露している。笑いでつらさを払拭しようとしている」。よって「大丈夫、自信を持って」「不幸を自虐するなんてナガコらしくない。がんばって」。そのナガコは、一体、誰なんだ。

④「合の手待ち派」＝自分がそんな人

「『無理』と、自分を一旦卑下することによって、『そんなことないよ、大丈夫』の合の手を欲しがっている」。よって「大丈夫」「合の手欲しがる人間のこと散々馬鹿にしているナガコらしくない。どうしたの？」。いくら自分が合の手論法を愛用しているからといって、私まで取り込まないでいただきたい。

ここにはっきり断言しておく。

私なら、大丈夫だ。

私は不幸ではない。負けず嫌いではあるが、結婚・出産について虚勢を張ったことはない。自虐ギャグも披露していない。ただ素直に、己の幸福を維持するために「嫌だ」と言っている。「またまた～」以下、毎度おなじみの合の手を何度頂戴しても、何度でも「嫌だ」と言う。きりがないが、主張し続けるしかない。なぜなら、嫌だからだ。

自分を安心させるための他者

年輩女性による、「え！　あなた四十超えているのに、まだ子供産んでいないの！」「一刻も早く子供を産みなさい！　もう時間がないわよ」の攻撃も、なかなか面倒である。

年輩女性は専業主婦が多く、男が経済を回し、女が家を守るという役割分担に疑いを持たない者も少なくない。彼女たちが結婚した当時の景気や時代性を鑑みれば、結婚は確かに女の幸福を約束するに足る型だったのだろう。だが、今となっては無効である。現在は幸福の選択肢も多岐に渡る。

いわゆる有閑マダムによる結婚・出産の奨励は、自身の人生の肯定のために存在しているのか。あるいは、「自分の辿った人生以外に、もっと幸福になる方法論が、もしかすると、あったのかもしれない」と考え得る余白への拒絶だろうか。ならば、その根底にあるものは、自己懐疑である。

時代の提供する幸福論に乗りさえすれば、絶対に幸せに生きていけると、疑いもなく信じていた少女が若くして妻となり、母となり、家族を懸命に支え続けた。役割から解放された老後、自分の人生を振り返る。そこにあるのは自己ではなく、ただの役割ではなかったか。私である必要はあったのか。本当にこれでよかったのだろうか。

「いや、よかったのだ」と自らを納得させるためには、自分と同じ境遇の「幸福な他者」の存在が欠かせない。その人物を客観視することによって、己の人生を幸福なものとして振り返り、自己肯定の安心感を覚える、といったメカニズムを創造する。これは年輩女性と限らず、若者も、男性であっても、自己を懐疑する者ならではの心理である。

そのほか、

◎自分同様ではない者を拒絶する
◎自分の優位性を誇示するために、自分とは異なる境遇の他者を見下す
◎他人事に干渉して自己を満足させるための獲物探し・暇潰し
◎天然

などなど。みなさま実にさまざまなタッチで「結婚・出産の推奨」を雑に投げつけてくださる。
特に母親であることにプライドを持ち、妻という立場にステイタスを感じる女性は、こちらが「結構です」とお断り申し上げようものなら、「ナガコにディスられた」「なんか感じ悪い、生意気だ」「自分の幸福を踏みにじられたような気持ちになる」「否定されてプライドが傷ついた」「主婦を馬鹿にしているのか」等々、漏れなく言い掛かりを付けてくる。

被害者意識の脊髄反射がお得意な女性に言いたい。人を馬鹿にしているのは、あなたのほうだ。

あたたか〜い干渉

一段と悩ましいものが、人様のほっこり感覚によって、あたたか〜い轢き逃げ事故に遭遇する被害である。

一人ファミレスでご飯を食べているとき。家族との晩餐を楽しむ隣の席の子供が、自分を差し、「あのお姉さん、一人でご飯食べてるのかわいそうだね」と言った。

子供の感想については、特に問題はない。その母親や祖母が、「本当だね、○○ちゃんは家族みんなと一緒で良かったね」「一人は寂しいものねえ」と子供に声をかけるや否や、お姉さんに対するあたたか〜い「失礼」が鎌首をもたげる。

お姉さんの周囲では、該当家族以外の客人までもが、ほっこり微笑みを携えている。流れ弾を食らったお姉さん一人、黙々と、憤懣やるかたない気持ちをハンバーグと共に咀嚼するよりほかに術がない。確かに、かわいそうである。

被害を事前に防ぐことはできないし、事後対策として「私を巻き込むな」と言えば、ほっこりファミリーこそに「幸福な晩餐を台なしにされた」「突如、とんだ極悪人に謂れのない因縁をつけられた」「被害の流れ弾を食らった」という理由で、お姉さんが断罪される。不毛である。当事者には悪意の自覚がない。ゆえに、罪深く、無敵である。

かく言う私はそもそも、安住の地で「ほっこり」するよりも、半裸で「ひりひり」しながら未開のジャングルを匍匐前進したい者である。

子供は好きだし、待望の子供が産まれ、幸せを噛みしめている母親が「産んでよかった。幸せ」と自分事として言うからには心からの祝福を送る。しかし、それは他人事への感想である。自分事に置き換えて想像してみれば、息苦しい。その光景は、遠いジャングルより双眼鏡で微笑ましく眺める異国情緒。如何せん、当方はジャングルで生きる者。これからライオンと生存を懸けた死闘を繰り広げなければならない身の上として、ほっこりの油断は命取りだ。

よって「赤ちゃんは、大変だけど、可愛いよ〜。ナガコも早く産みなよ〜」とほっこり誘われた際には、野生の危機感が反応し、防御本能より拒絶の意を表明したい衝動に駆られる。しかし、他人の幸福に水を差すのも後ろめたい。やんわりと事情を説明するに留める。

「私はいいよ。遠慮しておく。ほっこり、苦手だし。ほら、私、ちょっとした破滅思想者だから、ひりひりしているほうが性に合っている」

すると、ほっこり信者はこう返す。
「結婚して、赤ちゃん産んだら治るよ～。そう思うのは、ほっこりが足りないからだよ～」
私の「ひりひり」は病気か。

他者に誘発される『自責』

プライバシーやセクシャリティにかかわる結婚・出産について、他者がとやかく言うことは基本的に無礼だ。かつては盛んだった男性による「女は産め」攻撃も、今やセクシャル・ハラスメント認定されている。しかし、既婚女性および母親による「結婚・出産の推奨」は、未だ健在だ。「ナガコも子供を産みなよ～」発言は、ほっこりのベールによってマイルド処理されているだけで、その主張は年輩男性の「産め」と同義である。質に違いがあるとするならば、そう言う男性は女性に「機能」を求め、女性は「共感」を求めている点である。

共感由来の「結婚・出産の推奨」は、まったく共感しない者にとっては、不快な同調圧力となる。よって、文句を言いたいが、そこにあるエネルギー自体が、祝福、幸福、多くの人々の共感する「あたたか～いヒューマニティ」に属する以上、安直に拒絶しづらい。

乗れない自分の感覚のほうが人間としておかしいのではないか。「ほっこり」を前に、暗澹たる気持ちになる私は、人でなしだろうか。子供を産みたくないのは、女としての欠陥ではないか。家族愛を、正直気持ち悪いと思う自分は冷酷な人間なのか。そう考えるうちに罪悪感さえ覚え、「こちらの精神性が殺伐としていて、なんか、申し訳ない」と無駄に謝ったりもする。徒労である。

このように、自責の念をも生じさせるあたりが、「ほっこり」最大の迷惑ポイントである。言うに言えない本音を飲み込み、「いいなあ、うらやましいなあ」といった嘘や笑顔で表層を取り繕いながら、行き場のない戸惑いを持て余す。普通に生きているだけで素直な気持ちを話せないことは、不幸だ。ストレスが溜まる一方で、心身ともに不健康である。

ここで、改めて身も蓋もない提案をしたい。

「言ってしまおう」と。

内なる鬱憤は、人様に植え付けられたものであっても、自生したものであっても、自力で滅却するよりほかに成仏を叶える方策はない。よって、言いづらいことこそ単刀直入に、「私、正直、それ、大嫌いなんだよね！」と、陽気に笑い飛ばしてしまおうではないか。肝心なことは、放っておいたらネガティビティを生成・増殖し始める場のエネルギーを、自らポジティビティに変換させる工夫であると心得る。

不気味な干渉を陽気に切り裂く

純然たる文句

女性が結婚・出産を「しない」と決めて生きることは、もはや稀な選択ではない。ところが非婚、非出産を望む独身女性を捕まえて、善意の慰めやアドバイス、「できる・できない」の揶揄、「女性ヒエラルキーの中で、既婚者は上位、独身者は下位」と断定したうえでの優位性の誇示等、意識的、無意識的とにかかわらず、個人的な解釈を根拠に干渉してくる女性は未だに多い。

これに対し、文句を言うのも気が引けるため、「嫌だけど、世の中そういうものだから、しょうがないよね」「みんながそうなら黙って従うしかない」「自分が我慢すればいいことだ」といった諦めをもって和を成そうとする以上、いつまで経っても不毛な干渉は続く。

あまりにもしつこいときには、誤解なきよう懇切丁寧に、苦情を申し上げるしかない。
その実用返答例を、ここに挙げたい。

①　独身の私を負の存在としてとらえる方におかれましては、どうぞご心配なく。私自身は常に明るく、爽快に生きております。心配するべきは、「独身＝負」とする己の価値観の土壌で「負のナガコ像」を創造し、私の真実と誤認したうえで「大丈夫！」と慰めてくる、そちらの脳のほうではないでしょうか。重要な思考回路が五、六本、断線しているとお見受けしますが、大丈夫？

②　「人間は全員別人だからこそ、自分の狭い了見で人様を判断してはならない。己の解釈は事実とは異なる可能性がある。その点、精査もせずに相手を『こう』と決めつけるのは失礼」といった教訓を、概ね小学生くらいの頃に親や大人に教わるはずだが、成人にもなってそれがわからないようなら、幼稚園からやり直せ。

③　他人を利用して、己の優位性を誇示する活動とは、侵略行為である。よって断罪したいものだが、それが自他認識力を順調に育てることのできなかった者の「欠落」ならば、哀れである。と、私に見下されるか、それとも無礼者と罵倒されるか、どちらか好きなほうを選べ。

④　もしかして気ままな独身が羨ましいの？　「私はいろいろ大変でがんばっているのに、あの人は何も背負わないで好き勝手に生きている。ずるい」。よって腹いせに他人を故意に見下さなければやっていられないくらい結婚・育児・生活がつらいようならば、お気の毒様。

⑤　以上、ご理解いただけないようならば、せめてものお願いとして、放っておいていただきたい。

右は、朗らかさの欠片もない剥き出しの嫌味である。真顔で放った場合、私に暴言を吐かれたとする被害者気取りの加害者が増加する一方なので、さすがに丸出しは憚られる。が、無礼者のほうこそが私に歩み寄り、無礼講のチャンスをくださったと考えてみれば、有効活用しない手はない。人間関係が立ち行かなくなったとしても、二度と私に干渉しようとは思わなくなるだろうから、目的達成。問題はクリアだ。

抜けの悪い会話

とはいえ、右記の嫌味は、マウンティングやランク付けによって自分の優位性を確保したがる「ポジション馬鹿」への意趣返しであって、実際に口にしようものなら、同じ穴の狢と成り下がる。

「ポジション馬鹿」に、馬鹿という純然たる悪口を配した理由は、自分の評価基準について下駄を預けた結果、優位に立てなかった際には自尊心を傷つけられたり、下手に出ない者を憎んだり、劣等感を抱いたりする、「他者評価スパイラル」から抜け出せない愚かしさを根拠とする。「自己評価」が低い状況において、他者を自分より下のポジションに押しやることによって、自分の評価ランクが上がったと認識したいのだろうが、「自己評価」自体は依然低いままである以上、錯覚としか言い様がない。真に「自己評価」を高めるために有効な方法はただ一つ、「いちいち他者を引き合いに出すことをやめる」。これに尽きる。

そもそも「ポジション馬鹿」の好きな会話は、総じて薄気味悪いものである。

たとえば、私が、痩せ型の女性に対して、「いいなあ、あなたはスレンダーで。私は胸が大きいから、何を着ても太って見えちゃうんだよね」と表現した場合。

言葉には表れない「巨乳自慢」の作為が紛れ込んでいるようなら、会話の水は濁る。作為は、いくら言葉を選んで隠しても、漏れ出る。

相手が「いやいや、かえって巨乳が羨ましい」と返すや否や、「いや、そんなことないよ。肩も凝るし云々」と、「自慢」と「自慢の気配の帳消し」を言葉の上っ面で同梱させる。そのとき、見えないだけでそこに確かにある気配が、歪な空気感を生成する。その抜けの悪さたるや、確かに居るのに姿が見えない悪霊の住み着いた化け物屋敷のごとくの不気味さである。

当方は、そんな淀みに同調する趣味はないし、風通しの良い空気を吸いたい。よって、「いいなあ、ナガコは巨乳で。私なんて貧乳だしガリガリだから羨ましい」と言われたときには、それが本音だろうと、お世辞の威を借りた「痩身自慢」だろうと、遠回しに「デブ」と揶揄する嫌味だろうと、先方の意図はまるで意に介さない。

いずれであっても返す言葉はただ一つ。

「そうなんだよ、私のおっぱい、なかなかいいでしょ」

裏も表も作為もない素直な「自信」を、陽気にお届けするまでだ。

純度百%の『自信』

人様の土壌を荒らさなければ自己を肯定できない「自信のない者」にぶつけるべきは、嫌味でも意趣返しでもなく、純度百%の自信である。その際、肝心なことは、本人が確かに自信を受容しているか否か。口先だけならただの「虚勢」だ。

自信とは、あくまでも自負である。他者評価やランキングはさておき、「自分はこう在りたい」「こんな自分を愛したい」等、自らの内側から湧き出る希望に向かって努力した自負を、私は自信と呼ぶ。「私には自信がある」という表現をより回りくどく書くと、「私の内面の土壌には自信が在る」となる。

すでに在るのだから、包み隠さず丸出しすればいいだけの話である。包んで隠して出すと、包み方のセンスや隠す作為といった別のレイヤーの味付けが加わり、実態とは異なるものとして外部に伝わる。無論、剥き身の丸出しであっても、他者の受け止め方は人それぞれ。どうとらえられてもかまわない。受け止め方は人様の自由であり、私の自信とは関係がない。自信に足る自負は、外部に存在する他者の思惑や評価に左右されるほど脆くはない。

時に、ただの自信の発表が「自慢」ととらえられ、「おまえこそが、自らの優位性をアピールしている」と指摘されることもあるが、特に取り繕おうとも思わない。そもそも、他者の自己肯定発言を一足飛びに「自慢」ととらえる人間は、他者との比較によって優位性を誇示する種の自慢をしがちな者だ。

また、私の返答に「いや、巨乳なんていいことないよ。スレンダーなあなたが羨ましい」と、自らを一旦貶めて相手を持ち上げる種の合の手を期待していた者がいたとして。

その人は、私による間接的な自己肯定を求めているわけだが、それを他者に求める以上、いつまで経っても自己受容は叶わない。他者の「見え方」の土壌で己を整えたところで、不毛な小競り合いが延々と続くのみで、発展性は皆無である。

人に干渉したりされたりする以前に、いつ何時も、素直に丸出しできるに値する自分を懇切丁寧に整えることに専念したほうが、健やかかつ合理的であると、私は考える。

自己を語る

言えない自己

世の中には、言ってはいけないことではないのに、なんとなく「言いづらい」雰囲気が漂っているという不明瞭な理由により、「言えない」トピックスが山のようにある。

たとえば「自己肯定」「自信の表明」「自画自賛」。

これらは本来ポジティブで、自己受容の過程においても必要なものだが、人前ではなかなか発表しづらい。なぜなら、高確率で馬鹿にされるからである。

◎「おまえの自己など、他者は肯定しない。気にもしない」
◎「その自信は勘違い。他者（自分）は評価しない」
◎「わざわざ表明するということは、他者による承認を求めている証である。自意識過剰」
◎「自己主張は、はしたない。日本人なのだから、もっと慎み深く」
◎「ただのマスターベーションに他者を付き合わせている。ひとりよがり」

枚挙に遑がない。

「自分語り」も、自己主張、自己顕示欲、承認欲求のはしたない露呈として疎まれる。「嫌なこと」を、はっきり「嫌だ」と言っても、とかく「嫌なやつ」として疎まれる。「他者評価」を想定するうちに自己を主張しづらくなって、禁止されているわけでもないのに自粛。危機回避の自己防御として「主張しない」を選択せざるを得なくなる。

結果、大多数の人間にとって違和感のない、テンプレート社交辞令が会話の上澄みを行き交う。人間が率直に話し合うことによる衝突を緩和するために設けたエアバッグとしての「空気」を読み、牽制し合う。人間には、言わずとも、察する能力がある。とはいえ、感受性・受信力・想像力ともに個体差がある以上、読みにもばらつきが生じる。正解の根拠もないうえに、解釈の自由の余白は有り余る。いや、もはや余白しかない。そんないい加減な空気を読む暇があったら、自己ごときとっとと主張しろと言いたい。

そもそも不穏な空気とは、空気が不穏なのではなく、不穏と感じた人間の怯えや恐怖感の現出を差す。つまり、読もうとしている空気は「相手にどう思われるか」を気にする己の不安の投影である。それを読んでますます不安が募り、閉口する状況を自縄自縛といわずしてなんと呼ぶ。

「私は」のマナー

もっとも、場のＴＰＯによって言葉を選ぶことも、雰囲気を察することも大切なマナーではある。特に会話は双方向性のエネルギー交換である以上、キャッチボールの構えや、相手の話をまずは聞く姿勢が最低条件となる。相手の都合はおかまいなしで、自分の言いたいことを一方的に押し付ける行為は礼儀に欠ける。

他方、会話の双方向性を尊重したうえで、「私は、こういう人間なので、こうとらえる」と敢えて話したほうが親切なケースもある。清く正しい「私は」の主語使いは、言責の所存を明確化し、他者に寄り添うために機能する。

たとえば、ある人物が、自分には受け入れ難い言動を行ったとして。
「あの人、おかしいんじゃないの」と思うこと自体は個人の自由だが、「おかしい」と認定するに至るには、

◎「あの人」は、実際におかしいのか。
◎本物の不審人物であるならば、その根拠は。
◎自分がおかしいと感じただけか。

以上、事実性の精査が必要となる。その工程を華麗にすっ飛ばし、ただの印象や憶測をもって「あの人は、おかしい人物である」と、「あの人」を主語に断定した挙げ句、第三者にも伝達する話法は礼儀に欠ける。それがただの印象ならば、「私は、あの人、おかしいと思った」と、あくまでも自分を主語に据えて表現するほうが会話のマナーに適っている。

本当に「あの人」がおかしいか否か。第三者にはわからない不透明性を悪用し、事実無根のデマを流す愉快犯も困ったものだが、個人的には、悪意も作為も事実精査もない、天然の断定吹聴のほうが、質が悪いと考える。

「自分がそう感じただけではないか」と内省するための一拍が欠落している者は、自他の相違、主観と客観、総論と各論など、別物であるさまざまな視点を疑いもなく混線させる傾向にある。己のとらえ方を疑わない者は、己の人を見る目の鈍さ、価値観の正誤、断定吹聴の無礼をも疑わない。ゆえに「あの人は、こう」と周囲に言いふらすことにも抵抗を感じない。要注意である。

「こう」の内容に否定・批判の要素が含まれている場合、ますます「私は、こう思う」と、自分事として語るほうが、相手を尊重したうえでの清潔な批判として通用し易い。より明確に、「私はこのような価値観を大切にして生きている者なので、あの人の言動を、おかしいと思いました。抵抗を感じるのです。みなさまのご意見、お聞かせください」と言ってようやく、あの人本人を含めた対等な立ち位置のディスカッションが成立する。

または「私はあの人、嫌い」とか「私には、こう見えるから苦手」と言えば、自分とあの人が疎遠になったり、大喧嘩した後に大親友になったりすればいいだけで、無関係な第三者を巻き込まずに済む。平和である。

自分語りのメリット

つまり、会話における自分語りのメリットは、相手と自分の「私」を交換しながら相互理解を深め、信頼関係を育む点にある。頭に来ることを言われても、脊髄反射的には怒ってはならない。「あいつが酷いことを言った」ととらえる心中には、

◎圧倒的にあいつが酷い
◎裁判でぎりぎり勝てるか、負けるか程度の印象・解釈の個人差
◎自分のコンプレックスに刺さっただけ。あいつが酷いんじゃなくて、うまく消化できない自分の問題

等々、さまざまな状況が混在している。

そこで、「私、今、頭に来たんだけど」と素直に心情を言語化し、相手の意見もよく聞いて整理してみると、

◎私は、あいつが酷いと考えた。なぜか
◎酷いと思うのは、自分自身がある体験をして、このような価値観を持つに至ったからだ
◎私の主観が、私にあいつを酷いと感じさせる

といった具合に、自分事を主語とした思考が脳に定着する。これができると、他人事を主語に、事実度外視の主観侵略のような真似を働いたうえでの悪口を吐かずに済む。結果、誰かを無駄に憎まずに済む。問題の焦点がクリアにもなるので、要らぬ情報・感情に煩わされずに解決を実行できる。他者への理解も深まる。超、平和。いいこと尽くめ！

「考える」動物・「言う」動物

「そうは言っても、日本は建前社会。ぐっと堪えて本音を交換しないことが美徳である」

ならば、一生、空気と戯れていろ。牽制し合うために生み出された自縄自縛の空気など、当たりと障りでできている。とっとと換気しろと言いたい。

「率直に丸出しすればいいというものでもない」

仰る通りだ。人様に話を聞いていただくからには、「言うに値する」内容を精査したうえで、意志をもって「言う」を選択する必要がある。

人間にとって発言は、基本的には自然な活動である。

時々、車窓から見える看板を片っ端から読み上げる小学生のごとく、脳に湧いた思いつきを口の端より垂れ流す人間に遭遇するが、この場合の「言う」は、ただのだだ漏れである。迂闊な失言で失脚する政治家も、内容のない会話を延々と続け、適当な相づちを打ってばかりいる社交の達人も、考えなしに言葉を「出す」「漏らす」。

他方、こちらは意志をもって「言う」者だ。

何かの事象と出会い、ある思案が生成され、発言欲求が湧いて以降、「言う」を選択するまでにはタイムラグがある。どうしてその思案が生成されたのか。原因は何か。感情は、不快か、愉快か。嫌なら解決する方法はあるか。考えがまとまらないようならば、「言わない」。今のところの自分なりの結論を導いてようやく、「言う」。

言うまでもなく、人間は「考える」動物・「言う」動物である。

「みんな」の数式、その正体

『Don't think』嫌い

「物事は複雑に考えちゃだめ！　考えないでシンプルに！　直感を信じて、みんなでハッピー！ウェーイ！」みたいなノリの、脳天気な人間が苦手だ。

「感じる」ことは、人間にとって大事な感性だ。「考える」こともまた、大切な能力だ。

私の周囲には「感じる」アンテナを存分に活かした活動に赴く者が多い。彼らは感覚と身体を俊敏に呼応させる訓練を、表現・職業の実践の地で行う。時に動物的な野性に任せ、時にロジックを用いながら作品を制作した成果が、多くの人々の感覚を豊かに刺激する。よって、直感の正しさや美しさ、鋭さを証明してきた者が感覚のアンテナを重視すること自体に、異存はない。

他方、訓練もせずセンスもなく、「感じる」ままに言動して周囲を散らかしたり、ロジックこそが必要な場面で「当たらない直感」を投入したりする迷惑なフィーリング至上主義者には、「直感を信じるも、信じないも、あなた次第だが、ところでその直感が当たる確率はなんぼで、それは今、この場に必要か否か。必要ならば、その根拠を教えてほしい」と尋ねたくなる。

「Don't think. Just feel」の二元論を盾に、「考えずに、ただただ感じることが必要なときもある」と主張するのではなく、「感じる」受動性は楽、「考える」能動性は面倒とばかりに「考えない」を正当化し、「考える」ことそのものを無効化する者には、「いや、ちょっとは考えろよ」というナンセンスな一言を投げつけたくなる。

シンプルの誤解

洗練されたハイブランドのスーツやドレスにシンプルという評価が与えられるとき、その裏付けには「計算し尽くされている」という賛辞がある。洋服も、グラフィックデザインも、工芸品も、写真も、絵画も、シンプルに到達するためには相当な腕と訓練がいる。

人の思いや人間関係も、シンプルな解決を獲得するためには、ある程度の思考整理が必要だ。そもそも、人間社会は複雑な異物の集合体である。摩擦も生まれれば、斥力も働く。関係性の土台には、自分の問題、人の問題、集団としての目的・意義、時代性の影響等、さまざまな因子が混在する。そんなゴミ屋敷のごとくのカオスを前に、「シンプル」の解釈は分岐する。

◎考えて解体する派
目前の問題に内在する、さまざまに複雑かつ膨大な数の因子と根気よく向き合い、必要な要素と無駄なゴミを分別したうえで、整理整頓を行う思索作業をシンプライズと呼ぶ。

◎感じて全体受容する派
目前の問題は、「ごちゃごちゃっとしたゴミ屋敷、ただ一つ」。ゆえに、全体はぱっと見シンプル。中身は見ない。詳細観察の放棄をシンプライズと呼ぶ。

この極めて大雑把な二元論は、前者である私が持論を正当化するために用いた自己弁護論である。私は、問題点にゼロを掛け、なかった（見なかった）ことにする「ゼロサム」をもって問題解決を試みる者の主張が気に入らない。そこに存在する膨大な数量の諸々をカウントせず、無視、簡略化、単純化するからこそ、物事はますます複雑化すると相場は決まっている。

と、考えていたところ、もしかして「解体思考」と「全体受容」は、数の概念および思考の数式が異なるのではないかと思うに至る。

「二」の解釈

私は「恋愛」と「結婚」と「出産」を、すべて別物ととらえている。それぞれの数量は単体で「一」、総数は「三」である。

他方、「恋愛・結婚・出産」を一本の槍で貫く自分の幸福論を根拠に、「好きな人と結婚して子供を産みたいと思わない女なんかいない」とする女性がいたとして。

その幸福の槍を「一」とすると、それぞれの単体エネルギーは「三分の一」に縮小される。私は「恋愛」の「一」を死守したい。よって、要らぬ「三分の二」を捨て、己のハードディスクの容量をあけようとする。

無論、総数「三」をどん欲に獲得しようとする方もいらっしゃる。そんな足し算思考な方々と、解体思考（引き算思考）の私との間に、あまり齟齬は生じない。なぜなら、計算方式が違うだけで、「一つひとつの要素は別物」とする共通意識があるからだ。

人間もまた、一人ひとりは別人であり、個々の幸福論は人それぞれ。よって、自他を無駄に混同することなく、お互いの幸福を祝福できるところが平和で良い。

また、自分を「一」として捉えた場合。母・妻・嫁の役割の分母が増えることによって、分子である自己が「二分の一」「三分の一」と縮小されるイメージを抱く。足し算思考者は、自己を分母、役割を分子とし、「一分の二」、「一分の三」ととらえる。なるほど、分母派は、逞しい母になる。分子派である私は母放棄。勢い、いつまで子供でいるつもりだと己を叱咤する。

一本槍派の数式はといえば、「女は、みんな、一本槍を幸福とする」といった超独特な解釈を、全女性の事実と断定し、他者の意見を無効化する「ゼロサム」である。「ゼロ」には何をかけても「ゼロ」ゆえに、「みんな」もろとも「ゼロ」となる。よって「みんな一緒」は幻想と証明されるわけだが、「みんな一緒」とする意見の「一」はそこに確かに存在しているのである。

その「一」とは何か。

◎自分＝みんな＝「一」

◎他者＝「ゼロ」

◎自分＝世界

グローバルすぎて計算式が成立しない。斬新である。

「みんな脳」は、お餅論

改めて趣向を変え、有機的に、「みんな脳」は「煮溶けて原形を失った具材を搦め捕る、お雑煮の餅である」とするお餅論を展開してみたい。

お雑煮は地域の伝統や風習によって具材が異なる。肉、魚。澄まし汁、味噌仕立て。丸餅をそのまま入れて煮込むか、角餅を焼き、お椀に入れるときに合わせるか。薬味も野菜もその切り方もさまざまだ。

その構造を知る者は、さまざまな理由で選ばれたさまざまな具材が、それぞれの持ち味の足し引き、掛け割りの相乗効果を発揮しながら一つのお椀を成す過程を理解している。よって、鍋の中を覗いたとき、諸々の脈絡が分からなくなる程度に煮崩れた具材を取り込んだ、柔らかいお餅が一つ、あったとして。本来はそこに、美しく象られたいくつもの具材が単体として存在していた状況をつぶさに想像することができる。

そのぐずぐずのお餅を見て、「ぐずぐずのお餅が一つ、そこに在る」と断定する観点こそが、「みんな脳」の面目躍如。お鍋とは世界・社会、具材は人間である。その有象無象の集合を一つの餅として捉え、個々の在り方にまで思慮を及ぼせない者が、「みんな」を一つの餅の内にほっこり搦め捕る。

先述したゴミ屋敷しかり。「こじらせ女子」の毛糸玉しかり。一つの混沌が生じたとき、己のカオスに他者を取り込む前に、まずはその正体を自ら暴けと言いたい。

面倒でも、根気よく餅の成分を分析すれば、己が「みんな」の餅だと思っていたものは、自分の受けた教育や家庭環境、経験値等、ほかの誰でもない自分だからこその成分によってつくられていることが判明する。その気づきを得た者は、二度と「みんな一緒」の軽口など叩けなくなる。否応なしに「それは私の餅でした」と認めざるを得ない。ようこそ、清潔な世界へ。

『think』過多

かく言う私は、お醤油をたっぷりつけて焼いた角餅を、煮込まず、単体で食べたい者である。お醤油もまた大豆や小麦、塩、麹菌、酵母等、さまざまな成分によって構成されている複雑な調味料である。ゆえに成分・製造方法を明示する、信頼のおける一品を探し回るわけだが——。

そんな細かいことを気にせずに、なんでもかんでも煮込んで食べちゃってよしとする者のほうが、大らかではないかとも考える。己のせせこましさ、考えすぎる癖、解体思考のほうが過剰に神経質なものであって、たまには「みんな」の餅にあたたか〜く包まれてほっこりとすることも、私には必要なのではないか。

そう考えていた矢先、「ナガコはいつも考え過ぎ！　なんでもかんでも言語化し過ぎ！　もうね、すげー面倒くせーんだよ！　みんなそんなに複雑に考えてないよ！　もっとシンプルに、ハッピーに、フィーリングを大事に、ノリで行こうぜ、ウェーイ！」と宣う者に遭遇し、「おまえは考えなさ過ぎなんだよ！　ノリで喋ってんじゃねえよ！　考えてからものを言え！　このフィーリング馬鹿！」と返す小競り合いを展開したのだった。この水掛け論、犬も食わない。

〈人間を【型】に嵌める演劇的社会〉

世界劇場

ウィリアム・シェイクスピアは「全世界は一つの舞台、すべての男女はその役者にすぎない（以下省略）」という名言を残した。

希代の劇作家による「世界劇場」の観点より人間を見つめてみると、戦争も、テロも、個々の主義主張も、私の自己も、何もかもが馬鹿馬鹿しいものに思えてくる。

この劇場観は諫言として沁みる一方で、集団活動に導入すると、大活躍する観点でもある。

十名の人間で物事を決めるとき、私は自分の意見をはっきりと主張するが、全員が全員、自己主張を行うと、当然ながら議論が進まない。そこで、集いの場を舞台に見立て、「自分も参加している群像劇」として俯瞰してみると、自ずと「我のベストではなく、十人のベター」を模索する着眼点が生まれる。

十名の性質や役割も把握できる。はっきり意見を言う者・言わない者、主題に下手な感情論バイアスをかけてくる者、優柔不断な態度によって議論を乱す者、権力者に媚びるイエスマンなどなど。いろいろな役者が揃っているあたり、敢えてシェイクスピア作品を観劇する必要性がなくなるくらい、面白い。

また、冷静な視点を得ることで自他の関係性の粘度がぐっと薄くなり、個人的な印象や感情によって他者をジャッジしなくなる点も、平和で良い。これにより、自己主張の強い自分勝手な自己完結主義者である当方が、なぜか「みんなの意見をまとめる係」として暗躍したり、一番得意な仕事が「トークライブの司会進行」となったりする。便利である。

そんな自分が大好きな者だけに、「世界劇場」とは真逆の「自分劇場」を自作自演することにも楽しみを見いだす。人生を一度きりの舞台と見立て、主人公である自分に何をさせるか、考えるのだ。その際、等身大の自分ができること・したいことは無視する。あくまでも劇中の私が飛躍するための筋書きをひねり出し、現実でも実行してみると、身の丈に合わないせいで大変苦しんだり、思いも寄らぬバッシングを食らったり、あっけらかんと念願叶ったりと、想像を絶する展開が待ち受ける。その検証実験が面白くて仕方ない昨今である。

他方、面白くないのは、「他者の自分劇場」にて、劇場主の都合によって「おまえはこの役をやれ」と命令されることだ。その役が私に合っていようがいまいが、自己のために他者を操作しようとする者の利己的な舞台に、私はあがらない。自分の踊る舞台は自分でつくる。そんな私は「世界劇場」の中で、「その観点もまた利己的なところが滑稽な通行人役」を演じているわけだが、図々しいついでに「嫌なものは、嫌と言う役」にも立候補する。

日本の演劇的社会

わざわざシェイクスピア御大の名台詞を借り受けて劇場観を綴るのは、かねてより日本の社会は「演劇的」だととらえていたからである。

人間にはそれぞれ特性と役割がある。

集団生活の中で自然と男女の役割が分担され、各々の得意な「傾向」が生まれる。集合の統計結果として、理想的な男性像・女性像・カップル像も誕生。共通の指針がなければまとまらない種の人間は、その平均的統計結果を、【男の型】【女の型】いわく【人間の正解】であるととらえる。その後、【型】に忠実な男役・女役を自ら演じたり、演じさせたりする者が登場する。

その【型】は、個々の性格・性の趣向・役割・能力を度外視し、多種多様な人間群の画一化を図る。【型】に嵌まらない者を「人でなし」と断罪したり、不幸な人として嘲笑・軽蔑する者も現れる。「【型】に嵌まらない人間などいない」とする暴論により、その他大勢役がごっそり、この世から消えてなくなったりもする。

私は【役割】ではなく、【人間】であるため、「何事も、人が先に立つ。たかだか【型】など後付けだ」としたい。何より尊重されるべきは個々の命や心だ。折しも多様化の時代。【個】を尊重しない社会は後進的かつ不寛容である。しかし、既成概念、男女格差、古色蒼然とした役割分担、システム重視等の古式ゆかしい【型】に人間を集約せんとする発想は、未だ健在だ。

かつて裕福だった頃の日本は、【型】に便乗さえすれば確かな幸福を約束されたと推測する。無私の精神で【個】を滅却して【役割】を演じる者、たとえば「お国のために命を捨てる軍人」「女を捨てて一心不乱に家事・育児を行うお母さん」「家長に逆らわず、滅私奉公を行うおふくろさん」といった役割没入型、いわく自己を放棄した人物像が賞賛され、「何も捨てずに生きる者」が悪い意味での自由人として叩かれた。

いちいち何かを捨てなければ、褒められないため、褒められたいがために己に我慢を強いるマゾヒストが増加。結果、【型】に嵌められる虐待に喜びを見いだす人間性が育ったのではないかと想像する。

国民を牽引する強い国力が衰退するとともに、その下支えとして存在していた「自己なき役割分担」もお役御免となり、それまで地中に埋没していた【個】の不在の不幸感・男女格差・差別意識・多様性への適応力といった、個々にかかる問題点が浮き彫りとなる。

同時に、国によって与えられない幸福・自由の保証を、個々が自己責任のもとに獲得しなければならない重圧も可視化される。それまで【型】【国】【システム】に幸福依存していた者は、自己の幸福の基準がわからず、まだまだ【型】は有効であると信じ、絶対的な安心感を提供しない国を嘆いたり、再びの強度を求めたりする一方で、己の強度は鍛えない。

【型】が有効だった時代・無効な現在の両者を知る者にとって、この世は時々刻々と様変わりする不安定な悪天候そのものだ。天気に翻弄されたくはないので、傘も上着も着替えも持参したうえで外出する。その用意を自分で整えず、天気に文句を言い、用意周到な者を見つけては「おまえもずぶ濡れになれ」と強要する者の自分劇場に付き合って差し上げる義理はない。

彼らは人の期待にこたえるために【型】を生きたのか。
あるいはこたえるべき自己がないから【型】を欲したのか。

自己に潜れ

いずれであっても、【型】のペルソナが自分として社会を生きた結果、当の自己が鳴りを潜めるようならば、この世はまさしく演劇的社会。役割の演技が上手な者ほど本体が空洞化し、演劇に依存する。文字通り型に嵌まって生きるほうが気楽で、同じ型同士の価値観が同一であることに安堵を覚える。自分と同じ役割を踏襲する者は「みんな」同じ台本に忠実に生きる者。独自の表現を行うフリースタイルパフォーマーが登場すると、「舞台にあがる者としての自覚がない。非常識である」と断罪し、設定追随を迫る。

自己正当化ならぬ、演劇の正当化を企てる者は口を揃えて言う。
「演劇人にとって、自己は、楽屋に置いていくものだ。舞台に立つなら、役割をまっとうしろ」

その楽屋は、一体、どこにある。

この質問は、楽屋の場所について、台本には書かれていないという理由で無視される。誰もが台本通りに生きていないという常識も、同様の理由で棚上げされる。

肝心の台本が通用する舞台とは、社会ではない。自分自身の固定観念である。ならば毅然と我を通せばいいものを、自己なき「男とは」「女とは」「日本人とは」「社会とは」といった総論を主語に据える虚構の台本を盾に、かけがえのない自己を演劇の全体像に没入させ、有耶無耶にする。

そんな自己喪失者に、改めて問いたい。

あなたは、今、どこで、誰として生きているのか。

あなたは、自己を劇場に捨て置いた者。役を演じることにより、自己を外部に預けた者。

自己とは、自分の命の根幹に在るもの。

自分探しは、外部に自己を捨てた者ならではの遺失物捜索活動。

自己は、外部にはない。探したところで、見つからない。

内部にある。よって、自己に潜れ。

自己の一端を僅かでもつかんだら、全力で引き寄せろ。絶対に手放すな。

そして、寄り添え。力いっぱい、抱きしめてやれ。

現在、頼れる【型】は、もう、ない。

「だから私は、今、ここに生きている人間の証として、【型】を捨て、【私】を生き抜く」

そんな台詞を自分に言わせる舞台を、私は今、ここに、つくった次第だ。

第六章

女の型を解体する

一人、両性具有化社会

染色体の比喩

人間は誰しも、男性性・女性性の両エネルギーを併せ持つ。

◎男性性の特徴は社会的「解決」「実行」
◎女性性の特徴は心理的「同調」「共感」

生物学的な性別の遺伝子の染色体は以下。

◎男性「ＸＹ型」
◎女性「ＸＸ型」

男性性・女性性を、敢えて染色体に当てはめて比喩してみると、『ＸＹ型＝「Ｘ：生殖」＋「Ｙ：社会性」』『ＸＸ型＝「Ｘ：生殖」＋「Ｘ：育成」』といったところだろうか。

団塊世代の日本人は、高度成長期を猛々しく支える雄力の時代を生きてきた。社会、家族、経済を牽引する男性性のエネルギーが活性化すると、自ずと女性性のエネルギーも高まり、子孫繁栄や人口増加といった生殖活動が盛んとなる。

その際、生殖の「Ｘ」のみ合致していれば、昭和から平成初期にかけて教育されてきた「行政や仕事は男性」「家庭や育児は女性」といった役割分担にも、スムーズに対応し易かったのではないかと推測する。

男性性と女性性をはっきりと二分する役割分担を実行すると、男性から女性性が欠落し、その余白を埋めることを女性に求める。女性も同様に男性性の欠落によって、自分にはないエネルギーを男性に求める。そんな「一人一性、余白つき制度」に乗じた男女が陰陽図のごとくつがいとなり、一つの家族やコミュニティを形成する一部として自らを機能させてきた。

「XXY」の時代

現在は、経済の低迷、東日本大震災後の社会不安等、日本国全体の雄力が低下しているといって過言ではない。政府は「女が産んで、育てて、働く」ために、女性の自立支援や労働環境改善等を検討するが、それは、女性は「XX」より「XXY」型を目指せとするプロパガンダである。男性による育児・家事参画も支援するとなると、こちらも同様に「XXY」の推奨であり、いよいよ男女性差がなくなる。

つまり、現在は「一人両性具有化」の時代。

己の中に男性性と女性性の共存を認めたうえで、自己完結主義を貫く私にとっては、すんなりと受け入れやすいバランス感覚である。セックス由来の性別ではなく、ジェンダー由来の個々の価値観が尊重される多様化社会。「ついにジェンダーフリー、良かったね」。とは、しかし、気軽に言えなくなるデータにも遭遇する。

二〇一三年、厚生労働省が発表した「『若者の意識に関する調査』の結果を公表』では、結婚して専業主婦になりたい女性（「そう思う」「どちらかと言えばそう思う」の両方あわせて）が三十四・二％、結婚相手に専業主婦になってほしい男性（「そう思う」「どちらかと言えばそう思う」の両方あわせて）が十九・三％と、意識の差が明るみに出た。

「一人一性、余白つき制度」を踏襲したい女性が全体の約三割存在する実状に対し、「女性の一人両性具有化」を歓迎している男性は全体の約八割存在する。それは主に、平均年収が軒並み低下する経済事情の判断であって、男女ともに不安視するポイントは合致している。解決方法のみがすれ違う。自ら「産んで、育てて、働きたい」と思わない若い女性にとって「一人両性具有化」は、精神的にもなかなかのプレッシャーを感じる代物ではないかと想像する。

そうは言っても、悩ましいのはこのご時世である。打開策として、政府は「女性の自立支援」等を検討する。国を司るエネルギーは男性性に由来する。その「XY」の権化が、「『XY』だけじゃどうにもならんから、『XX』諸君も『Y』よろしくね」と言っているわけだから、「いや、その前におまえらの『Y』がだらしないからこんなことになっちゃったんだから、まず、『XX』のみなさま、俺の『Y』が出来損ないで申し訳ないと謝れ」くらいの文句は言いたい。

女の自立

「女性　自立支援」のキーワードをインターネット検索してみると、日本で圧倒的に多いのは「DV被害女性の支援」。住む場所や働き先、育児施設の紹介といった実社会とのコミットおよびメンタルケアを兼ね備えた情報を提供している。世界では社会で働くための術を身につける職業訓練教育や更生プログラムが盛んなようだ。男性による暴力、支配、冷遇、蔑視を解消し、それまで蔑ろにされてきた女性の基本的人権を擁護する啓蒙団体も数多くある。

これらは、社会的解決を促進するために機能する。つまり男性性のエネルギーの補填である。子供を産むことは女性性の賜物だが、生きていくには男女性の両者が必要不可欠となる。それを自力で補填するか、配偶者や他者に頼るか。いずれであっても「一人で生きていく力」がなければ、二人でも、三人でも生きていけない世の到来である。

折しも現在は、共生コミュニティやシェアの概念が広がる『共生・共感』の世。それは女性性に基づくエネルギーである。社会全体より欠落した男性性を、女性性が補填する時代。同時に、自ら男性性を補填しなければ、自立は困難となる。その重圧や頼る者不在の寄る辺なさを不安視した結果、専業主婦を希望する若い女性が増加するようならば、それは、現代における女性性の悲鳴ではないか。時代性に適応できない女性の気持ちを鑑みれば、「女たちよ、『ＸＸＹ』を目指せ。自立しろ」と言ってしまうのは、酷ではないか。

無論、水を得た魚のごとく社会を闊歩し、「産んで、育てて、働く人生」を謳歌する、逞しい女性は大勢いる。

「一人でだいたいなんとかなるから大丈夫」とする根なし草の私はといえば、これまで通りのバランスで男女性を維持するのみである。

他方、男女がそれぞれの役割を持ち寄る婚姻関係や、頼り甲斐のある男性に保護される生き方に幸福を抱く女性もまだまだいることだろうから、それはそれで個人の希望を尊重し、女子供に頼られることに喜びを見いだす男性とのカップリングをどん欲に獲得してほしいと考える。

当方は、自分勝手な己を正当化したいあまりに、人様の勝手もこよなく愛する者である（無礼な干渉は除く）。個々が自分の生き方を勝手に愛し、共生のルールのみを重んじる社会こそが、真に平和な多様化の在り方ではないだろうか。

輝く女性の「駒」扱い

世界のジェンダー・ギャップランキング

二〇一五年十一月、世界経済フォーラムが「The Global Gender Gap Report 2015」にて、世界各国の男女格差を測るジェンダー・ギャップ指数を発表した。

日本は、一四五カ国中、一〇一位。前年は一四二カ国中、一〇四位だったので、ランク自体は上がったものの、依然、かなりのジェンダー後進国である事実は変わらない。

内閣府男女共同参画局のホームページによると、『男女格差を測る主な国際的指数として、他に国連開発計画（UNDP）のジェンダー不平等指数（GII）やジェンダー開発指数（GDI）がある』

とのこと。以下、一部引用させていただく（データは二〇一四年度）。

『GIIは、保健分野、エンパワーメント、労働市場の三つの側面から構成されており、「Human Development Report 2014（人間開発報告書２０１４）」で公表された二〇一三年の日本の順位は、一五二カ国中、二十五位。日本が優位な妊産婦死亡率などの指標が評価された結果』

『GDIは、長寿で健康な生活、知識、人間らしい生活水準という三つの側面を測る人間開発指数（HDI）の男女別の比率により示されるもので、二〇一三年の日本の順位は、一四八カ国中、七九位』

つまり、内閣府男女共同参画局としては、「『世界経済フォーラム』の評価は低いが、『国連開発計画』のほうはそこそこ優秀。特にGIIは高評価である、我々はやることはやっているのだ」と言いたいのだろうが、そう簡単には首肯できない。

日本は世界各国に比べ、生活水準が高い。「国連開発計画」のデータや基準を鑑みても、医療制度や社会保障、労働環境・労働基準法等、比較的整備されている。

日本は、「制度」は整える・整えるべく検討する。

労働の現場では、男性主導の観点より整えられた旧制度と女性労働者が衝突し、男女格差、労働条件・人事の不平等、ハラスメント意識、育児休暇・待機児童等々、さまざまな種の問題が可視化される。これを踏まえた「新制度」が再検討される一方で、ハラスメントのような「意識」「精神性」の改善はなかなか為されない。

ハラスメントは「それが許されなくなった時代。非難対象となるから、控える」あるいは「『制度』によって禁止されているから、従う」だけで、心底、男女の対等性や女性個人の人権を尊重しようとする男性はまだまだ少ないと感じる。

要するに、怒られるから我慢しているだけである。その抑止が、女性の働きやすい社会の実現に貢献していることは事実なので、引き続き大いに利用してしまえばいいとは思う。

それとこれとは別の話として、「世界の水準に合わせた解決策としての制度づくり」は得意でも、心はそこにあらず、「精神性」が追いつかないようなら、その意識差こそが、現代の日本の男女格差の正体であると考える。

「男性リーダー」の会

二〇一四年、安倍政権は、女性の社会進出を促進する「輝く女性の活躍を加速する男性リーダーの会」を発足。「二〇二〇年までに指導的な地位に占める女性の割合を三〇%にする」目標を発表した。

この「男性リーダー」を文法上の主語に据えた、「男のリーダーがいないと、女は輝いて活躍できない」とでも言いたげなネーミングが、当の女性から大ブーイングを食らった。

私自身も、「女を輝かせる舞台は、男がつくると言わんばかりの支配的な態度が気に入らない。女を保護下、支配下に置くことによって、家長制度時代より引き継ぎし強者のプライドを誇示しているつもりか。それはこちらが従って差し上げなければ自尊心を保てないくらい脆弱な精神性の露呈にほかならない。男の風上にもおけない。滅びてしまえ」と憤怒したものだ。

この会合名には、「先進国として、世界水準の女性社会進出支援を行う必要性があるので、「国策」として実行してはみるものの、格差を本質から解消しようとする気骨は特にない」といった、「制度=名」と「精神=実」の隔たりを感じる。

とはいえ、現実的に、「企業は女性管理職をどんどん登用しろ」といきなり宣告したところで、これまでの男性主導型の企業体質や経営者の固定観念はすぐには変わらない。現場の理解も得られない。まずは現状認識と意識改革が必要だ。そのためにも、男性リーダーたちとディスカッションを行い、グローバルな男女均等雇用への意識を高める会合を開こうではないか。

このような目論見によって男性リーダーが集っている場合、主役は確かに男性であり、「名」と

「実」は合致する。そこで件のネーミングが登場したわけだが、「女性の反感を買うかもしれない」「世界各国のジェンダー意識に遅れを取っているように見えるかもしれない」「デリカシーに欠けるかもしれない」といった精査と配慮の気配がないあたり、「こいつら、つくづくニッポン男児。女の扱いが下手だなあ」と嘆息する。

やっぱり【駒】が好き

都議会でのセクハラ発言なども鑑みると、政府要人男性は、子供の頃から慣れ親しんできた男尊女卑的社会構造に固定観念を侵食されたまま、老化によって脳が壊死し、常にアップロードされ続ける時代への適応力を失っていると推測する。

もっとも年輩の日本人男性は、「女性性」(大和撫子とか)や「女性の役割」(おふくろさんとか)は尊重したとしても、女、その人、個人の都合は卑下する傾向にある。

彼らは、女を「良き妻」「良き母」「都合の良い愛人」といった【型】に嵌め、配下に治めようとする。「女性管理職」も、世界に向けてパフォーマンスを行うための新たな【型】。つまり【駒】であり、男女格差の概念は旧態依然としたままだ。

内閣人事ひとつとっても、「四、五人、女性閣僚を登用しておかないと格好がつかないから」、入閣させる。女性閣僚はただの【駒】である以上、『実』は度外視。【枠】だけ残しておきさえすれば首のすげ替えはいくらでも可能とする、はりぼての体面だけ繕っているようならば、男女かかわらず能力者を選択し、充実した内容の国政のお仕事を真面目に行えと言いたい。

企業も、イメージアップ戦略として女性管理職を登用したところで、「実」を伴わなければ、ただの飾り物である。よって後々「実」を磨き、会社や社会に貢献する機能となるべく奮起したところで、求められている役割がただの飾り物である以上、「余計なことをしてくれるな、我を出すな、おまえはこちらが用意した通りの言動を行い、ただただニコニコ笑ってろ」と、ほとんど「良家の嫁の体裁繕い」と変わらぬ制圧を受ける。

【駒】ゆえに、代替えはいくらでもいる。首を切られるくらいなら【駒】でいい。言うことを黙って聞いているだけで収入を保証してくれるようなら、いっそ【駒】がいい。

かくして、男女共に用意された【型】に嵌まったほうが生きやすい者、あるいはリーダーに追随する立場のほうが性に合っている者が、旧来の【型】の温存に一役買う。

人々を主導する雄々しいリーダーにおいては、その性質より男のほうが適任とされがちだが、【駒】においては男も女も平等に主体性がない。「主体性を放棄して、役割を遂行する」「望まれる役割を演じることによって賃金を得る」といった演劇的人生観を肯定する者の多さが、日本の男女格差縮小を妨げる一因であると考える。

主体性とは何か

自分の足の形

前項の最後に「主体性」と書いたが、それは何か。

辞書には「個人あるいは集団が、外的・内的諸条件によって、当然「あるべき自己」であることを妨げられている状態を克服し、認識のレベルでも行動のレベルでも、本来的な「自己になる」ということ」とある。

私はこれを、社会生活を通じて自他意識を研磨した後に獲得する「自己認識の屹立」と読む。

世は自分の都合の良いようには整えられていない。社会より己に与えられた役割は、自分の足にフィットする靴ではなく、【型】に向けてつくられた足形の器だ。それは大量生産の既製品ゆえに、個体差には適応しない。迂闊に足を踏み入れれば、肉刺ができる。靴擦れも起こる。そうしたせめぎ合いのなかで、人は己の足の形を知る。役割の幅が狭ければ、主体性をもって少しずつ拡張する。まるで合わないようならすっかり脱いで、自力で作成する。

与えられた仕事が「己の足に合わない」という理由で、会社や上司の文句ばかり言う者は、主体性がない。あるいは、主体性を獲得する前段階の過渡期にあると考える。

入社した企業が、労働基準法違反やモラルハラスメントの横行する「ブラック企業」だった場合は気の毒である。(「ブラック企業」については、厚生労働省がガイドラインおよび相談窓口を設け、二〇一五年五月には是正勧告の段階で社名を発表する取り組みを開始。対象が大手企業のみで、中小企業に及ばない点や、通報しても埒が明かない点など、批判もあるが、社会の明るみに出ないせいで横行していた不正を抑止する効果はある。存分に活用されたい。)

他方、言葉がはやったせいか、平等な能力査定のうちに「男、女、関係なく、無能だから」という理由で低評価を下された者が、企業を相手取り「ブラック企業だ!」と紛糾する、冤罪のケースも散見される。

常識の範疇の処遇を前に、優遇されないと嘆く者のなかには、庶民の食べ物であるおむすびを出されて気分を害する貴族のような精神性を搭載している者もいる。親の庇護のもと、何不自由なく甘やかされて育った学生が、初めて社会に出たときに苦悶を味わうのはよくある話だ。が、「おはようございます、の挨拶もろくにできない」という理由で上司に叱責された男性新入社員が「ブラック企業に入ってしまった」と泣いているところに遭遇したときには、つい、「いや、挨拶くらいはちゃんとしようよ」と苦言を呈したものだ。

「ろくにできない」の程度や、上司の叱責の語気など、詳しい状況を聞いていないのでなんとも言えないが、いくらなんでも、泣くことはないだろう。そう言うと、彼は「親にも、誰にも、怒られたことがないから、びっくりした」と返す。びっくりするのはこちらのほうだ。当方は四歳の頃より、挨拶ができないという理由で、父親に往復ビンタされたものである。

昭和のド根性

人口の多い昭和の競争社会を生きてきて、よかったなと思うのは、「世の中はままならない」「自分は万能でも特別でもない」「だから、切磋琢磨して、能力を鍛える」といったトレーニングを全自動的に遂行させられた点である。もっとも同世代の者全員が同様とは限らないが、少なくとも徒競走の順位付けを排除する教育を受けた世代よりは、生命力も胆力も相対的に強いことは確かだ。

等身大の自分が社会に通じないことを知って臨むか、知らずに臨むかでは、まったく感触が異なる。それまであまりに優遇されて生きてきた者は、厳しい社会の能力評価に直面し、プライドを傷つけられたと感じる。だが、あくまでも「能力値」においては、男女それぞれの得意・不得意な役割分担も含めて、仕事が出来る者が評価され、出来ないものは評価されない。評価や人事采配が純然たる能力査定の結果論であるならば、反論の余地はない。

男性経営者の配下に、同等の能力値を持つ男女の部下がいたとして。

出世欲やコミュニケーションの方法論、目上の者への忠誠心といった男性同士が理解しやすい性質を重視し、管理職には男性を登用したいと考える経営者は大勢いることだろう。女性であっても、男性性の能力値が高い者が評価対象となる。女性経営者が、指導的な立場を与えたい部下として、能力主義の観点より有能な男性を選ぶケースも少なくない。無論、女性性を望まれる役職には、女性および女性性の能力値が高い男性が抜擢されることとなる。

何事にも需要と供給のパズルが存在する。上司と部下の性格的な相性を鑑みたうえでの人事なども、会社の業績を好転させるための戦略としては妥当である。特に意図もなく、気に入らない部下を男女問わず蔑視したり、セクハラ・モラハラの限りを尽くしたり、能力とは関係のない先入観や感情論によって評価が左右したりするようならば不平等、ただのいじめである。反論の余地しかない。結婚・出産・育児が女性の能力査定を揺るがす状況については、制度の不備の煽りを万人が食らっているため、改善を強く願う。

そうした「制度」の不備ではなく、男尊女卑でもなく、経営者の冷静な判断や妥当な査定のもとに低評価を下された者が、「ひどい労働環境だ。男女差別だ。不平等だ。ブラック企業だ」と訴えるケースを見かけると、「その認識は本当に正しいのか。あなたにとっての正しさか。それは社会にとっても正しいのか。あなたは自身を冷静に懐疑したか」と問いかけたくなる。

有り体に言えば、「自分が悪いんじゃないの？」。

右は、昭和由来のド根性ベースの意見である。「競争」より「共生」の世に移行した現在。「おまえのような冷たい人間が弱者を追い込む」と叱られる典型例としての自覚もある。が、恥を忍んで申し上げたい。ありのままの自分を受け入れる社会なんか世界中どこを探しても、ないと。

共生と主体

世の中は、厳しい。生きているだけで優遇されるほど、甘くはない。自分が社会に認められない状況に遭遇することなどいくらでもある。そのとき、世を恨むか。己を疑うか。恨んだところで、世は依然、世だ。歴然とした被害を受けた場合は訴えるなり、しかるべき機関に相談するなりして、問題を解決することが先決である。同時に、社会との摩擦をもって自己を省みることも重要な活動であると私は考える。

まずは「当然『あるべき自己』であることを妨げられている状態」について、冷静に考える。行動のレベルが認識のレベルに追いついていなかったのではないか。両者のバランスをうまく保てなかった自分にも落ち度があるのではないか。あれこれ考えた結論を、次のステップに活かすことにより「妨げられている状態を克服し、本来的な『自己になる』」。

本来的な自己は「あるべき」ものではなく「なる」もの。認識・行動ともに自ら能動的にレベルをあげ、ようやくつかみ取るもの。それが主体性である。

社会との摩擦なくして主体性の獲得は成り立たない。言い換えれば、社会との摩擦は、如何なる環境においてもぶれない己の主体性の軸を研磨する、絶好のチャンスである。

もっとも、失業者の増加やシングルマザー・子供の貧困化、弱者への暴力等、現代社会の深刻な問題を鑑みれば、ド根性ベースで世を語っている場合ではない。他者の痛みに寄り添う慈愛、理解力、包容力を念頭において生きることが「共生」のルールの第一義である。平行して、社会情勢も国政も不安定な時代だからこそ、環境に翻弄されない主体性を整えておく必要もあると思うのだ。防災対策のような準備としてだけでなく、今の自分が知り得ない「最高の自己」に会い、世にも己の小さな自我にも振り回されない開放感を堪能する、人生の喜びとして。

「駒」からの脱却

飯の食えない結婚

かつて女は、国や男の経済力を資本に「産めよ、増やせよ、家庭を守れ、それが女の役割だ」と言われ続けた。独身の働く女は「いきおくれ」だの「お局」だの「ウーマンリブ（笑）」だのと散々からかわれ、その労働意欲の裏付けとして「結婚できないから」といった別次元のレイヤーを持ち出されたものだ。

現代の女性は、経済負担を夫のみに頼れない現状や労働環境における社会的な冷遇に加え、出産率・結婚率低下にまつわるプレッシャー、相変わらずの女性蔑視など、さまざまな種の重荷と矛盾を抱えている。

結婚しても安定して飯が食えるわけではない時代性を前に、「飯」と「愛」が曖昧に同居する女の幸福の幻想の型は崩壊した。

考えてみれば、「飯の食えない結婚」とは、余計な損得勘定が介入しないあたり、なかなか清潔で良いではないか。そこにあるのは愛情のみという状態が、純粋でいい。いっそのこと、結婚制度自体を「男女がお金を出し合って共生する生活シェアシステム」とでも解釈したほうが、よほど通りが良い。入籍も挙式もしたければすればいいが、したくなければ、しなければいい。男女でなくとも、同性であっても、複数名による共生システムであってもいい。各々の幸福論に基づいた共生スタイルを選択すればよいだけの話である。

男女性の平等

女性が、生産工場のような「少子化対策」「女性のための自立支援」といったきれいごとスローガンのもと、「産めよ、増やせよ、働けよ、一人で」といった何重もの圧力を突きつけられている現在。男性性・女性性の両者を平等に取り込める性別はといえば、女である。

男は自分に備わらない役割や機能の欠落を、女で補填し、円を成そうとする生物である。自分そのものが円の全体像ではなく、一部であるがゆえに、女もまたピースの一部であるととらえる。ゆえにパワーバランスや優位性といった観点が生じ、格差が生まれる。

現代を生きる女は、女性性を維持したまま、男性性の欠落を自力で補填することを促されている。結果、自己を円とし、男女性の役割を両立させる「一人両性具有化」が進む。

つまり、女の精神の土壌において、すでに男女性は平等なのだ。ゆえに男性主導の男女格差は消滅しない。格差こそが、弱体化した男性社会がプライドを保持するための、最後の砦となるからだ。

この社会は女性にとって、良いか。悪いか。個々に異なる幸福論を持つ女性総体を主語に、善悪を語ることは難しい。しかし、政府にとって国民は【駒】。個々の実状など知ったことではないので、女性全体に対して「XXY」の重圧をしれっとかけてくる。無論、いくら民主主義国家とはいえ、国民全員の希望を片っ端から叶えるのが政府の仕事ではない。個々の幸福は、個々がつかみ取るしかない。その際、守るべき共生のルールを制定するのが「政」であり、個人の領域までをもコントロールしようとしているようなら、過干渉であると考える。

少子高齢化はお国の大問題だろうが、子供を産む・産まないの選択は、すでに個人の自由の域にある。男女の結婚率の低下および離婚率の増加も、それを個人の選択としてとらえた者の結果論であり、もはや制度に干渉されることではなくなっている。

高齢化社会のツケを若者やその子供たちが担わなければ国が破綻する理屈はわかるが、「ツケの面倒を見て、リスクも背負って、明日の保証はない、でも、よろしくね」。このような提案に意気揚々と乗らない若者をつくり上げたのは、これまでの国政のツケである。世襲議員のみなさまにおかれましては、言うことを聞かない国民を恨む前に、お父様を恨んだらいかがか。

今さら、お国全体の足並みを揃えるために慌てても、遅い。足並みを揃えさせようとする全体主義者的発想は、かえって不信感を抱かせる、ネガティブパフォーマンスとして機能する。

徹底参加の寸劇

【駒】に甘んじる一方で「実」のない女性指導者が増えたところで、男性主導の支配的な社会の在り方は変わらない。

さて、どうする。

そこには【駒】がある。【枠】がある。「輝く女性の活躍を加速する男性リーダーの会」等の茶番プロパガンダもある。これらを大いに利用してしまうという方針はいかがだろうか。

① 男性リーダーが好きそうな、「言うことを聞くだけの飾り物の女」を、まずは演じる。

② 次いで、管理職および指導者クラスの役職を実際に獲得する。

③ 男性リーダーが、ご丁寧にもご用意くださった管理職および指導者の椅子に、座り込み、与えられた役割を黙々と遂行する。

④ 水面下で、多くの社員に信用されるに値する活動を行う。時にはえげつない駆け引きを行い、人心を掌握する。

⑤ そうこうするうちに、与えられた役割を黙々と遂行しないからと言って、容易にはクビを切れないような重要人物になってしまう。

以上、五項目をコンプリートする舞台の主演女優として、演劇的社会で盛大に遊ぶという解決はどうか。要は、徹底参加の構えである。

政府の申し出に従って、なんとなく女性指導者を増やして面目を保とうとしている経営者たちの度肝を抜くくらいの勢いで、「女性指導者、二〇二〇年に三〇％増」の目標値を五〇％まで引き上げ、達成した際は「輝く男性の活躍を、しょうがないから応援して差し上げる女性リーダーの会」

を発足するという寸劇をお見舞いしてやるのだ。

出世したいのにできない無能な男性に「いいよな、女は、国の命令で管理職になれて」と嫌味を言われた際には、「いいでしょ」「羨ましいだろ？」と、平然とした面構えで言い返す。

最終的には「男女不平等だ」と糾弾し始める男連中が現れたら見物だ。そう言いがちな性質の男にとって、男性優位の格差気質がデフォルトだ。「優位に立つのはどちらか」の小競り合いに拘泥している己の価値観と外的社会のギャップに齟齬や不満を覚えたところで、不満の正体は己の価値観への固着であり、女はただの仮想敵でしかない。女を操作したがる前に、そんな自分を自力でどうにかしろと言いたい。

そうした不満の自足自給マスターベーションに付き合う暇など、もはや女にはない。如何せん、女は「産め、育てろ、働け」と急き立てられているせいで、忙しいのだ。

行動あるのみ

無論、この寸劇はいつまでも男女の対立構造が解消されない社会に対する意趣返しである。こちらも存分に対立構造を煽っているので喧嘩両成敗。ベストは、対立も不平等も解消される状況の整地だ。そのために必要なものが、女性による【型】【駒】からの脱却である。女性自らが脱却を目指さない限り、状況は変わらない。その際、もっとも肝心なものが、主体性であると考える。

定められた仕事や然るべきコミュニケーションを自主的に行うことが「自主性」であり、どのような行動を取るべきか自分で判断し、責任をもって実行するのが「主体性」である。

まずは与えられた仕事を自主的にこなし、信頼と実績を培う。次いで、主体性をもって改善策を判断・実行する。つまり、自主性のスプリングボードを力強く踏み、跳躍した者でなければ、主体性をもって社会に貢献するポジションを獲得し得ない。よって、先の寸劇はあながち外れた論旨ではいない。

【駒】は、男だろうが女だろうがセクシャルマイノリティーだろうが、平等に【駒】のまま。それが嫌なら、自ら脱却し、活路を開くしかない。一人の女性が「産んで、育てて、働く」ことが困難であるならば、「私は仕事面を担当」「私は出産・育児担当」と、関係性を結ばない女性同士が社会的存在意義に対するバランスを図り合うのも一興である。

つまり、やり方次第で、どうとでもなる。

言い換えるならば、日本の男女格差は、放っておいたところでどうにかなるものではない。もはや当の女性の主体性なしには整地できないことに、多くの女性は気づいているはずだ。簡単に言えることではないが、文句を言い続けたところで社会は変わらない。どうせ言うなら、ポジティブに、元気に、はりきろうと言いたいし、変わる布石となる言動を自ら行いたい。

個々の飛躍を「男性リーダー」に任せるという主体性の欠片もない理念の押し付けが、金輪際まかり通らない社会を望むならば、今こそが行動のときだ。

父性の欠落

武士たる者

男の金で飯を食い、住居を得、金品を要求する女と、泥棒の違いがわからない。人の金に群がるたかり野郎はもの乞い。媚態はゆすり。生きているだけで得だけしたい者は強盗。甘えん坊は精神の肥満児。当然の面構えで男に庇護を求める女は幼稚園児。強者に保護を求める男女はもろとも赤ん坊。自己なき者は人間未満。ヒモは動物未満。

働かざるもの、食うべからず。身の丈以上のものを欲しがるな。自分の食い扶持くらい自分で稼げ。自力で支払えない飯なら食うな。我慢しろ。武士は食わねど高楊枝だ。

己の人生ごとき、己でなんとかしろ。己の胆力を磨き上げ、魑魅魍魎の跋扈するこの世を身体一つで強かに生き抜け。己の怠慢を捨て置くな。人様に物心両面を乞うな。そうは言っても腹が減っては戦ができぬだと？　寝言を抜かすな。腹が減ろうが減るまいが、眼前の魑魅魍魎どもは境界線を軽やかに越えてくる。斬って捨て、成仏させて差し上げろ。

いいか、よく聞け。女だてらに荒野を生き抜く武士たる者、己の眠たい甘えこそを斬って捨てろ。勝つまで欲しがるな。己にこそ勝て。勝って必ず、大手を振って生きろ。

以上は、誰かに甘えたくなったとき、珍しく弱気になったとき、依存心がむくむくと湧いたとき、お金がないのにA五等級の分厚いステーキが食べたくなったとき、私が私に語りかける「戒めのメッセージ群」である。「女は」「男は」とは、自分の中の女性性・男性性を差す。

欲しがりません、勝つまでは

このストイシズムの権化のような精神性は、父親の教育方針に拠る。

父は第一子の長女として生まれた私に、なぜか「男たる者」を目指す教育を施した。

父は終戦の年の昭和二十年に生まれた。終戦前後に生まれた男性のなかには、戦時中に軍人としてお国のために命を捧げられなかったことを悔やむ者が多くいると聞く。父も御多分にもれず、天皇陛下を崇拝する軍人かぶれであった。「せめてもっと早く生まれていれば、軍国少年としてお国に貢献できたのに」と時折ぼやいていたことが思い出される。

ちなみに、私の名前「永子」は、昭和天皇皇后陛下の香淳皇后「良子（ながこ）」様と誕生日が同じだったため、これにあやかり、しかし畏れ多いので漢字を変えたという来歴を持つ。

父が出かける際は、必ず玄関で敬礼した。お小遣いを軍資金と呼んでいた。受験や習い事の発表会、運動会等、ここ一番のがんばり時には「ナガコ一等兵！　いざ出陣！」と叫び、受験に合格したときには万歳三唱とともに日章旗を振った。

とにもかくにも厳しい父親だった。口癖は「礼節を重んじろ」。四歳くらいの頃より、挨拶をしない、正座ができない、箸の持ち方を間違えているという理由より、往復ビンタを食らった。泣こうものなら「女々しい。軍人たる者、泣くな」と叱られた。当方はもちろん軍人ではなく、幼稚園によちよち通い始めたばかりのただの女児である。

しかし、軍人教育は、主に叱るときのみ。褒めるときは、自分で言うのも照れるが「林家の気高き姫君」として、蝶よ花よの溺愛ぶりであった。今でいうところの「ツンデレ」効果か。暴力と溺愛の波状効果によって女を支配するドメスティックバイオレンス、あるいは洗脳の類型か。未だ自分の精神に影響を与えているあたり、呪詛ともいえる。

すべての洗脳被害者同様に、私は父が大好きだった。いつも彼の背中を追い続けていた。彼を喜ばせることが人生の喜びだった。「大日本帝国を取り戻すぞ！」「おー！」のかけ声とともに、一緒に匍匐前進の練習をした。幼稚園くらいの頃まで、私は本当に父と二人の父子鷹で、大日本帝国を取り戻す気満々だった。彼は私の心身の鍛錬のためにお手製の木刀をつくってくれた。ところが私は生まれつき筋肉が育たない虚弱体質で、それを振ることができなかった。落胆する彼を見て、身体は弱くとも、心は誰よりも強く在ろうとした。「私は父に選ばれし精鋭だ」と己を鼓舞した。

そんな私を父は歓迎し、「いいか、ナガコ。誰に負けてもいい。だが、己にだけは負けるなよ。敵は己のみ！」「おまえは武士だ。いつ何時も毅然としていろ。武士は食わねど高楊枝。男たる者、見栄をはってなんぼだ」「弱い者を守れ。世のため人のために、強く在れ」と言い続けた。私はすべてに「御意」と返し、「欲しがりません、勝つまでは」の合い言葉のもと、軍人と武士を掛け合わせた男性性をすくすくと形成していったのである。

パパに倣え

ちなみに私自身は軍国主義も全体主義も戦争も大嫌いだ。好きなのは「パパ」のみ。つまり、正真正銘、超ド級のファザコンである。よって、父の大好きな世界観を未だ若者に押し付けるおっさんの悪口を言えた義理などないのだが、おっさん連中は唯一無二の「パパ」とは別人なので、文句は控えない。私は父しか認めない。右には絶対に倣わない。パパのみに倣う。

とはいえ、思春期にもなれば、軍人と武士道を煮詰めたマッチョな教育方針にも付き合ってはいられない。先述したように、「全体右に倣え」の全体主義を嫌い、戦争における人殺しの肯定を愚かしく思う自我が育つ。個人の言論・表現の自由を規制する者を「管理主義的な大枠に個を埋没させなければ生きていけない自己なき臆病者」ととらえる。排外主義の人種差別も右翼も、「異なるもの」を受け入れられない懐が「狭い」「弱い」「女々しい」。

目論見外れ、左傾化していく私と父の間には距離が生まれた。喧嘩もしたし、しばらく口を聞かない時期もあった。その間、おそらく我々は「親殺し・子殺し」の禊の儀を順調に終え、お互いへの依存を絶った。

大人になってから、彼は「軍人・武士教育の数々は、ギャグのつもりだった」とする衝撃の告白をした。その際、「え、まじで？　私、未だに、勝つまで欲しがらないように心がけているんだけど、なんだよ、そうか、あれ、冗談だったんだ」と大笑いしながら盃を酌み交わしたものだが、こうして書いてみてようやく、「ふざけるな」の一言が湧いて出た。

さておき。

私は、私を信じる者として成長した。「俺が喜ぼうが、怒ろうが、失望しようが、嘆こうが、おまえは、おまえの信念を信じろ。おまえは俺の娘だ。俺はおまえを、信じる」と父は言った。

その一言をきっかけに、依存関係が明確に消滅し、父娘は、二人の他者になった。純粋な敬愛のみが私の精神には残された。

彼が私を信じている以上、いくらでも強く在れた。誰にも負けなかった。無論、己にも負けなかった。勇猛果敢にチャレンジし続けた。生意気だと罵倒されても、調子にのるなと小突かれても、いつだって毅然とした態度で社会に挑んだ。

男連中に「男前」と言われる度に、「当たり前だ」と返した。当方、最愛の父による「男の中の男教育」の寵愛を受けたナガコたる者だ。そんじょそこらの軟弱な男と一緒にされては困る。

男女性の調和

かくして、私は男勝りで気が強い「男前」あるいは「姉御肌」と評される大人に仕上がった。仕事では、リーダーの役割を度々務めた。が、能動的にリーダーシップを発動したことは、さほどない。単純に、常に「言い出しっぺ」なので、その責務を果たしただけである。チームを牽引するというよりは、議論のまとめ役に近い。各位の参加意義・メリットを擦り合わせ、到達点を明確化したうえで決定、実行、フィードバック、改善を繰り返す。個々の意見は尊重するが、ただの感情論や付和雷同の合の手は速やかに却下。もっとも重要な点は、全員の時間を無駄にしないことである。ある種、合理性を重んじるとき、おそらく私の精神性の成分は「男性性」に傾いている。一人ひとりに共感性をもって寄り添う際には「女性性」の成分が滲み出る。

恋愛においては、女性性が顕現する。女性性を気にしすぎると、社会活動や仕事における勇敢な一歩が踏み出せない。男性性が勝ちすぎると、女性性が悲鳴を上げる。バランスが肝要だ。男女性のぶつかり合いによってそれぞれの角が取れ、調和が整った三十代後半、父が倒れた。

父性の欠落

父は三十代より酒の飲み過ぎで肝硬変を患い、四十代でリタイヤして以降、入退院を繰り返しながら自宅療養生活を営んでいた。小学生の頃より「いつ死んでもおかしくない」と言われていたので、覚悟はとうにできていた。とはいえ、何度入院しても必ずよぼよぼ帰還してくるので、「今回ばかりはもう手遅れだ」と母から連絡をもらったときにも、「どうせいつもみたいに帰ってくるよ」と笑っていたのだが、見舞いに行ってようやく一大事であることを理解した。

彼は話すこともままならなかった。人工呼吸器を付けて意識を失った彼の姿を見て、その日のうちに、十年暮らした祐天寺のアパートを引き払い、実家に戻った。その翌日、荷物はそっちのけで病院に直行すると、看護師が私に声をかけてきた。

「林さん、お父さんって、武道とか武術とか、やられてました？」

なぜかと問うと、彼女はこう答えた。

「いつも口を真一文字にぎゅっと閉じて、眠っているはずなのにどこか毅然としていて、武士みたいでかっこいいって、ナースの間で話題なんですよ」

意識不明の重体における武士たる者の大見栄、しかと見届けた。

その一時間後、最期の瞬間、私は病室のベッドの側に立ち、彼の爪を見ていた。クラシックギターを弾くことが大好きだったから、いつも右手の爪を長く伸ばしていて、剥がれたときにはアロンアルファーでくっつけていた。左手より明らかに分厚く長い右手の爪を突っついたり、撫でたり、手のひらをつねったりしているうちに、死んだ。

私の中に在る父は、本体が死んだくらいでは消滅しない、強固かつ不動の幹として精神に深く根を張っている。そのはずだった。だが、心には明らかに大きな欠落があった。

私を無条件に信じる存在が、世界から欠落した。そう実感した途端、「男前」と呼ばれることが辛くなった。これまで通りのセオリーで、リーダーとして振る舞うことに異常なほどの疲労を覚えた。持ち前のチャレンジ精神も失せた。

自分らしい男女性のベストバランスを呈したサロンイベント「スナック永子」も、どうしたことか、これまで無尽蔵に湧いて出た馬力が出ない。「ママ永子」活動には、場を切り盛りする雄々しき逞しさと、母性の包容力の両輪が欠かせない。しかし、前者の車輪が外れてしまったようで、うまくバランスが取れない。男性性の欠落を無理に母性で補填しても、そう簡単には賄いきれない。女性性が疲労するばかりで、「姐さん」と呼ばれることさえつらい。「ただの女になってしまった」という理由で、八年も続けた「スナック永子」を辞めた。

面倒見のいい、懐の大きな男たちに、娘のように、妹のように可愛がってもらえることを、とてもうれしく、ありがたく思うようになった。かつては毛嫌いしていた男性による「おまえ呼ばわり」にも、どういうわけか、愛着と安堵を覚えた。

父という足場を失ってようやく、思い知らされた。

私は自立心旺盛な一人両性具有者ではなかった。絶対的な存在である父が、私の女としての保護欲求を無意識的に満たしていた。私の男性性は、父の土台なくして成立し得ない。私は男前でもなければ、姉御肌でもない。大いなる父性に保護された安全地域でやんちゃに振る舞う、ただの幼女だったのだ。

社会の疲労

父が死んだ二週間後、東日本大震災が発生した。私の疲労は、父の死という私的経験に加え、日本の土台を揺るがす未曾有の災害の影響も多分に受けている。

震災後の社会全体を見渡してみても、「父性の欠落」傾向が顕著だと感じる。

安倍首相による「強い日本を取り戻す！」という言説や、巷を賑わす右傾化・排外主義的言説も、父性の欠落および男性性の弱体化を露にする。今、日本は「過去にすがりつかなければ強さを取り沙汰できない」くらい、弱い。だからこそ「強い日本を取り戻す」必要がある。よって、女は「産めよ、増やせよ、働けよ」。男は「働けども働けども低所得」。

日本人社会の総論として、男性性とは、国家や行政や家族等、集団を支える屋台骨を意味する。土台総崩れの現在、足場を失った女たちは、本来エネルギー質量の異なる男性性に女性性のみでは太刀打ちできず、疲弊しているのではないかと、自分事に重ね合わせて想像する。キャパシティーオーバーでブーストした母性・女性性の悪しき点を題材とした言説は盛んに取り沙汰されるものの、父性・男性性に関しての言説は圧倒的に少ない。父性の重要性を語らずして「結婚」という家族制度や「少子化」を取り沙汰する点が、土台崩れに拍車をかける。父性の不在が空虚にも蔓延し、女たちがますます拠り所のない不安に苛まれる。

そんな実状を傍観する父性・男性性が、母性・女性性の疲労を生成したのか。それとも、後者の過度な依存、保護欲求に疲労を覚えた前者こそが悲鳴をあげ、役割より撤退したのか。

原因は、無論、どちらか一方にあるというものでもない。また、今、必要なことは、犯人探しではない。不平不満を垂れ流したところで、愚痴を受け止める者も、依存するに値する屋台骨もとうにない。人生は短い。時間と労力の無駄遣いにかまける暇はない。

私は根本的な解決を愛する者。いつまでも父性の欠落を持て余しているようでは、あの世の父に笑われる。今、重要なことは、現状の凝視。問題点の把握。そして、自己受容だ。私は欠落を有り体に受容する。あいた穴を補填する代償を、他者に求めない。自力で補填する。いや、無理に埋めなくともいい。欠落は欠落のままでいい。不格好でいい。満身創痍、大いに結構。傷も痛みも等身大の自分として、まるごと受容する。

私は自己を信じる者。土台の崩れた不安定な社会を、誰もが自分らしく、真っ直ぐ、笑顔で生き抜くためには、どんなに足元が不安定でも力強く屹立し、寄る辺なくとも揺るがない自己を正々堂々と誇ることが何より肝要だと考える。その持論を、かく言う己こそを根拠に、不細工なあたりも丸出しで、主体性をもって証明してみたい。

さて、どうするか。

盛大に自己を誇り、容赦なく自己を暴く自分事コラムを、私は書き始めた。

〈『インターステラー』～ファザコンの定義〉

武士たる者

クリストファー・ノーラン監督の『インターステラー』を鑑賞し、映画館で人目も憚らず嗚咽を漏らしてしまった。その感動ポイントは、壮大なスケールの時空間表現でもなければ、練り込まれた脚本でもない。「ファザコン万歳」ドラマとしての描き方である。

当方は自他ともに認める超ド級のファザコンである。弱気になったとき、ずるをしたくなったとき、死んだ父を思い出し、「彼はきっと私のことを見ている、しょぼい姿は絶対に見せられない」と己を鼓舞し、一人、すっと背筋を正してみたりもする。

私にとって父とは、私を厳しく律する、かけがえのない師である。幼少の頃は、その背を無心に追いかけ、父のような人間になろうと努力した。異性である父のようにはなれないことや、私自身の自我の芽生えを通し、ぶつかり合うこともあった。

しかし、父は「おまえは己を信じて精進しろ。俺がおまえを信じていることを忘れるな」と断言し、父の期待にそぐわない道を歩き始めた私の背中を押してくれた。そのとき、父娘は分裂し、二人の人間となった。

『インターステラー』の父娘にも、それぞれの小自我に紐づく父像・娘像を乗り越えた先で獲得する、大いなる愛と信頼が見受けられる。父クーパーは、可愛い娘マーフを置いて人類を救う大義に向かうことに心を痛める。でも、行く。そこがまず、いい。

人類の未来を切り拓かないと、娘の未来もない。娘可愛さの目先のささやかな視点にとどまらず、依存関係や愛着を捨てて大局を目指すクーパーの第一歩は、大いなる父に相応しいジャイアントステップである。

娘は娘で、「パパは自分たちを捨てて行った。逃げやがった」と勘違いして恨むわけだが、父を宇宙に送り出したＮＡＳＡでちゃっかり働いている。父の不在が、父への愛を搦め捕る。なかなかに依存的だ。
しかし娘は、幼少の頃を過ごした部屋で、父の痕跡と出会う。子供の頃、本棚から本が落ちる度、彼女は幽霊の仕業と呼んだ。その正体は、過去も未来も移動可能な五次元の特異点に導かれた現在の父であり、人類の移住を困難にさせる問題点を解くサインを娘に送り続けていたのだ。

仲間と別れ、一人、時空の捩じれた宇宙の片隅の特異点に落ちた父は、懐かしい本棚の裏側から幼少期の娘を見て涙する。懐古や後悔が見せる幻想かと思いきや、本の落ち方、砂塵に規則性を発見し、メモに記す娘の姿を見て、人類救済のために選ばれたのは自分ではない、娘だと確信し、サインを送り続ける。
このとき、娘は父の庇護対象から外れ、人類と自分を救う、唯一無二の頼もしい存在となる。クーパーは誇らしき我が娘を、尊敬する一人の人間として頼る。

娘は、父から送られたサインを再考し、移住計画と父の帰還を阻む「解けない方程式」を解く。このとき、娘は父の背中を追うばかりの庇護対象者から解脱する。不在によって絡まった自我をも乗り越え、本質的にはずっと共にいてくれた父と、父を救うに値する人間となった自分自身を大いなる歓喜と誇りをもって歓迎する。

娘の大活躍によって、二人は長い年月を経て再会に至る。相対性理論のパラドックスによって、父の肉体は若いまま、一方の娘は老体となっている。しかし、二人の心に距離はない。ほんの少しの邂逅の後、父は再び宇宙を目指す。今度こそ、二度と会えないだろう。でも、それでもいい。真なる愛と信頼の絆を築き上げた父娘にとって、不在も時空も異次元も、一切の影響を与える代物ではないのだ。

『インターステラー』の父娘は、時空を超えた人類救済の一大プロジェクトによって、親子の業の滅却、つまり親殺し・子殺しの禊の儀を行った。しかも、片方からの依存への拒絶の自立ではなく、双方を真に信じる大いなる愛情によって。

父の娘である自分を誇りに思うマーフに、大変僭越ながらも、私は己の姿を重ね合わせた。当方はそこまで豪快に滅却できているわけではなく、自らの精神性に色濃く残る父の影響に未だ苦しまされることもある。しかし、影響を根拠に父を憎む「娘時代」はとうに過ぎた。自身の抱える問題は誰かのせいにするものでなく、自力で黙々と滅却するのみだ。

と、ここまで考えて、ふと、「私って、ファザコンじゃないのかも？」と思い直す。『インターステラー』の娘も、私も、程度は大きく異なるが、父にまつわるコンプレックスを払拭する、独自の一歩を踏み出している。言うなればただの「パパ好き」ということになる。

同じ「パパ好き」でも、本格的に近親相姦的だったり、愛憎の呪縛より抜け出せなかったり、父の保護下より自立するや否や、肉親でもなんでもない他人の男に父の欠落を担う代償を求めたりする場合は、コンプレックスと言うに相応しい。

自分の夢を娘に託し、「俺のために、娘よ、がんばれ」と抜かすタイプの父親に対し、「うん、パパのためにがんばる」と答える娘が、幼稚園児ならば可愛らしいが、思春期を過ぎたいい大人が互いに粘着し合っている様子は、なかなか気味が悪い。なんとなく、スポーツ選手とその父親によく見受ける図式だと思うのは、気のせいだろうか。

どうせ「パパ好き」なら、爽快なほうがいい。しかし、私が未だに「ファザコン」を自称するのはなぜか。よくよく考えてみたら、死んだショックを引きずっているだけのことであったと、一人、膝を打つ。これからは「ファザコン」と称することをやめ、ものすごく普通に「死んだ父のことを尊敬しております」と説明しようと考える。

もう一点、本作で面白かったのが、母親と長男の描き方だ。

祖父と父と兄と娘が暮らす家族には母親が登場しない。母性は人類の繁殖を司り、父性は社会的エネルギーを司ると言われて久しいが、食物の繁殖すらままならない土壌には未来がない。その状況を、母性の欠落および無効化をもって描き、今こそ父性的な、具体的な解決力が必要だとするメッセージが込められているのではないかと推測する。

人類移住計画を成し得た娘の活動も男性的だ。しかし、最後には母性的活動の成果として、マーフが子供や孫たちに囲まれているシーンも登場する。それは欠落とともに進化を遂げた両性の両立、または、バランスのサイクルを意図しているのではないか。

他方、とうもろこし畑を任された長男は、田舎の小さな村社会によくいるタイプの、気が弱いからこそ支配的にならざるを得ないしょうもない愚図で、砂塵で胸を悪くした家族を病院にも行かせない。この家長の古い描写、弱い男の支配欲、一所にこだわる視野狭窄・閉塞感と、未来を切り拓かんとする父娘の鮮やかな対比たるや。

既成概念としての母性・父性、女性性・男性性が地球であり、不要な愛着ごとそれを捨てた先に、清潔かつ豊潤な愛の新天地がある。本作はそんな既成概念の【型】の開放および【個】の自立の物語であると、私はとらえた。もう数回、物理学の見地や精緻な映像表現などなど、さまざまな観点より鑑賞してみたい。とにかく見所満載の、とても清潔な映画だった。

おわりに〜私という女の自己矛盾

ＷＥＢマガジン『messy』での週連載コラムをまとめ、書籍化しようと目論んだのは、確か一年半以上前のことだったと思う。それから紆余曲折あって、昨春。いよいよ実作業に移り、改めて膨大な量の原稿を整理してみると、一本筋の通らないまとまりのなさ、論旨の散らばり、齟齬、矛盾等、己の不備や目論見の甘さの数々が目に余る。

「このままじゃ書籍として成立しない」。慌てた私は一念発起し、半年かけて自らが書いたコラムに今一度深く潜り、再考する過程を記す作業に没頭することとなる。

さて。コラムに登場する「私」は、いつも弱さを見下している。親でもない男に経済力・精神力ともに頼る女の保護欲求は「自活・自立を敢えてさぼる、幼児の居直り」。私は絶対に、誰にも守られない。自ら強さを獲得するための努力を怠り、他者で補おうとする者の依存心や他力本願な姿勢を毛嫌いした。

屈強な男を前に、「つがいになりたい」「保護されたい」「結婚して安心感を得たい」といった欲求を募らせる間もなく、「この男と肩を並べるくらいの強さを、自分自身が、必ずや獲得してみせる」と、背中を追う方向性に憧憬が傾いた。恋愛感情を抱いたとしても、「甘えてみたいものだが、甘えるわけにはいかない。甘えるべきではない。まずは自分の足で強く立て」。義務的な強制力を持つ「べき」の支配の下、時に誰かに甘えたくなる己の弱さを叱咤した。

本書を書き終えた今、思えば、「弱さ」が嫌いなのではなかった。私の心の奥底に存在する「保護されたい・甘えたい」といった女性性由来の感情・欲求を、父に倣った昭和の男気由来の男性性が厳しく律していたのだ。つまり、男性性への同調によって己の女性性を嫌悪し、抑圧したに過ぎない。いうなれば、自己の土俵の上で男女の対立を煽る「一人ジェンダー相撲」。ともすれば「一人男尊女卑」。人様に向けたあれこれの思案の刃が、己の背中に迫りくる。

私は結局のところ男性至上主義者で、女性を蔑視しているのではないか。

男性に腹を立てるとき、「男たる者の分際で寝言を抜かすな」という意味合いで、「女々しい」という表現を、つい、選択してしまう。が、それは当の女性に対して非常に失礼な言い分である。「男たる者」の強要もまた前時代的なジェンダー感であり、男性にも失礼である。

私の好きな「男気」の一部には、男の世界を男が誇り、女子供は入ってくるなと言わんばかりの分断が存在する。その意識は私がもっとも忌み嫌う男女格差の要因でもある。背中を追っている場合ではない。殲滅したい。そう考える根拠に、平等性の主張ではなく、分断を解消し、私もそのホモソーシャルに入れてほしいとする願望が存在するようならば、普段散々、男尊女卑やミソジニー（女性嫌悪）に対して激怒している者として立つ瀬がない。

私の文句や怒りは、いつだって自分自身に向けられている。他者嫌悪は自己嫌悪。いわく他人を引き合いに出して「己との一人相撲」あるいは「一人統括」を行っているわけだから、「他人を利用して自己を補填するな」といったいつもの論調も破綻する。

書けば書くほど、己の弱点やコンプレックスが容赦なく暴かれる。自分が想像以上に頼りない女である実状に気づかされるや否や、得意の攻撃的防御を振りかざし、見栄と虚勢の「強さ」の鎧で身を守る。しかし、鎧は、人様の横っ面を叩いているはずの己の拳によってぼこぼこに殴られ、呆気なく破壊されてしまった。

心許ない気分の現在。だが、あらゆる鎧を捨て、己の弱さを有り体に自己受容することこそが、「本来的な自己になる」ために必要な強さではないかと考える。矛盾もまた現在の等身大の私の鏡。柔能く剛を制するように、己の中の表裏や左右や白黒を闘わせることなく、「それもまた私らしいグレースケール」として素直に受容することが、どうやら私の人生の後半戦のテーマとなるようだ。

折しも現代は多様化社会。男女性、思想、生活スタイル等、多岐にわたる価値観の選択肢が広がる最中、自分らしく生きるためのチョイスがわかりやすい一つの【型】に集約されない人は、とても多いのではないだろうか。たとえば、安倍政権が大嫌いな保守派とか、日の丸が大好きな左翼とか、戦争反対だが趣味は戦車のプラモデル造りとか。どちらか一辺倒の者からすれば、そのチョイスは矛盾だが、本人としては両者ともに素直な自分の思想・趣向である。かく言う私は「政」は左寄りの思想を持つが、「精神論」は完全に右である。

人には当然ながら、それぞれが育った環境や時代性の背景が存在する。私は一九七四年に新宿区大久保に生まれ、戦後チルドレンの父の影響下に育った。また、一九七〇年に日本で初めて「ウーマンリブ（Women's Liberation）大会」が行われて以降、日本のジェンダー解放四十五年史と、人生がほぼまるかぶりしている。そんな背景も、男性性に引っ張られすぎたり、女性の活躍を応援したりする心情に影響を与えているのだろう。それは、雄化でもジェンダーの捻れでもなんでもなく、時代や環境と共生する人間の感覚として、極めて自然な成り行きであると私はとらえている。

表裏一体の世を生きる人間には、必ずや、矛盾が生じる。社会にも、矛盾は生じる。それら混乱要素を、自己認識を磨くための大切な栄養として臆さず受容してやることが、自分を生き抜く唯一の解決策ではないだろうか。如何せん、世は変わる。不安定にもなれば、景気も変動する。ジェンダー観も変わる。人の思いも価値観も変わる。

変わらないものはただ一つ、自分が自分であることのみだ。

よって、私は今、現在の自分の弱さも、葛藤も、矛盾も、丸出し上等のスタイルで肯定し、陽気に人生を謳歌しようと思うのだ。散々「強さ」にこだわって生きてきた己の信条をあっけらかんと覆し、今さら「甘えん坊になってみる」という超ド級の矛盾の境地を目指してみるのも悪くない。そんな私を甘えさせてくれる奇特な人物がいるとして。条件はただ一つ「私より強い」。以上だ。

最後に、本書の校正に根気よく付き合って下さった編集・矢田佐和子氏、著者近影を撮影してくださった写真家の笠井爾示氏、スタイリングをお願いした北澤momo寿志氏、ヘアメイクのくどうあき氏、デザインを担当してくださったnuさん以下、ご尽力を賜ったすべての方々に、心から感謝いたします。連載時代より応援してくださった読者の皆様、本書を最後まで読んでくださった皆様、いつも私を支えてくれる友人、家族、仕事仲間のみなさまにも、大感謝。どこかで会ったら、乾杯しよう。

二〇一六年二月吉日　林永子

女の解体

nagako's self contradiction

2016年2月24日　初版第1刷発行

著者　林 永子

撮影　笠井爾示
スタイリング　北澤momo寿志
ヘアメイク　くどうあき

デザイン　nu
校閲　鴎来堂

発行者　揖斐 憲
発行所　株式会社サイゾー
〒150-0043　東京都渋谷区道玄坂1-19-2-3F
電話　03-5784-0791（代表）
印刷・製本　シナノパブリッシング プレス

ISBN 978-4-904209-04-2